U0559139

宁波大学哲学社会科学著作出版经费资助

RESEARCH ON
CHINESE COMPANIES'

CROSS-BORDER M&A OF
PROFESSIONAL FOOTBALL CLUBS

中国企业跨国并购
职业足球俱乐部研究

陈鸯鸯◎著

ZHEJIANG UNIVERSITY PRESS
浙江大学出版社
·杭州·

图书在版编目(CIP)数据

中国企业跨国并购职业足球俱乐部研究/陈鸯鸯著
.—杭州:浙江大学出版社,2024.1
ISBN 978-7-308-24693-4

Ⅰ.①中… Ⅱ.①陈… Ⅲ.①足球运动—俱乐部—企业兼并—跨国兼并—研究—中国 Ⅳ.①F279.247
②G843.61

中国国家版本馆CIP数据核字(2024)第044804号

中国企业跨国并购职业足球俱乐部研究
ZHONGGUO QIYE KUAGUO BINGGOU ZHIYE ZUQIU JULEBU YANJIU
陈鸯鸯 著

策划编辑 吴伟伟
责任编辑 陈 翩
文字编辑 刘婧雯
责任校对 丁沛岚
封面设计 雷建军
出版发行 浙江大学出版社
(杭州市天目山路148号 邮政编码310007)
(网址:http://www.zjupress.com)
排　　版 杭州星云光电图文制作有限公司
印　　刷 广东虎彩云印刷有限公司绍兴分公司
开　　本 710mm×1000mm 1/16
印　　张 14
字　　数 222千
版 印 次 2024年1月第1版 2024年1月第1次印刷
书　　号 ISBN 978-7-308-24693-4
定　　价 78.00元

版权所有 侵权必究 印装差错 负责调换
浙江大学出版社市场运营中心联系方式:0571—88925591;http://zjdxcbs.tmall.com

前　言

　　职业足球俱乐部因其可观的成长收益与全球影响力,引致全球资本竞相投资。在中国,足球发展已经上升到国家战略层面,在《中国足球改革发展总体方案》《中国足球中长期发展规划(2016—2050 年)》与《关于加快发展体育产业促进体育消费的若干意见》等"政策红利"的刺激下,中国企业竞相投资足球行业。乐视体育、PPTV 和体奥动力等斥巨资购买英超、西甲、荷甲、德甲等优质的赛事版权,中国企业相继并购国际知名的体育营销公司,中国企业在海外赛事赞助的级别不断提高。最受关注的还是中国企业大举并购海外职业体育俱乐部的现象。

　　2015 年以来,中国企业掀起跨国并购职业足球俱乐部的浪潮,主要以英国、西班牙和意大利的顶级联赛俱乐部为并购对象,而且大多为控股收购。基于这一显著的现象,本书试图回答以下四个问题:第一,中国职业体育起步较晚、基础薄弱,处于后发劣势的中国企业为什么会进行跨国并购? 第二,中国企业在跨国并购之后对哪些资源进行了整合以及如何选择整合战略? 第三,中国企业跨国并购职业足球俱乐部的绩效表现如何? 第四,中国企业遭遇了哪些跨国并购风险?

　　具体来说,研究包括以下主要内容。

　　首先,以 22 家中国企业跨国并购职业足球俱乐部为研究案例,从被并购职业足球俱乐部特征、并购方企业特征和并购交易特征三个方面呈现跨国并购现状;从国家、产业和企业三个层面来探寻中国企业跨国并购的驱动因素;根据企业所寻求东道国资源禀赋的不同划分跨国并购动机。

　　其次,跨国并购的跳板作用使中国企业实现边界跨越,与国际顶级足球俱乐部、欧洲职业足球核心圈建立联系,并实现在人力资源和市场渠道两大方面的整合,根据治理共享程度和协调程度对中国企业的整合战略进行概括分析，并从组织身份不对称视角分析其对中国企业整合战略的影响。

再次，从经济绩效和逆向知识溢出效应两大方面考察跨国并购绩效。经济绩效表现为中国企业的股东财富效应和被并购职业足球俱乐部的经营绩效，运用事件研究法考察上市公司在宣布跨国并购职业足球俱乐部这一事件前后的二级市场股价走势，分析跨国并购是否为股东带来累积异常收益，衡量并购方企业的股东财富效应；运用会计指标法，基于俱乐部公开的财务报表和会计数据资料，对比考察并购前后俱乐部经营业绩的变化，衡量被并购俱乐部的经营绩效。逆向知识溢出效应是跨国并购跳板作用的核心，主要表现为俱乐部管理与经营的知识、青训体系建设的知识和留洋知识等三方面的逆向溢出。以武磊为例进一步分析球员留洋过程中的跨文化适应与知识溢出。通过对日韩足球运动员大规模留洋现象的分析，归纳其群体特征与动力机制，并提出促进我国球员留洋的镜鉴启示。

最后，从企业内外部两个层面梳理跨国并购风险，并选取典型的跨国并购退出案例与存续案例，剖析其并购双方的特征、并购后的整合过程以及影响跨国并购成败的关键风险及应对措施，为中国企业提高跨国并购绩效提供经验。

目　录

第一章 绪 论

第一节 研究背景与意义

近年来,中国企业积极参与经济全球化,对外直接投资金额高速增长、投资行业逐渐多元化、投资范围不断扩大,引起全球的广泛关注。2016年,中国对外直接投资净额创下1961.5亿美元的历史新高,同比增长34.7%,在全球占比达到13.5%,位居全球第二。[①] 中国企业的对外直接投资呈现出新的发展趋势:一是并购逐渐成为对外直接投资的主要方式;二是对于发达国家企业的并购交易不断增多;三是中国对欧洲国家的对外直接投资额飙升,2017年达到创纪录的184.6亿美元,同比增长72.7%。[②] 由此可见,中国企业正不断通过跨国并购的形式加入全球化竞争,深度参与经济全球化的进程。

职业体育是一国体育核心竞争力之所在,是彰显一国体育发展水平高低的关键。职业体育是19世纪末20世纪初在欧美兴起的、区别于传统业余体育的新型体育存在方式,它凸显了现代体育的经济价值,是竞技文化与市场经济互动、互利的必然结果。职业体育具有"六有"的特征:有传统、有人缘、有明星、有成绩、有关注、有市场。当前,世界各主要体育强国之间的竞争是围绕着竞技体育、大众体育和体育产业的综合体育实力的竞争,是围绕着体育作为政治影响力、经济生产力、社会亲和力和文化传播力的全方位

[①] 商务部.2016年度中国对外直接投资统计公报[EB/OL].(2017-09-30)[2022-08-07].http://fec.mofcom.gov.cn/article/tjsj/tjgb/201709/20170902653690.shtml.

[②] 商务部.2017年度中国对外直接投资统计公报[EB/OL].(2018-10-23)[2022-08-07].http://www.stats.gov.cn/tjsj/tjcbw/201810/t20181023_1629260.html.

竞争。大力发展职业体育是各国提升本国体育综合实力和国际竞争力的共同选择。①

一、研究背景

近20年来,国际资本纷纷涌入足球领域,尤其以英超联赛最为集中(见表 1.1)。俄罗斯石油大亨罗曼·阿布拉莫维奇在 2003 年以 1.4 亿英镑收购了切尔西俱乐部 50.9% 的股权,创下英格兰足球史上的最高股权转让纪录,拉开了外资登陆英超的序幕。随后,来自美国、中东国家的投资者竞相涌入,收购了曼联、阿森纳、曼城和利物浦等知名俱乐部,外资控股的俱乐部占比高达 65%。外资的强势注入带来了一系列的变化,对被并购的俱乐部来说,巨额的资本使俱乐部在转会市场上大有可为,主场场馆和训练设施得到改善;对所在的联赛来说,外资的注入加速了豪门俱乐部的更新换代,改变了联赛竞争实力不均衡的情况,推动联赛的国际影响力不断提升。对并购方来说,通过对职业足球俱乐部的全方位商业运作能够获得可观的收益,并购行为有效地提升了企业的全球知名度。

表 1.1 英超联赛俱乐部的外国投资情况

俱乐部	投资方	投资者国别	收购股份/%	金额/万英镑	投资年份
切尔西	阿布拉莫维奇	俄罗斯	50.90	14000	2003
曼联	格雷泽家族	美国	98.00	79000	2005
阿斯顿维拉	兰迪·勒纳	美国	90.00	6270	2006
阿森纳	斯坦利·克伦克	美国	12.20	7500	2007
曼城	曼苏尔酋长	阿拉伯联合酋长国	100.00	21000	2008
桑德兰	艾利斯·肖特	美国	100.00	9000	2009
伯明翰	泓锋国际	中国	94.00	15100	2009
莱斯特城	维猜	泰国	80.00	3900	2010
利物浦	芬威体育集团	美国	100.00	30000	2010

---

① 鲍明晓. 职业体育是体育强国的核心竞争力[J]. 南京体育学院学报(社会科学版),2011(5):4-6.

俱乐部	投资方	投资者国别	收购股份/%	金额/万英镑	投资年份
伯恩茅斯	马克西姆·德明	俄罗斯	50.00	85	2011
沃特福德	吉诺·波佐	意大利	100.00	2000	2012
斯旺西	杰森·莱维恩、史蒂夫·卡普兰	美国	60.00	11000	2015
水晶宫	乔什·哈里斯、大卫·布利策	美国	70.00	9000	2015

注:根据俱乐部官方新闻、网易体育、新浪体育等平台信息整理。

足球是体育产业最大的单一项目,世界范围内足球产业年生产总值达5000亿美元,被称为"世界第十七大经济体"[①]。在中国,足球发展已经上升到国家战略层面,《中国足球改革发展总体方案》(以下简称足改方案)与《中国足球中长期发展规划(2016—2050年)》(以下简称足球中长期规划)的正式发布,体现社会各界对于加快足球发展的强烈愿望。在《关于加快发展体育产业促进体育消费的若干意见》(以下简称国务院46号文件)和足改方案、足球中长期规划等"政策红利"的刺激下,中国企业竞相投资足球行业。乐视体育、PPTV和体奥动力等斥巨资购买英超、西甲、荷甲、德甲等优质的赛事版权,在海外赛事转播权市场掀起抢购风暴;中国企业还相继并购国际知名的体育营销公司,如万达集团收购了全球第二大体育营销公司盈方体育传媒集团;中国企业在海外赛事赞助的级别不断提高,如海信成为欧洲杯首个中国顶级赞助商,万达成为国际足联最高级别的赞助商。但是,最受关注的还是中国企业大举并购海外职业体育俱乐部的现象。据统计,中国企业已完成了对英格兰、西班牙、意大利、法国、荷兰和澳大利亚等国家共23个职业足球俱乐部的并购,其中不乏曼城、国际米兰和马德里竞技等国际知名的俱乐部;平均单笔金额高达千万欧元,在国内和国际市场均引起巨大反响。

相较于欧美等职业体育发达国家,中国的职业体育发展起步晚、赛事

---

① 环球体育传媒.2018年足球产业发展现状分析,全球足球产业峰会为中国带来了什么?[EB/OL].(2018-05-11)[2019-08-07].https://www.sohu.com/a/228846259_505667.20180420.

精彩程度不高、管理水平较低。作为仍处在职业体育改革发展中的后来者（latecomer），中国曾通过多种方式向西方职业体育发达国家学习。在足协层面，中国足协曾与意大利足协、德国足协、捷克足协、塞尔维亚足协、克罗地亚足协、卡塔尔足协等签署合作协议，主要涉及国家队比赛交流、足球教练员和裁判员培训、青少年发展等内容；在联赛层面，中超联赛在2013年与英超联赛签署《双方合作意向书》，协议内容涉及英超联赛与中超俱乐部进行合作、定期举行合作交流与培训项目；在俱乐部层面，广州恒大曾与皇家马德里俱乐部合作成立恒大皇马足球学校、山东鲁能与巴甲俱乐部圣保罗和桑托斯在球员交流和青训体系建设上开展合作。虽然上述主体进行了多种尝试、付出了诸多努力，但这些对于中国职业体育的提升效果并不显著。与上述主体的合作与学习方式不同的是，跨国并购的特点在于通过产权交易的方式获得俱乐部的控制权，投资人进入董事会参与重大决策的制定，并派驻中方管理团队深入日常经营管理。由此，中国企业真正进入了欧洲职业足球核心圈，这对中国职业体育的发展来说是一次质的飞跃。

已有研究大多关注外国投资对于东道国联赛和俱乐部的影响，例如分析外国投资对于英超联赛的影响，但对于并购方企业所在的投资母国的逆向知识溢出效应及其机理的讨论还不够。对于正处在足球改革过程中的中国而言，中国企业在跨国并购职业足球俱乐部后对哪些资源进行了整合、并购双方的绩效如何以及对中国足球改革具有怎样的影响，是更为值得关注的热门话题。

基于此，本书主要试图回答以下四个问题：第一，中国职业体育起步较晚、基础薄弱，处于后发劣势的中国企业为什么会进行跨国并购？第二，中国企业在跨国并购之后对哪些资源进行了整合以及如何选择整合战略？第三，中国企业跨国并购职业足球俱乐部事件的绩效表现如何？第四，中国企业遭遇了哪些跨国并购风险？

二、研究意义

从理论意义看，第一，体育经济学的发展不是仅通过一般的经济理论对体育现象进行分析便可实现的，重要的是对"基石"性研究成果的渴望并付诸行动——在理性的基础上解释体育资源经济规律的理论发展。①
因此,体育经济学的研究既要运用经济学理论来解释体育经济现象,又要
从体育本身的特殊性出发,不断完善和发展体育经济学理论。本书通过
对中国企业掀起跨国并购职业足球俱乐部浪潮这一客观现象的思考,运
用跳板理论来解释中国企业跨国并购的驱动因素和动机,并根据中国企
业通过跨国并购寻求俱乐部管理与经营的知识、青训体系建设的知识及
留洋知识的特殊性,将跳板作用的本质归纳为边界跨越、资源整合和逆向
知识溢出,在一定程度上验证和发展了跳板理论,为我国企业深度参与体
育全球化提供理论支持。

第二,体育领域运用事件研究法的已有研究大多只关注了赞助、竞技表
现和运动员行为等特定事件对于上市公司股东财富效应的影响,本书则将
跨国并购职业足球俱乐部这一事件纳入研究范畴,拓展了对于跨国并购事
件与股东财富效应的关系认识。

第三,关于职业体育领域国际资本流动的研究大多关注外国投资对于
东道国联赛和俱乐部的影响,而对于并购方企业所在的投资母国逆向知识
溢出效应及其机理的讨论还不够。本书则从投资母国的视角出发,始终围
绕跨国并购对于并购方企业及投资母国的影响,衡量跨国并购事件对于中
国企业股东财富效应的影响,考察中国企业实现边界跨越后的资源整合行
为,从逆向知识溢出效应角度分析跨国并购的社会影响力,丰富和完善了跨
国并购的绩效研究。

从现实意义看,第一,作为市场主体的企业是体育产业的根基,企业的
活力和市场竞争力则是促进产业发展的引擎,因此企业强则产业强、企业兴
则经济兴。本书通过对中国企业跨国并购后的整合战略选择及绩效的考
察,总结出影响因素并提出相应的建议,对引导体育企业改进整合战略、规
避跨国并购风险、实现做精做强具有重要意义。

第二,中国的足球改革正处在关键阶段,需要系统学习和吸收西方现
代足球的精髓。本书分析了跨国并购的跳板作用,即跨国并购使中国企

---

① 丛湖平,罗建英.体育商业赛事区域核心竞争力——一个假设理论构架的提出
[J].体育科学,2007(10):75-79.

业跨越了市场边界、组织边界和文化边界,使并购双方的人力资源和市场渠道得以集中和整合,而边界跨越和资源整合为中国企业打开了从国际环境中获取隐性知识的通道,实现逆向知识溢出效应。俱乐部管理与经营知识、青训体系建设的知识和留洋知识的溢出,对于中国足协、职业联盟和国内职业足球俱乐部等多方主体具有借鉴意义,有助于提高中国整体足球发展水平。

第二节 核心概念

一、跨国并购

跨国并购是指一国企业为了达到某种目的,通过一定的渠道和支付手段,将另一国企业的一定份额股权直至全部资产或股份买下,从而对其经营管理实施部分或全部控制的活动。① 因此,跨国并购涉及两个或两个以上国家的企业,"一国企业"可称为并购方企业或主并企业、进攻企业,"另一国企业"是被并购企业,也叫目标企业。② 跨国并购是跨国收购和跨国兼并的缩写,兼并和收购都是使企业的经营管理权通过产权交易行为最终受控于一个法人的行为,兼并和收购使市场竞争力量和竞争结构发生的变化在对经济发展的影响上具有相同的意义。因此,经济学把兼并和收购在概念上合并起来而统称为并购。定义里的渠道指的是并购方企业直接向目标企业投资,或通过目标国所在地的子公司进行并购两种形式。定义里的支付手段包括支付现金、从金融机构贷款、以股换股和发行债券等。③

作为一种极为复杂的跨国经营行为,跨国并购可以按不同划分标准进行分类。按并购双方的行业关联性划分,跨国并购可分为横向并购、纵向并购和混合并购。横向并购指并购双方企业属于完全竞争关系,生产或

---

① 薛云建,周开拓."蛇吞象"跨国并购后的整合战略分析[J]. 企业研究,2013(8):48-50.

② 毕佐薇. 跨国并购的法律制度[D]. 长春:吉林大学,2004.

③ 王晓晔. 竞争法研究[M]. 北京:中国法制出版社,1999.

者销售的产品相同或者相似。横向并购的优势在于可以获得自己没有的优势资产,快速扩大生产经营规模,并购后可以很快地产生协同效应。纵向并购指的是企业从上下游产业链出发,对与企业主营业务有上下关联的公司发起的并购。纵向并购能够降低上下游的成本,实现产销一体化,减少企业内部脱节和不协调的风险。混合并购是指企业并购完全不同产业领域的企业,是传统企业分散投资、降低企业整体风险的良好途径,便于企业实施多元化发展战略。①

按并购方所获得的股权比例划分,跨国并购可分为参股收购、控股收购和全面收购。参股收购是指并购方仅购得目标企业的部分股权,通常以进入目标企业的董事会为目的。控股收购是指并购方企业购得目标企业达到控股比例的股权,一般是指持有普通股的 51%。在目标企业规模相当大且股权分散的情况下,往往控制 30% 甚至 25% 的股份就足以有效控制整个企业。全面收购是指并购方企业购得目标企业的全部股份,目标企业成为并购方企业的全资子公司。②

二、动机

动机是决定行为的内在动力,具有三个方面的功能:一是激发功能,激发个体产生某种行为;二是指向功能,使个体的行为指向一定目标;三是维持和调节功能,使个体的行为维持一定的时间,并调整行为的强度和方向。③ 正因为动机对行为的关键作用,学者们大多将动机作为研究的重要起始点,关于跨国并购的研究也不例外。跨国并购动机是指并购方企业实施跨国并购行为的内在动力,本书根据企业所寻求的东道国资源禀赋的不同,将企业的跨国动机划分为战略资产寻求型和市场寻求型。

三、整合

并购后的整合是跨国并购的关键性阶段。整合的本质是并购双方进

---

① 沈敏. 制度理论和跳板理论下企业跨国并购的绩效研究——基于企业所有权的调节作用[D].武汉:武汉大学,2018.

② 周剑锋. 华能国际的并购动因、方式、财务绩效研究[D].厦门:厦门大学,2007.

③ 林崇德,杨治良,黄希庭.心理学大辞典[M].上海:上海教育出版社,2003:223.

行相互协调以达到一体化的过程,主要是通过资源的重新配置和调整来实现。本书借鉴张秋生和王东①的整合概念,即当并购企业获得目标企业的资产所有权、股权或经营控制权之后进行的资产、人员等企业要素的整体系统性安排,从而使并购后的企业按照一定的目标、方针和战略组织运营。并购后的整合强调了企业核心资源的重新组合与系统性安排,人力资源、知识和市场渠道三大类资源的整合是中国企业在跨国并购后主要的整合行为。由于整合行为的复杂性,学者们往往通过开发整合战略对其进行概括与分类。本书根据杨洋②对资源整合过程中并购双方的治理共享程度与运营协调程度的分类,将整合战略分为隔离型、合作型与融合型。

四、绩效

根据管理学的定义,绩效是指组织或个人围绕其工作职责所达到的阶段性结果,以及在达到过程中的行为表现。《辞海》将"绩效"解读为工作的成绩与效果。"绩"指业绩,体现企业的经营管理目标,是一种结果状态;"效"指效能,体现企业的管理成熟度,本质是一种行为过程。跨国并购本质上是企业产权的交易行为,是一种复杂的经济行为。因此,学界对于跨国并购绩效的研究大多围绕市场绩效和经营绩效两大经济绩效进行考察:一是市场绩效,又称股东财富效应,是短期的跨国并购绩效,主要使用事件研究法考察发生某一事件前后的二级市场股价走势,以此来研究该事件是否为股东带来了股票的累积异常收益;二是经营绩效,即长期的跨国并购绩效,主要使用会计指标法,基于企业公开的财务报表和会计数据资料,对比考察并购前后经营业绩的变化。

与此同时,跨国并购活动存在外部性,这是因为知识天然具有公共产品属性,在企业创造的知识被其他企业获取,该企业却未得到任何补偿时,知识溢出就发生了。与传统对外直接投资中知识从母国向东道国的溢出方向正好相反,中国企业在跨国并购中是作为知识接收方,知识从东道国流向母

---

① 张秋生,王东.企业兼并与收购[M].北京:北京交通大学出版社,2001.
② 杨洋.来源国劣势、并购后整合与后发跨国公司能力追赶[D].杭州:浙江大学,2017.

国,这种传导被称为"逆向知识溢出"。逆向知识溢出效应是指中国企业通过跨国并购获得东道国先进的技术水平和管理知识,这些技术和知识通过各种渠道扩散回母国,提升母国整体的技术发展水平。

因此,本书将跨国并购绩效定义为中国企业在跨国并购后所达到的阶段性成果,主要包括三大组成部分:中国企业的股东财富效应、被并购职业足球俱乐部的经营绩效,以及逆向知识溢出效应。

第三节 研究思路与技术路线

一、研究思路

本书采用传统的研究范式,根据"为什么""是什么""怎么样"的分析思路,考察中国企业掀起跨国并购职业足球俱乐部浪潮这一显著的经济社会现象。首先,本书以跳板理论为依据,通过演绎逻辑的方法对中国企业跨国并购职业足球俱乐部的驱动因素、动机进行分析,试图解释2015年来中国企业"为什么"要进行跨国并购活动。其次,在观察中国企业跨国并购后的整合行为的基础上,通过归纳逻辑的方法回答中国企业实现边界跨越后的整合行为"是什么"的问题,并进一步分析中国企业所采取的整合战略。最后,衡量跨国并购绩效"怎么样",通过实证研究考察中国企业跨国并购职业足球俱乐部的经济绩效,包括中国企业的股东财富效应和被并购职业足球俱乐部的经营绩效两大方面,并重点从逆向知识溢出效应角度分析中国企业跨国并购职业足球俱乐部的社会影响力。

二、技术路线

根据上述研究思路,本书拟采用的技术路线如图1.1所示。

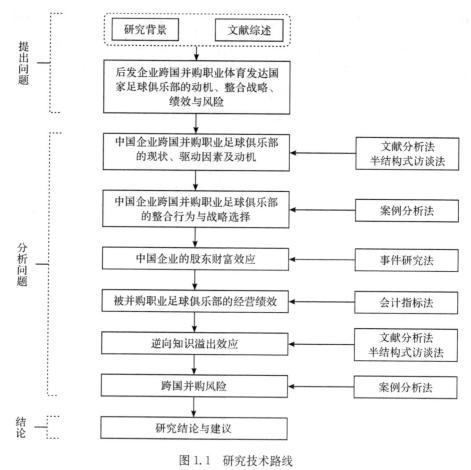

图1.1 研究技术路线

第四节 研究方法

一、文献分析法

文献分析法(documentary analysis)是指通过对收集到的某方面文献资料进行研究,以探明研究对象的性质和状况,并从中引出自己观点的分析方法。文献资料为科学研究提供了理论分析的工具,是研究特定问题的重要依据。本书根据研究内容,设定关键词"并购"(merger and acquisition)、"跨国并购"(cross-border merger and acquisition)、"动机"和"动因"(motivation)、"并购后整合"(post-acquisition integration)、"效应"(effect)和"绩效"

(performance)，通过浙江大学图书馆和瑞士苏黎世大学图书馆查阅国内外相关研究文献和专著，掌握对外直接投资理论和企业并购理论的发展沿革，借鉴已有研究文献的研究框架构建过程及使用的研究方法，为本书提供理论基础与基本思路。通过对政府文件及工作报告、企业官网及公告的分析，梳理中国足球改革发展的顶层设计及企业对于足球俱乐部的发展规划。通过对上市公司年报、企业公告、足球俱乐部新浪微博官方账号与微信公众号以及新闻报道的收集与分析，了解并购交易的相关细节、并购后中国企业的相关资源整合措施以及绩效变化，为本书的分析提供丰富的信息。

二、半结构式访谈法

半结构式访谈(semi-structured depth interview)，也称"深度访谈"，是定性研究的主要方法。半结构式访谈具有两个重要特征：一是问题是事先部分准备的，要通过访谈者进行大量改进，作为整体的访谈是访谈者和被访者的共同产物。二是要深入事实内部。[①] 本书的访谈对象包括并购方企业高管、中超俱乐部高管、国家体育总局官员、中国足协的领导、体育媒体人、国内外高校职业体育研究学者等，以当面访谈为主，电话、微信访谈为辅(见表1.2)。通过访谈深入了解中国企业跨国并购职业足球俱乐部的动机、中方管理团队的工作经历和感触，提升对于跨国并购相关问题的感性与理性思考，为研究提供重要的支撑。

表1.2 访谈对象名单

姓名	访谈对象所在单位和职务	访谈时间	访谈地点
常×	足球改革部际联席会议办公室成员	2016年6月	杭州
史×	足球改革部际联席会议办公室成员、国家体育总局办公厅副巡视员	2016年6月、2019年2月	杭州
李××	纽卡斯尔喷气机足球俱乐部主席	2016年12月	北京
王×	海牙足球俱乐部主席	2016年12月	北京
王×	伍尔弗汉普顿流浪者足球俱乐部投资人代表	2016年12月	北京
郑××	尼斯足球俱乐部投资人	2017年1月	上海
李××	里昂足球俱乐部投资人	2017年1月	上海

① 杨善华，孙飞宇. 作为意义探究的深度访谈[J]. 社会学研究，2005(5)：53-68+244.

续表

姓名	访谈对象所在单位和职务	访谈时间	访谈地点
徐××	华人文化总裁、曼城足球俱乐部投资人	2017年1月	上海
杨×	苏宁投资副总裁	2017年1月	上海
颜×	体育媒体人、海牙足球俱乐部监事	2017年5月、2019年1月	北京
丛××	浙江大学教授	2017年6月、2018年10月	杭州
郑×	浙江大学教授	2017年6月、2019年12月	杭州
*Dietl	苏黎世大学教授	2017年10月、2018年5月	苏黎世
*Franck	苏黎世大学教授	2017年10月	苏黎世
*Coates	马里兰大学教授	2017年10月	苏黎世
*Orlowski	苏黎世大学博士后	2017年10月、2018年5月	苏黎世
*Szymanski	密歇根大学教授	2018年4月	苏黎世
杨×	宁波大学副教授	2018年10月、2019年10月	杭州
蒋××	格拉纳达足球俱乐部主席、帕尔马足球俱乐部董事	2018年11月	上海
郑×	江苏苏宁足球俱乐部副总经理	2018年12月	南京
鲍××	杭州绿城足球俱乐部原副总经理、乐毅体育 CEO	2018年12月	杭州
武××	海牙足球俱乐部监事	2019年1月	北京
李×	重庆当代力帆足球俱乐部副总经理	2019年1月	北京
李×	上海师范大学教授	2019年1月	杭州
徐××	洛尔卡足球俱乐部投资人	2019年2月	(电话访谈)
梁×	暨南大学教授	2019年6月	杭州
梁×	暨南大学副教授	2019年11月	南京
黄××	南安普敦足球俱乐部投资人代表	2019年12月	(电话访谈)
邓××	阿斯顿维拉足球俱乐部中文媒体及亚洲市场专员	2019年12月	(电话访谈)
刘×	杭州师范大学副教授	2020年1月	杭州

三、案例分析法

案例分析法(case study)的焦点在于理解某种单一情境下的动态过程,是一种经验性的研究方法。探索式多案例研究方法有助于回答"如何"的问题,还可以借助"复制"和"扩展"逻辑,建立更为完善和精确的理论,有助于因果关系的识别以及外部效度的提高。通过探索式多案例研究方法,有利于把握中国企业在面临来源国劣势的情境下如何进行整合战略选择的内在机理。

本书采用目的抽样方法,根据以下标准选择案例:一是考虑到所有权结构对整合战略选择的影响,因此选取绝对控股(大于50%)的跨国并购事件作为观察项。二是因为通常已有文献常用的时间范围是三年,所以为了可以观测到并购后整合初期的完整过程,将时间限定为2017年以前发生的跨国并购且并购方持股时间大于等于三年。三是基于数据可获得性,选取官网建设较好、媒体曝光率较高的足球俱乐部。最终筛选出13个案例:合力万盛并购海牙足球俱乐部、莱德斯并购索肖足球俱乐部、华信能源并购布拉格斯拉维亚足球俱乐部、星辉互动娱乐并购西班牙人足球俱乐部、徐根宝并购洛尔卡足球俱乐部、夏建统并购阿斯顿维拉足球俱乐部、苏宁集团并购国际米兰足球俱乐部、郑南雁并购尼斯足球俱乐部、雷曼股份并购纽卡斯尔喷气机足球俱乐部、蒋立章并购格拉纳达足球俱乐部、复星国际并购伍尔弗汉普顿流浪者(简称狼队)足球俱乐部、棕榈股份并购西布朗维奇足球俱乐部以及奥瑞金并购欧塞尔足球俱乐部。

本书采用三角测量法来保证数据的可靠性,通过多种渠道获取相关信息,包括一手资料和二手资料:一是通过半结构式访谈获取一手资料,对熟悉或参与跨国并购的投资人、企业高管进行多次正式和非正式的访谈,了解企业在跨国并购后的相关整合行为及其原因。二是企业公布的相关材料,包括上市公司公告、年度报告、投资人的演说、官网新闻和新浪微博。三是媒体采访报道和体育媒体人的评述。

四、事件研究法

事件研究法(event study)考察的是发生某一事件前后的二级市场股价走势,并以此来研究事件是否为股东带来了股票的累积异常收益,是衡量短期绩效的经典研究方法。事件研究法作为现代金融学的研究方法之一,其优点是线索清晰、具有前瞻性。[①]

通过对公开资料的检索,本书一共收集了在2014年7月至2017年8月

---

① 林建国. 我国上市公司控制权市场的绩效研究[D]. 杭州:浙江大学,2006.

发生的 23 起中国企业跨国并购职业足球俱乐部的案例,有 13 家并购方企业属于上市公司,在深圳证券交易所、上海证券交易所以及香港的证券交易所上市交易。上市公司的股票价格、成交量和市值等数据来自国泰安 CS-MAR 数据库和彭博社(Bloomberg),跨国并购案例的交易数据来自并购方或被并购俱乐部的官方公告以及懒熊体育、网易体育等媒体的相关报道。

考虑到本书的研究样本十分有限,原则上希望将这些上市公司尽可能全部纳入样本中。但有几种情况需要谨慎处理,筛选的具体标准如下。

第一,考虑上市公司及其子公司、大股东发生的跨国并购行为。为了规避上市公司进行跨国并购的复杂审批流程,或为了减少资金流动的限制,并购方企业往往选择成立一个子公司来实施并购行为,或以个人投资的形式完成并购,因此市场仍然将其视为母公司行为进而做出真实的市场反应。例如,棕榈股份成立云毅国凯来完成对西布朗维奇足球俱乐部的并购;当代明诚的最大个人股东蒋立章以个人名义并购格拉纳达足球俱乐部和帕尔马足球俱乐部。

第二,同一家企业发生跨国并购,并购间隔要超过 6 个月,以减少其他并购事件对于样本引起的噪声影响。

第三,跨国并购事件发生前后一年并购方企业未被特殊处理,即没有 ST、*ST[①]。

第四,并购方企业的个股未在事件窗内发生停牌,用于估算事件窗的预期收益数据全部完整。例如,星辉互动娱乐在[-9,-1]事件窗内停牌,缺乏数据进行预期收益的估算,故不能纳入样本。

第五,并购方企业的个股未在估计窗内发生长期停牌。停牌时间较长可能代表该上市公司的商业模式和盈利模式发生重大变化,那么不能以停牌之前的数据为基础来推测停牌之后的预期收益,必须放弃该样本。若停牌时间较短,则可以考虑用停牌之后估计窗内剩下的交易日数据来进行估计和预测。例如,华信国际自 2015 年 6 月 15 日因谋划重大事项开始停牌,直到 2016 年 4 月 15 日才恢复开盘,而华信集团并购布拉格斯拉维亚足球俱乐部这一事件则发生在停牌期间(2015 年 9 月 5 日),因此估计窗和事件窗

---

① ST(special treatment)是指对财务状况或其他状况出现异常的上市公司股票交易进行特别处理,警示市场该股票存在投资风险。*ST 表示公司经营连续三年亏损,退市预警。

内的数据全部缺失,故不能纳入样本。

第六,考察对欧洲职业足球俱乐部进行并购的案例。欧洲五大联赛代表了当今世界足球的最高水平,次级别联赛也具有相当高的竞技水平,而且欧洲各国同属于欧足联会员国,共同参与欧冠和欧联赛事。因此,剔除雷曼股份并购澳超俱乐部纽卡斯尔喷气机的案例。

根据上述标准最终筛选出 10 家上市公司及其实施的 11 起跨国并购案例,分别为:莲花健康(联合睿康)、复星国际(复星集团)、棕榈股份(云毅国凯)、人和商业控股(人和集团)、莱茵体育、万达酒店发展(万达集团)、当代明诚(蒋立章)、德普科技(莱德斯)、奥瑞金、苏宁易购(苏宁集团),其中当代明诚实施了对格拉纳达足球俱乐部和帕尔马足球俱乐部的两起并购。随后在 Stata 软件中建立市场结构模型来计算个股的预期收益和累积异常收益。

五、会计指标法

长期绩效研究法,又称会计指标法,即利用公司公开的财务报表和会计数据资料,对比考察企业并购前后经营业绩的变化。相较于事件研究法,会计指标法更加关注公司并购所引起的公司微观财务状况、经营状况的实质性改善,其优点在于财务数据比较容易获得且便于计算和理解。

样本选择的标准:一是财务数据的可获得性。西甲、意甲、法甲等联赛俱乐部除上市俱乐部外均无对外公布的财务数据,而从德勤等第三方获得的相关信息则存在数据不完整问题,因此选择英超和英冠两个联赛的俱乐部数据进行分析。二是会计准则的一致性。英国的会计准则与中国存在差别,为保证财务指标的一致性,本书选取英国国内的俱乐部进行分析。本书所采用的俱乐部报表来源于英国公司注册署网站(company house)。最终选取英超和英冠联赛的曼城、阿斯顿维拉、狼队、西布朗维奇、雷丁和南安普敦 6 家俱乐部为研究样本。随后通过 SPSS 25.0 软件进行相关性分析和主成分分析,构建俱乐部综合财务评价模型。

六、文本分析法

文本分析法被广泛应用于社会科学研究领域,包括心理学、政治学和商业领域,通过对文本的系统性分析能够揭示出文本数据所传达的含义。词频分析、情感分析、主题分析与分类分析是常用的分析方法。笔者对武磊周记进行多次通读，识别并理解武磊作为优秀足球运动员迁移到西甲联赛所面临的挑战与收获等相关信息。采用开放式编码（open coding）、轴心式编码（axial coding）与选择式编码（selective coding）的方式，提取原始资料中的初始范畴，识别范畴的性质以及范畴间的关系。① 为了提高研究的效率，本书主要借助 NVivo 12 Plus 软件进行数据编码。

第五节　研究创新点

本书的研究选题具有新颖性。中国企业跨国并购足球俱乐部现象是近年来兴起的对外直接投资行为，并购双方具有哪些特征、企业为什么进行跨国并购、如何进行整合战略的选择以及并购绩效怎么样等都是值得探索的问题。此外，本书将跨国并购事件与体育赞助、竞技表现和运动员行为等事件一起作为影响体育企业股东财富效应的重要事件，使体育领域内事件研究法的研究成果得以拓展。

本书基于投资母国的视角来考察中国企业跨国并购职业足球俱乐部这一现象。跨国并购除了对被并购俱乐部、东道国产生影响之外，还对并购方企业及投资母国产生逆向知识溢出效应，后者是本书的研究重心。本书从资本市场学派的视角出发，探讨中国企业能否通过并购创造价值的问题；从国际商务理论视角出发，解析中国企业作为后发跨国公司的成长过程；从战略管理视角出发，分析中国企业通过对先进的技术和管理知识等战略资产的寻求来建立竞争优势的过程，以及逆向知识溢出效应对于提高中国足球整体发展水平的作用。

本书基于多种分析工具的应用来考察中国企业的跨国并购动机、整合战略以及并购绩效，较为完整地呈现了跨国并购的发生及演化历程。采用半结构式访谈法和案例分析法考察跨国并购动机和整合战略选择，运用事件研究法分析并购方企业的股东财富效应，运用会计指标法衡量被并购俱乐部的经营绩效，定性分析与定量分析相结合，有助于获得更加科学、深入的研究结论。

---

① 邢小强，周平录，张竹，等.数字技术、BOP 商业模式创新与包容性市场构建[J].管理世界，2019(12)：116-136.

第二章　理论基础与文献综述

第一节　理论基础

一、跳板理论

跳板理论由 Luo 和 Tung[1] 于 2007 年正式提出,他们通过对中国企业 TCL 和联想等的案例研究发现,新兴市场企业将跨国并购作为一个跳板,以此来突破瓶颈技术,实现追赶效应。越来越多的学者通过对中国企业的实证研究,进一步验证了跳板理论。

跳板理论认为跨国并购的驱动因素包含"推"和"拉"两大因素。"推"的因素包括新兴经济体企业的全球后来者地位、竞争对手进入母国市场、技术和市场的快速变化、产品生命周期缩短以及对核心竞争力和战略资产的防御等。"拉"的因素包括母国的政策支持、全球玩家愿意出售所需关键资源、技术标准的全球应用、全球战略抱负和企业家精神等。[2] Holtbrügge 和 Kreppel[3] 则进一步提出中国企业和其他新兴经济体企业跨国并购驱动因素的分析框架,包括国家(country-level)、产业(industry-level)和企业(firm-level)三个层面。国家层面的驱动因素包括东道国的市场规模、东道国市场

---

① Luo Y D, Tung R L. International expansion of emerging market enterprises:A springboard perspective[J]. Journal of International Business Studies,2007(4):481-498.

② 谢瑜. 资源依赖视角下中国本土企业国际化路径及影响因素研究[D]. 成都:电子科技大学,2019.

③ Holtbrügge D, Kreppel H. Determinants of outward foreign direct investment from BRIC countries:An explorative study[J]. International Journal of Emerging Markets,2012(1):4-30.

的前向一体化潜力,以及东道国市场的技术水平和管理知识;产业层面的驱动因素包括该产业对该国政府的战略重要性和国内市场的竞争压力;企业层面的驱动因素则是指企业具有的特定资源优势。

跳板理论将新兴经济体企业的跨国并购动机分为两类:资产寻求和机会寻求。在资产寻求方面,新兴经济体企业由于后来者地位,在技术能力和市场能力方面处于竞争劣势,因此致力于在国际市场中获取所需的知识、先进技术、市场能力、研发人才、全球优势品牌、管理能力以及各类原材料资源等资产。[①] 在机会寻求方面,新兴经济体企业在本土享有低成本优势,致力于通过实现国际市场准入获得国际市场的生存和发展机会,主要包括:企业声誉及全球市场份额的提升;克服贸易壁垒,进入发达国家主流市场;规避母国制度与市场的限制;通过进入一些利基市场(高度专门化的需求市场)发挥独特的竞争优势;抓住机遇释放和最大化利用低成本制造优势;进入发达国家搜索具有潜力领域的机会;获取政府提供的金融和非金融优惠待遇。

针对跳板理论中对于跳板作用的内部机制解析不足的问题,吴先明、高厚宾和邵福泽[②]进一步指出,当后发企业接近技术创新的前沿时,跳板作用的本质是边界跨越、研发网络重构和战略性组织学习。边界跨越使后发企业有机会与国际主流用户、行业领导者等建立联系,为研发网络的重新构建奠定基础;后发企业通过研发的横向关联、纵向关联或斜向关联架构全球化的研发网络;后发企业从国际化的研发网络中获取创新所需的战略性资源,并通过组织学习过程不断提升自主研发能力,为创新能力的跨越奠定基础。

二、理论述评

跳板理论是根植于中国本土情景而产生的理论,跳板理论认为新兴经济体企业的跨国并购与发达国家同类企业有着本质区别,由于后来者地位、制度和市场局限等因素,新兴经济体企业往往把跨国并购作为进入先进市场的跳板,通过获取战略性资产来弥补竞争劣势。该理论也能够解释处于

---

① 谢瑜.资源依赖视角下中国本土企业国际化路径及影响因素研究[D].成都:电子科技大学,2019.

② 吴先明,高厚宾,邵福泽.当后发企业接近技术创新的前沿:国际化的跳板作用[J].管理评论,2018(6):40-54.

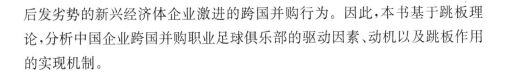

后发劣势的新兴经济体企业激进的跨国并购行为。因此,本书基于跳板理论,分析中国企业跨国并购职业足球俱乐部的驱动因素、动机以及跳板作用的实现机制。

第二节　跨国并购的相关研究

一、跨国并购动因理论综述

跨国并购是对外直接投资的主要形式,也是企业并购跨越国界的发展。因此,跨国并购行为具有双重性,既是一种对外直接投资行为,又是一种并购行为。学界分别从对外直接投资理论和企业并购理论这两个角度来解释跨国并购的动因。

（一）对外直接投资理论

对外直接投资理论的研究开始于 20 世纪 60 年代。西方学者对于跨国公司进行相关研究并提出了许多影响深远的观点,形成了欧美主流学派的对外直接投资理论。从 20 世纪 70 年代中期开始,发展中国家的跨国公司对外直接投资实践引起了学界的关注,就此形成了发展中国家的对外直接投资理论。

1. 欧美主流学派的对外直接投资理论

（1）垄断优势理论

1960 年,美国经济学家海默（Hymer）在其博士学位论文《一国企业的国际经营:对外直接投资研究》中首次提出了垄断优势理论,开了对外直接投资理论研究的先河。垄断优势理论认为,市场的不完全竞争是跨国公司进行对外直接投资的根本原因,跨国公司特有的垄断优势是实现对外直接投资利益的条件。跨国公司拥有的垄断优势包括技术优势、先进的管理经验、雄厚的资金实力、全面而灵通的信息、规模经济优势和全球化的销售网络。发达国家之间相互直接投资是国内寡占行为在世界范围内的延伸,其目的是防止竞争对手占领潜在市场而削弱自己的竞争地位。[①]

（2）内部化理论

该理论由科斯的交易费用理论发展而来。巴克莱（Buacley）和卡森（Cassou）以市场机制存在内在缺陷为假设，认为中间产品市场是不完全竞争的。这些中间产品不仅包括零部件、半成品等有形产品，也包括知识、信息、专利、非专利技术等无形产品。一些中间产品尤其是知识产品在通过外部市场交易时，不仅难以准确定价，而且容易发生外溢与扩散，这样中间产品的出让者便无法保证自身的权益，市场不能合理地对其进行资源配置，这就是外部市场机制的失效。也正是这种市场机制的失效导致跨国公司将外部市场内部化。内部化理论既可以解释发达国家的对外投资行为，又可以解释发展中国家的对外直接投资行为，标志着西方对外直接投资研究的重要转折。

（3）产品生命周期理论

弗农（Vernon）在垄断优势理论的基础上提出了产品生命周期理论，对对外直接投资的动因做出了新的解释。大型跨国公司具有技术优势，可以不断地开发出新产品，但是任何新产品都是有生命周期的，从研制到最后淘汰依次要经历创新阶段、成熟阶段与标准化阶段。同时，世界上的国家也大致可以分为三种类型：最发达的新产品创新国家、较发达国家和发展中国家。[②] 在新产品的创新阶段，创新企业主要在国内生产且满足本国市场需求，还没发生对外直接投资。在成熟阶段，随着市场竞争的加剧，当新产品创新企业在本国的边际生产成本和边际运输成本超过在国外直接投资进行生产的成本时，其便会在较发达国家设立企业就近生产，以满足当地市场的需求。进入标准化阶段后，创新产品国家的企业便会将目光转向劳动力成本相对较低且具有一定资源优势的发展中国家，通过向发展中国家进行投资来实现成本的节约。产品生命周期理论是在对美国跨国公司进行实证研究的基础上得出的理论，最大的特色是对于对外直接投资的产品周期选择

---

① 叶建木.跨国并购的理论与方法研究[D].武汉：武汉理工大学，2003.
② 魏涛.中国企业海外并购动因分析及整合研究——基于无形资源的视角[D].成都：西南财经大学，2012.

和区位选择进行动态分析和时间序列分析。

(4)边际产业扩张理论

小岛清在对日本厂商的对外直接投资实证研究的基础上提出了边际产业扩张理论。边际产业是一个比较宽泛的概念,包括对投资国来说处于或即将处于劣势的边际产业、边际企业和边际部门。与美国从事直接投资的企业是具有比较优势的产业部门相反,日本的对外直接投资是从该国已处于比较劣势的边际产业顺序开始的,避免出口被直接投资所替代,而是带动与之相关的产品出口,使对外直接投资与出口贸易结合。[①] 日本国内则集中发展比较优势更大的产业,不断优化国内产业结构,国际分工的格局得以合理化。

(5)国际生产折中理论

国际商务领域的大师邓宁(Dunning)在各种对外直接投资理论的基础上提出了国际生产折中理论。该理论已成为传统国际化理论的主流思想。国际生产折中理论认为所有权优势、内部化优势和区位优势是企业对外直接投资的前提条件。[②] 所有权优势指企业在技术、管理、规模与资本方面存在的优势,而这些优势又是其他国家企业所不具备的。所有权优势的大小决定着跨国公司对外直接投资的能力。当企业通过建立内部市场将所有权优势内部化后,企业就可以规避外部市场不完全带来的风险,继续保持和利用所有权优势,那么企业也就获得了内部化优势。区位优势是跨国公司在选择投资区位方面的优势,不仅包括东道国的自然资源禀赋,还包括市场规模、低廉的生产要素成本与优惠的投资政策等因素。区位优势对于投资流向、投资行业和部门具有决定作用。国际生产折中理论综合考察了对外直接投资活动的各种影响因素,基于企业所具有的微观优势和宏观的区位因素来解释动因,具有较强的实用性和科学性。

综上所述,欧美主流学派的对外直接投资理论主要以美国、日本等发达国家的企业为调查对象,理论的主线是优势分析,研究的行为主要为新建投

---

① 魏涛.中国企业海外并购动因分析及整合研究——基于无形资源的视角[D].成都:西南财经大学,2012.

② 叶建木.跨国并购的理论与方法研究[D].武汉:武汉理工大学,2003.

资而不是跨国并购。

2.发展中国家的对外直接投资理论

随着20世纪70年代中期以来发展中国家企业对外直接投资的兴起，学者开始提出适用于发展中国家的对外直接投资理论。

(1)小规模技术理论

哈佛大学教授韦尔斯(Wells)认为，发展中国家的一些企业拥有小规模生产技术，这些生产技术一方面与经济不发达国家某些产品的有限市场需求量相匹配，另一方面能够就地取材，而且生产成本较低，可以采取低价促销战略，因此这些发展中国家企业拥有的并不先进的小规模生产技术也具有一定的优势，在多元化与多层次的国际市场上也具有一定的竞争力。该理论从动因和条件两个方面对发展中国家中小企业的对外直接投资行为提供了理论支撑。①

(2)技术地方化理论

英国经济学家拉奥(Lall)以印度的跨国公司为研究对象，提出了技术当地化理论。他认为，发展中国家在生产经营中所使用的技术大多是规模小的劳动密集型标准化技术，但是这些技术是经过当地化处理后的技术，包含了发展中国家的独特创新活动，具有一定的竞争优势：一是发展中国家可以根据本国与邻国市场的需求情况，对引进的先进技术加以改造，使其生产的产品更能适销对路。二是发展中国家所使用的技术是与当地的要素成本、供需条件、资源禀赋紧密结合在一起的，其中包含发展中国家企业的创新活动，这些技术往往更适合小规模的生产条件，比大规模生产技术更具有优势。三是其所生产的产品在东道国市场上通过实行与名牌产品不同的市场定位，也能够找到合适的消费群体，通过强化自身产品的特征仍能保持一定的竞争力。②

---

① 魏涛.中国企业海外并购动因分析及整合研究——基于无形资源的视角[D].成都：西南财经大学,2012.

② 魏涛.中国企业海外并购动因分析及整合研究——基于无形资源的视角[D].成都：西南财经大学,2012.

（3）技术创新与产业升级理论

英国里丁大学教授坎特维尔（Cantwell）认为，对于各国来说尽管技术创新是推动经济发展的根本动力，但是发达国家与发展中国家企业技术积累的特点是不同的，发达国家通过大量的研发投入来推动科技的创新，而发展中国家则是依靠特有的学习和组织能力，主要通过实践经验的积累来开发先进的技术。这种特有的技术积累方式直接影响发展中国家对外直接投资的产业分布与地区分布。在产业分布上，发展中国家首先以获取自然资源为主进行跨国纵向投资，然后发展进口替代产品并开始横向对外直接投资；在地区分布上，发展中国家遵循"先近后远"的原则，其对外直接投资的移动路径是：周边国家—发展中国家—发达国家。通过合理布局对外直接投资行业与区位结构，以实现产业结构的优化升级。①

（4）动态比较优势理论

该理论由日本的小泽辉智提出。他认为，在国际竞争中，发展中国家为了使本国的比较优势得到不断增强，会经历一个从纯粹的外资引进国到对外投资国的演变过程。这一演变过程既是发展中国家对外直接投资模式与工业化道路相结合的过程，也是经济结构调整与资本的有序流动相协调的过程。这一过程大致可以分为三个阶段：当发展中国家处于劳动驱动阶段时，一般会吸引外资流入用于促进本国的资源导向型企业与劳动力导向型企业的发展。当其处于由劳动驱动阶段向投资驱动阶段过渡的时期时，一般会在资本品和中间品环节引进外资，同时也会向一些劳动力成本较低的国家进行投资，利用当地优势发展劳动密集型产业。当其从投资驱动阶段向创新驱动阶段过渡时，会通过引进外资的方式促进技术密集型产业的发展，同时还会通过对外直接投资的方式在国外从事中间品的生产。该理论从宏观的世界经济结构着眼，立足于实践，对发展中国家对外直接投资的动机、条件与演进路径进行分析，把国际投资的流动与发展中国家产业结构的调整、经济的转型有机地结合了起来，使对外直接投资理论具有了动态化与阶段化的特点。

综上所述，学者们针对特定国家的发展现状和时代背景提出了相应的

---

① 魏涛.中国企业海外并购动因分析及整合研究——基于无形资源的视角[D].成都：西南财经大学，2012.

发展中国家的对外直接投资理论,在一定程度上解释了发展中国家企业进行跨国并购的动机和发展模式,但是已有理论尚未形成系统的指导体系。

(二)企业并购理论

自 19 世纪末开始在西方市场经济国家兴起以来,企业并购已经历了五次大的浪潮,使得企业并购一直是西方学界关注的重点。特别是 20 世纪七八十年代后,企业并购规模持续扩大,企业并购理论成为西方经济学研究最活跃的领域之一。西方学者的研究依托新古典经济学、X 效率理论、委托代理理论、新制度经济学、信息经济学、博弈论等理论背景。[①]

1. 企业横向并购的理论

(1)规模效应假说

规模经济是指随着生产和经营规模的扩大而出现的成本下降、收益递增的现象。规模经济理论的假设前提是,在企业并购活动之前,公司的经营水平或规模都达不到实现规模经济的潜在要求。横向并购的结果形成了规模经济,并购可以将许多工厂置于同一企业的管理之下,降低研究开发、行政管理、营销管理和财务方面的成本,提高企业生产效率。

(2)管理主义假说

该理论的基础是莱宾斯坦(Leibenstein)提出的 X 效率理论。与新古典理论所假设的企业内部是有效率的观点不同,该理论认为在所有权与经营权分离的现代公司制度下,股东与经营管理者的价值目标并不完全一致,企业管理层的行为具有双重性,既有追求效用最大化的一面,也有具有惰性特征的一面。[②] 当一家企业的代理人缺乏有效监督的时候,他往往是从自身效用最大化的角度而不是企业利润最大化的角度出发,考虑公司并购问题。施佛雷和维斯尼进一步指出,在位经理可以通过对需要他们特殊专业技能的资产进行过度投资,使得撤换这些经理的成本十分高昂,从而提高自身的职业保障程度。

(3)降低代理成本假说

代理成本理论认为,低比率持股或部分所有权会导致管理者工作不努

---

① 汤文仙,朱才斌. 国内外企业并购理论比较研究[J]. 经济经纬,2004(5):63-67.
② 王燕. 我国企业并购融资问题研究[D]. 大连:大连交通大学,2008.

力或追求个人享受。由于股份比例低,高层工作人员即使努力工作促使公司业绩快速增长,他们从中分享的部分也很少,与此同时追求奢侈享受的成本大部分也是由其他股东来承受,他们自己仅承受其中的小部分,经济学上将这种行为称作"搭便车行为"。法马和詹森认为,企业代理人问题可以由适当的组织程序来解决。在企业所有权与控制权分离的情况下,将企业的决策管理与决策控制分开,这种内部机制的设计可以解决代理问题的产生。当这些机制都不足以控制代理问题时,并购则提供了解决这一问题的最后外部机制。① 如果企业的管理层因为无效率或代理问题而导致经营管理滞后,那么公司就可能会被接管,从而有被并购的危险。

2. 企业纵向并购的理论

(1) 交易费用理论

科斯(Coase)认为企业存在的根本原因是"作为价格机制的替代物"。市场经济中存在企业的原因在于,有些交易的交易费用在企业内部进行比通过市场进行要低。新制度经济学以"市场缺陷"和交易费用对企业纵向并购动因进行解释,认为企业并购是减少交易成本的一种手段,企业以内部组织替代市场的根本原因在于内化了原本属于市场范畴的交易成本。当市场的交易费用很高时,市场便不再是协调经济活动和进行资源配置的一种有效方式,而应该通过交易内部化来节约组织经济活动和配置资源的成本。企业在内部经营活动时也要产生一定的费用,这种费用称为组织费用。随着企业规模的逐步扩大,企业的组织费用也逐渐增加。当企业规模扩大到一定程度时,组织费用的边际增加额与交易费用的边际减少额相等,公司就不会再通过纵向并购扩大规模。② 因此,企业进行纵向并购的条件可以用以下等式表示:边际交易费用节约额=边际组织费用增加额。

威廉姆森(Williamson)发展了科斯的研究。他认为人的机会主义倾向、有限理性以及环境的不确定性因素相互作用导致市场机制失灵,因此主张采用内部组织机制即纵向并购替代市场协调。在组织中,管理人员和工人都遵循雇佣合同,个人成为企业内部组织的一小部分,个人的机会主义倾向

---

① 彭迪. 国有企业并购过程中的财务风险及其防范[D]. 兰州:兰州理工大学,2009.
② 叶建木. 跨国并购的理论与方法研究[D]. 武汉:武汉理工大学,2003.

得到控制;组织内部的争论可以通过行政命令的方式以较低成本进行解决,避免高成本的讨价还价过程;组织内部较强的合作意识和有效的内部控制机制都使得纵向并购比市场机制更有效。①

(2)消除买卖方不确定说

在完全竞争市场体系中,所有的投入品和产品都可以按照市场所确定的价格买进或卖出,企业似乎没有进行纵向并购的必要。但是这种观点没有把竞争市场中的不确定因素考虑进来,而恰恰是这种不确定因素能够解释纵向并购。一是因为当前一生产阶段的企业和后一生产阶段的企业获得的信息不同时,纵向并购能改进这两个生产阶段的资源配置。通常,后一阶段企业不能及时获得充分的有关原材料价格的信息,这种信息的不对称性限制了后一生产阶段企业做出有效的关于生产投入要素比例的决策。由于先行产业中原材料生产企业比后续产业中的企业能获得更多的信息,因此后续企业显然愿意采用反向并购,通过并购先行企业以便更好地预测原材料价格。二是需求变动的不确定性和供给的瞬时刚性共同促进了纵向并购。通常,市场需求的变动是不确定的。在理论上,当需求变动引起价格波动时供给会随之调整,以达到新的供需均衡。但是实际上,价格的调整并不像理论假想的那样在瞬间完成,供给则更不可能按市场价格在瞬间调整完毕以满足需求。也就是说,价格、供给等的变动是有时滞性的。在某一时刻,消费者可能买不到某种商品,生产者也可能要承担因生产过多而卖不出去的风险。通过并购投入品生产厂商,就可以降低投入品供给中的不确定风险。②

(3)产业生命周期理论

美国经济学家斯蒂格勒(Stigler)运用亚当·斯密的"劳动分工受市场规模限制"的理论,提出了产业生命周期理论。斯蒂格勒认为,一个产业的劳动分工,随产业的规模变化而变化;相应的,一个产业的纵向并购程度随这个产业的生命周期的变化而变化。新兴产业中存在大量的纵向并购,随着产业增长,纵向并购活动趋向减弱,甚至并购后的联合体也趋于解体。但当

---

① 张静萍.外资并购与国有企业资本结构优化研究[D].昆明:昆明理工大学,2005.
② 卢克飞.跨国并购与中国企业发展[D].北京:对外经济贸易大学,2003.

产业再次处于下降阶段时又会重新出现并购。在产业形成的初期,由于技术、成本等原因,企业通过纵向并购,使用专业化的人才、技术和设备,自成体系,进行专业化生产。当该产业逐渐成熟后,产业内部分工逐步细化,各部门有分化的趋势。在产业进入衰退期后,其中的分支产业也走向衰落,残存的厂商为了保存实力,再次通过纵向并购对产业内部资源加以整合,同时通过技术、设备的创新,促进产业的更新。

产业生命周期理论在一定程度上已经被 20 世纪中期某些产业发展的实际情况所证实,该理论可以用来解释纵向并购的长期变化趋势。例如,在一个产业发展的前期或后期,市场规模一般较小,难以容纳各要素进行独立生产,这就迫使产业中的优势企业进行纵向并购,以实现规模效应。

3.企业混合并购的理论

混合并购也称多角化并购,并购原因主要包括:一是更有效地利用资源,二是降低企业整体风险,三是投机动机。

(1)资源利用理论

该理论把企业看作能够从事一定独立经营活动的有形资产、无形资产和人的多种资源集合。某些有形资产相对来说是专用资产,只能用于生产特定的产品和服务,而另一些有形资产则可以通用于生产一定数量的产品和服务。如果这些有形资产在企业内部没有得到充分利用,或者根据企业的经营现状无法得以充分利用,那么可以通过出售或出租这些有形资产获得收益,也可以通过混合并购来留用这些有形资产。特别是在市场机制失灵的情形下,企业通常认为通过内部组织比通过市场利用这些有形资产更有效率。[①] 这些有形资产的利用可能包括以下几种情况:一是资产是一种固定的生产要素,如铁路,可以把固定成本分摊到尽可能多的品种的产品或服务上,从而降低成本,提高收益。二是对那些具有季节性需求的产品,生产互补性季节产品就可以提高工厂的利用率。三是对于具有需求变化的产品,生产几种产品可以弥补由需求的变化而引起的设备利用率的下降。四是如果面临长期的或周期性的需求下降,企业可以通过混合并购来抵消生产能力的下降。除了有形资产,无形资产同样是一个企业重要的资源。一类

---

① 王进.跨国并购及我国企业实施跨国并购对策研究[D].大连:东北财经大学,2005.

无形资产是管理经验。一些企业往往拥有具备特殊组织才能和企业家才能的管理队伍,在这种状况下,如果企业扩展经营范围,就可以更有效地利用它的管理资产。另一类无形资产是技术知识。它是企业研究与开发的成果,这种技术知识的应用与创新,往往会超越企业现有的经营范围。一旦企业通过自己利用此种技术知识的预期收益高于出售这种技术知识的预期收益,企业就可能扩大其经营范围。最后,企业已经取得的良好信誉、营销专长,或是业已建立起的经销网,也可能是混合并购的又一可利用的资源和因素。[1]

(2)分散经营风险理论

当企业通过混合并购把经营领域拓展到与原经营范围相关性较小的行业,就意味着整个企业将在若干个不同的领域内从事活动。当其中的某个领域或行业经营失败时,可以通过其他领域内的成功经营而得到补偿,从而使整个企业的收益率得到保证。通常,混合并购后的企业在打入新的市场时比专业化企业具有更为有利的条件,因为混合并购后的企业更容易以接近现有企业的条件,从资本市场上或集团内部筹措到资金。混合并购企业可以在更大程度上承受在新市场中的初期亏损,直至发展到盈利为止。如果混合并购使某个行业的竞争得以增加,行业的垄断利润得以降低,很可能会增加总社会福利,改进资源配置。[2]当混合并购后的企业能够以比同等专业化企业更低的成本进行生产时,企业获得了更多的市场份额和销售利润,同时改善了社会资源的配置。

(3)目标企业价值低估理论

目标企业价值低估理论认为,当目标企业的市场价值由于某种原因未能反映出其真实价值或潜在价值时[3],其他企业可能将其并购。目标企业市场价值低估的主要原因包括:目标企业的经营管理能力有充分的潜力;并购企业拥有外部市场所没有的目标企业的内部信息;由于通货膨胀,目标企业资产的账面价值大大低于其实际价值。在西方经济学中,衡量市场价值与重置价值差异的一个重要指标叫作 Q 值,这个值被定义为企业股票市场价

① 王进.跨国并购及我国企业实施跨国并购对策研究[D].大连:东北财经大学,2005.

② 卢克飞.跨国并购与中国企业发展[D].北京:对外经济贸易大学,2003.

③ 徐鑫波,宋华.企业并购动因理论综述[J].现代商贸工业,2007(7):69-70.

值与企业重置价值之比。托宾以比率 Q 来反映企业发生并购的可能性,认为如果 $Q<1$,发生并购的可能性就比较大。价值低估理论预言,在技术变化很快以及市场销售条件不稳定的情况下,并购活动会频繁发生。[①]

综上所述,企业并购理论基本上是以美国为主的西方并购理论体系的延伸扩展,基于不同理论视角,大致可分为两大类型:一是并购的价值最大化动机,如规模效应假说、降低代理成本假说、交易费用理论、消除买卖方不确定说、资源利用理论、分散经营风险理论等;二是并购的非价值最大化动机,如管理主义假说。

二、企业跨国并购的相关研究综述

20 世纪 90 年代,企业并购迎来第五次浪潮。关于跨国并购的相关研究涉及多学科,包括国际商务、战略管理、人力资源管理和财务管理。根据研究内容可以将已有研究分为三大类:第一类主要关注跨国并购动机,即企业跨国并购的动因是什么;第二类研究把跨国并购作为一个交易过程分开来分析,包括并购前的尽职调查、并购中的谈判协商、并购后的整合;第三类把跨国并购作为企业的一种财富创造方式来分析,研究这种扩张方式的绩效,包括对股东财富的影响、对经营绩效的影响[②],进而研究哪些因素会对跨国并购绩效产生重要影响。

(一)并购动机研究

1. 国外研究

在研究跨国并购动机时,学者们基于不同视角对动机进行了不同的分类。传统主流跨国公司理论构建了"两分法"的分类:将跨国并购的动机分为资产扩张和资产开发利用。如果企业进行跨国并购是基于资产扩张的动机,那么企业主要是为了获取资源和知识,提升自身的竞争力;如果是基于资产开发利用的动机,则是为了在新的"情景"下利用自身的特定所有权优势,在东道国获取竞争优势。邓宁将对外直接投资动因归结为四种:一是资

---

① 彭迪. 国有企业并购过程中的财务风险及其防范[D]. 兰州:兰州理工大学,2009.
② 徐明霞. 中国企业的跨国并购战略、国内市场的多元化行为与并购绩效的关系研究[D]. 广州:华南理工大学,2014.

源寻求型,即企业为寻求稳定的资源供应和利用廉价资源而进行的对外直接投资。二是市场寻求型,即企业为占据和扩大海外产品市场而进行的对外直接投资。三是效率寻求型,即企业为降低成本和提高生产率而进行的对外直接投资。四是战略资产寻求型,即企业为获取难以模仿的、稀缺的、供专用的专业资源与能力而进行的对外直接投资,主要包括技术、品牌、销售渠道、市场知识等。Hitt 等[①]将跨国并购动机分为五类:进入新市场、保持增长、提高效率、多元化、降低风险。从企业经营的需要动机也可分为战略动机、经济动机和个人动机。[②]

针对一些跨国并购动机,学者们开展了相关论证。对于市场寻求动机,学者们认为与新建投资相比,跨国并购可以节约成本,减少外来者劣势和制度限制等问题,以相对较快的速度进入国外市场。[③] 对于资源和战略资产寻求动机,学者们认为国际化舞台上的后来者,特别是新兴经济体的跨国公司往往缺乏技术能力,企业可通过并购技术水平高的创新型企业来获取战略资源。对于效率寻求动机,学者认为并购可以使两个企业在多个价值链环节,如营销、研发等环节上实现共享,进而产生协同效应。[④]

2. 国内研究

以中国企业为调查对象,国内学者开展了相关研究并取得了丰富的研究成果。薛求知[⑤]将中国企业跨国并购的动因分为四种类型:战略资产寻求型、市场寻求型、资源寻求型、技术获取型。付清照[⑥]则将中国企业跨国并购

① Hitt M A , Hoskisson R E , Johnson R A , et al. The market for corporate control and firm innovation[J]. The Academy of Management Journal,1996(5):1084-1119.

② Schweiger D M, Very P. Creating value through merger and acquisition integration [J]. Advances in Mergers and Acquisitions,2003(2):1-26.

③ Barkema H G,Shenkar O,Vermeulen F,et al. Working abroad, working with others:How firms learn to operate international joint ventures [J]. Academy of Management Journal,1997(2):426-442.

④ Bradley M, Desai A, Kim E H. Synergistic gains from corporate acquisitions and their division between the stockholders of target and acquiring firms[J]. Journal of Financial Economics,1988(1):3-40.

⑤ 薛求知. 中国企业境外并购透视[J]. 上海国资,2004(5):35-38.

⑥ 付清照. 中国企业跨国并购的现状与趋势分析[J]. 中山大学研究生学刊(社会科学版),2004(1):109-114.

动机归纳为三种:开拓海外市场、资源驱动以及获取技术和品牌。基于 50 家中国企业的调查,他发现,60%的企业的最主要动因是开拓海外市场,20%的企业是确保资源供应,另外 16%的企业将获取先进技术和知名品牌作为并购的最主要动因。张乃平和万君康[1]持战略性观点,认为企业为增强全球化核心竞争力,需要加强产品研发能力,扩大产品影响范围,扩张企业规模经济,因此将跨国并购作为企业对外扩张的战略部署。黎平海和李瑶[2]考察了 1984—2008 年发生的 98 起海外并购案例,发现 65%的样本企业动机为获取品牌、技术和自然资源等战略性资源,26%的样本企业动机为扩张海外市场,部分企业将实现多元化经营和规避贸易壁垒作为跨国并购动因。

综上所述,随着时代的变迁,跨国并购的动机逐渐由侧重效率转向了对企业战略的思考。与国外企业跨国并购的动因相比,现阶段中国企业跨国并购的目的主要体现为避开国际市场进入壁垒和获取品牌、技术、知识等核心资源。

(二)并购过程研究

跨国并购的流程分为三个阶段:并购前的尽职调查、谈判过程和并购后的整合。企业需要在每个阶段做好规划,以实现该阶段的预期结果,才能够保证并购目标的实现。

1. 并购前的尽职调查

跨国并购的第一阶段为并购前的尽职调查(due diligence)。尽职调查可以帮助企业科学、理性地选择目标企业。由于国家层面、行业层面和企业层面的因素差异,以及对目标企业选择调查的烦琐性,企业需要聘请中介机构来保证前期调查的有效性。

首先,已有研究考察了国家层面的母国与东道国的制度体制差异和文化距离对于并购交易的影响,认为并购方企业需要深入学习东道国政府的相关法律政策,如外汇管理法、公司法、证券法、税法、反垄断法、会计准则、

---

① 张乃平,万君康. 企业跨国并购与核心竞争力构建[J]. 统计与决策,2005(15):142-143.

② 黎平海,李瑶. 中国企业跨国并购动机实证研究[J]. 经济前沿,2009(10):27-38.

债务比例、劳动法等。①

其次,已有研究指出行业层面的行业规范、行业标准和市场制度差异加剧了跨国并购的难度,这些差异构成了进入壁垒,尽职调查能够帮助企业在跨国并购后更好地在东道国经营。②

最后,已有研究提出尽职调查还需关注企业层面的经营状况、债务情况以及声誉等,也需要考虑目标企业与并购方企业的资源互补情况,帮助并购方企业选择优质的并购对象。

2. 谈判协商

跨国并购的第二阶段为谈判协商(negotiation)。谈判协商实际上是以信息不对称为前提的讨价还价过程,协商内容包括持股比例、支付价格及支付方式等。其中,支付价格是学者关注的重点,也是并购方企业最为关注的问题,即会不会发生溢价收购。有学者比较了国内与国外并购方企业所支付的并购价格,发现两者没有明显差异,但是也有学者研究发现跨国并购常常会发生溢价收购的情况。③ 因此,并购方企业应高度重视跨国并购的谈判协商过程。为了实现对于被并购企业资产的准确、客观评估,降低溢价并购的概率,学者强调了专业机构的作用。

3. 跨国并购后的整合

并购后的整合对于并购是否成功十分关键。学者首先探讨了整合的内容,战略管理领域的学者提出,并购后的整合包括任务整合和人员整合。也有学者认为整合内容包括程序整合、实体整合、管理及文化整合。学者们一致认为,文化整合是跨国并购整合的难点,要面临国家层面和企业层面的

---

① Hitt M A, Harrison J S, Ireland R D. Mergers and acquisitions: A guide to creating value for stakeholders [M]. New York: Oxford University Press, 2001.

② 徐明霞. 中国企业的跨国并购战略、国内市场的多元化行为与并购绩效的关系研究[D]. 广州:华南理工大学,2014.

③ Harris R S, Ravenscraft D. The role of acquisitions in foreign direct investment: Evidence from the U. S. stock market[J]. Journal of Finance,1991(3):825-844.

"双层文化适应"过程。[①] 语言差异、价值观差异、领导风格差异以及制度差异等是造成跨国并购文化整合失败的主要原因。

在战略管理学派的基础上,过程学派进一步指出并购整合的重点在于过程和组织整合问题。国外学者提出了一个综合考虑战略匹配和组织匹配的并购整合随机框架,为并购整合的决策提供了分析方法,整合模式包括:共生(symbiotic)、保留(preservation)、吸收(absorption)、维持(holding)。中国学者则提出了融合、移植、渗透、嫁接、自主五大类,凌越、妥协、合成隔离三大类,以及吸收型、融合型、保留型和反购并型四大类的整合模式。

(三)并购绩效研究

1.绩效的内容研究

学者对并购绩效所包含的内容进行了分类。佐洛(Zollo)和迈耶(Meier)构建了包含任务、交易以及企业层面的理论框架,涵盖目标绩效(包括长期和短期任务绩效)、并购绩效和企业绩效。梅利奥(Meglio)和里斯贝里(Risberg)将跨国并购绩效分为财务绩效和非财务绩效两大类型。萨诺斯(Thanos)等则将跨国并购绩效分为七种类型,包括短期财务绩效、会计绩效、长期财务绩效、关键人物的总体绩效评估、存活率、整合过程绩效以及创新绩效。[②]

国内学者首先从宏观效应和微观绩效两个方面展开探讨。在跨国并购的宏观效应方面,刘亮和万解秋[③]认为体现在市场和产业层面,包括资本形成效应、产业集聚效应、资源配置效应、就业效应、产业升级效应、技术外溢效应和贸易效应七大效应。部分学者则重点关注了就业效应以及福利效应,并运用威廉姆森的福利权衡模型来分析跨国横向并购的经济效应。在微观绩效方面,绝大多数学者关注了企业经营绩效和股东财富效应这两大

① Barkema H G, Shenkar O, Vermeulen F, et al. Working abroad, working with others: How firms learn to operate international joint ventures [J]. Academy of Management Journal, 1997 (2):426-442.

② 谢洪明,张倩倩,邵乐乐,等. 跨国并购的效应:研究述评及展望[J]. 外国经济与管理, 2016(8):59-80+112.

③ 刘亮,万解秋. 国外跨国并购理论:从动因论到效应论[J]. 国外社会科学, 2011 (6):123-128.

方面的影响。

对于跨国并购活动的外部性,麦克杜格尔(MacDougall)首次提出知识溢出这一概念,他在考察对外直接投资对东道国的影响时提出,知识溢出是外商在东道国进行经济活动时导致的外部性,这种外部性会促进东道国生产率的提高。[1] 许多学者均基于外部性和公共产品属性解读知识溢出概念,认为知识天然具有公共产品属性,企业创造的知识被其他企业获取却并未得到任何补偿时,知识溢出就发生了。谢洪明等[2]也认为并购行为的效应并不局限于并购主体,还会对并购主体之外的竞争对手、社会环境和国家环境等带来不同程度的影响,具体表现为对知识转移程度的效应、对员工的效应、对企业战略的效应、对竞争者的效应以及对外界环境的效应。谢运[3]认为逆向知识溢出指的是一些位于世界知识技术前沿内的技术欠发达的企业通过在技术前沿国家设立附属子公司,获得技术前沿国家内的技术知识溢出,再由子公司将技术逆向传输回母公司从而增进母公司的技术水平和生产效率。孙灵希和储晓茜[4]认为逆向技术溢出是指发展中国家的企业通过对技术先进的国家和地区进行直接投资,使企业获得东道国的先进技术和管理经验,并通过各种渠道扩散回母国,提升母国整体的技术创新水平。

综上所述,关于逆向知识溢出已达成的共识有:第一,知识具有公共产品属性,这就决定了知识不能被独占,非独占的部分就是知识溢出;第二,知识溢出会对整个社会的福利产生正向影响,但是会给溢出方造成潜在损失,因为溢出方无法获得其所创知识产生的所有价值;第三,与传统对外直接投资中知识从母国向东道国的溢出方向正好相反,新兴经济体企业在跨国并购中是作为知识接收方,知识从东道国流向母国,这种传导因此被称为逆向知识溢出。

---

① 王芳.知识溢出、吸收能力与创新绩效——来自中国汽车产业的证据[D].武汉:中南财经政法大学,2019.

② 谢洪明,张倩倩,邵乐乐,等. 跨国并购的效应:研究述评及展望[J].外国经济与管理,2016(8):59-80+112.

③ 谢运.跨国并购的知识溢出效应分析[J].财经科学,2012(12):80-88.

④ 孙灵希,储晓茜.跨国并购与绿地投资的逆向技术溢出效应差异研究[J].宏观经济研究,2018(10):141-153.

2.绩效的测量研究

在明确了跨国并购绩效的内容之后，学者紧接着围绕跨国并购绩效的测量问题进行研究。其中一大流派主要研究跨国并购短期内绩效的变化，即并购后股东财富的变化，主要使用事件研究法进行测量；另一大流派研究跨国并购的长期绩效变化，主要使用会计指标法来考察企业的经营绩效。

（1）市场绩效研究

大多数学者的实证结果表明，跨国并购创造了财富效应，但是并购方企业与被并购企业的获得的财富效应存在巨大差异。Tuch 和 O'Sullivan[1] 对于并购方企业的绩效进行综述，发现大多数并购给并购方企业带来显著的负效应或者非显著的正效应。Datta 和 Puia[2] 对 1978—1990 年美国企业开展的 112 例海外并购进行分析，发现收购企业在多个窗口期内获得的累积异常收益全部显著为负。Eckbo 和 Thorburn[3] 的研究认为，跨国并购中并购方企业的超额收益基本上为零。Corhay 和 Rad[4] 选取了 1990—1996 年荷兰企业的海外并购事件为研究对象，结果表明海外并购未能给荷兰企业带来明显的财富效应。Mangold 和 Lippok[5] 以 2000—2007 年德国企业为研究对象，发现跨国并购对股东财富造成了明显的损失。

而对于被并购企业来说，大多数研究显示跨国并购为其带来显著的财富效应。有学者考察了外国企业并购美国企业的股东财富效应，发现被并购方美国企业获得了累积超额收益。部分学者研究发现，跨国并购给并购

---

① Tuch C, O'Sullivan N. The impact of acquisitions on firm performance：A review of the evidence[J]. International Journal of Management Reviews，2007(2)：141-170.

② Datta D K, Puia G. Cross-border acquisitions：An examination of the influence of relatedness and cultural fit on shareholder value creation in U. S. acquiring firms[J]. Mir Management International Reviews，1995(4)：337-359.

③ Eckbo B E, Thorburn K S. Gains to bidder firms revisited：Domestic and foreign acquisitions in Canada[J]. Journal of Financial and Quantitative Analysis，2000(1)：1-25.

④ Corhay A, Rad A T. International acquisitions and shareholder wealth Evidence from the Netherlands[J]. International Review of Financial Analysis，2000(2)：163-174.

⑤ Mangold N R, Lippok K. The effect of cross-border mergers and acquisitions on shareholder wealth：Evidence from Germany[J]. Journal of International Business & Economics，2008(3)：29-54.

方企业股东带来的超额收益不显著,而给被并购企业股东带来的超额收益较为显著。还有学者研究发现,无论并购双方的产业是否相关,跨国并购都给被并购企业创造了股东财富。[①]

国内学者也考察了跨国并购对股东财富的影响,大多数研究发现跨国并购给股东带来正的累积超额收益。邵新建等[②]研究发现,中国上市公司在公告日前后的累计异常收益率高达 5.22%。陈珍波[③]收集了 2000 年 1 月 1 日至 2009 年 12 月 31 日共 37 家中国企业的跨国并购事件,发现中国企业的股东财富有所增加。陈晨[④]以 2000—2010 年 79 起中国企业跨国并购和 310 起印度企业的跨国并购为研究对象,发现中、印两国并购方企业都能够获得显著为正的累积异常收益。宋维佳和乔治[⑤]则考察了 2006—2013 年的资源型企业海外并购事件,发现企业在 41 天窗口期内获得了超过 4.08% 的正收益。

此外,也有部分学者发现跨国并购给股东带来的累积异常收益为负。高颖[⑥]对 2002—2007 年沪深 13 家上市公司的跨国并购绩效进行研究,发现中国企业在短期内没有达到创造价值的目的,但持股比例大于 50% 的并购案例好于低持股比例的跨国并购。已有研究考察了 2002 年 1 月 1 日至 2009 年 12 月 31 日 A 股 19 家上市公司的股东财富效应,研究发现跨国并购事件未能为企业创造价值。关于中国商业银行在 2006—2013 年的 16 例跨国并购事件的分析表明,从银行业总体来看短期内并没有显著影响股东财富。通过分析 2002—2015 年中国上市公司的海外并购事件,发现并购方公司公告日后的股东财富显著降低。

---

① 徐明霞. 中国企业的跨国并购战略、国内市场的多元化行为与并购绩效的关系研究[D]. 广州:华南理工大学,2014.

② 邵新建,巫和懋,肖立晟,等. 中国企业跨国并购的战略目标与经营绩效:基于 A 股市场的评价[J]. 世界经济,2012(5):81-105.

③ 陈珍波. 中国企业跨国并购绩效研究[D]. 杭州:浙江工业大学,2012.

④ 陈晨. 中、印两国跨国并购短期绩效及影响因素的比较研究[D]. 济南:山东大学,2013.

⑤ 宋维佳,乔治. 我国资源型企业跨国并购绩效研究——基于短期和中长期视角[J]. 财经问题研究,2014(7):98-105.

⑥ 高颖. 中国企业跨国并购绩效分析[D]. 大连:大连理工大学,2009.

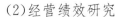

（2）经营绩效研究

并购方企业与被并购企业的经营绩效同样存在差异。大多数研究发现跨国并购改善了被并购企业的经营绩效。部分学者以 1994—2002 年 97 个日本企业为样本，从生产率、资产回报率（return on assets，ROA）、销售增长三方面进行考察，发现被并购企业的绩效得到改善，非制造行业的被并购企业经营绩效得到明显改善。部分学者关注了 1980—2001 年国外非银行企业跨国并购美国银行企业的 83 起并购事件，研究结果表明，被并购企业的贷款减少，现金流能力增强。

而学者们对于并购方企业的经营绩效的研究结果却存在较大分歧。部分学者的研究表明并购方企业的绩效没有得到明显改善。Bertrand 和 Betschinger[①] 以 1999—2008 年俄罗斯的 600 个并购事件为样本，研究了国内并购和跨国并购对企业长期经营绩效的影响，研究发现国内并购和跨国并购均使得并购方企业的经营绩效下滑。部分学者认为跨国并购能使并购方企业的经营绩效得以改善。Hakkinen 和 Hilmola[②] 运用案例研究的方法考察了芬兰制造行业 1998—2001 年的跨国并购，研究发现并购方企业通过获取技术性的知识并加以运用，可以实现资源的互补，获得较好的经营绩效。部分学者对于加拿大、日本和德国并购方企业的研究也发现企业在跨国并购后绩效得到改善。

国内学者对于跨国并购经营绩效的研究结果也未形成共识，大致可分为四种类型：一是跨国并购经营绩效呈现先上升后下降的"倒 V"趋势。[③] 二是跨国并购经营绩效呈现先下降后上升"正 V"趋势。[④] 三是跨国并购经营

①　Bertrand O, Betschinger M A. Performance of domestic and cross-border acquisitions：Empirical evidence from Russian acquirers[J]. Journal of Comparative Economics，2012(3)：413-437.

②　Hakkinen L, Hilmola O P. Integration and synergies of operations in horizontal M&A[J]. International Journal of Management and Enterprise Development，2005(3-4)：288-305.

③　胡飞，黄玉霞. 我国上市公司跨国并购的经营绩效分析[J]. 黑龙江对外经贸，2008(9)：136-137.

④　吴松，李梅. 我国上市公司跨国并购微观绩效的实证检验[J]. 武汉理工大学学报（信息与管理工程版），2010(2)：329-332.

绩效下降。① 四是跨国并购经营绩效呈现上升。②

3.跨国并购绩效的影响因素研究

在测量跨国并购绩效的基础上,学者还对跨国并购绩效的影响因素及作用机理进行了更深入的研究。已有文献主要考察了企业特征、外部环境特征以及交易特征三个层面对跨国并购经济绩效的影响。

企业特征包含企业规模、企业经验、公司治理、战略协调、并购前绩效、产业相关性六个方面的因素。一是企业规模。大型企业的跨国并购绩效较差,倾向于提出更高的收购溢价,这与大型企业管理者的自大效应有关。二是企业经验。中期的并购经验能够减少并购失败的可能。三是公司治理。独立董事会(foreign independent directors,FID)是一把双刃剑。四是战略协调。企业在跨国并购时存在"选择偏见"(selection bias),一旦选择了与企业战略无法协同的目标企业,绩效将会严重恶化。五是并购前绩效。并购前绩效对于并购绩效的影响研究相对较少,其结论也不一致。六是产业相关性。当跨国并购发生在相关产业时,并购方企业或被并购企业都能取得更好的收益。根据效率理论,并购双方的高度交叉性能够带来规模经济效应;根据组织资本理论,产业相关程度高更容易实现产业内专属管理能力的转移。③

外部环境特征包括文化差异、制度因素、产业因素、经济发展特征、税收因素五个方面。一是文化差异。文化差异是一把"双刃剑"。二是制度因素。很多研究从规范、管理和认知三个层面来探讨国家之间的制度差异。三是产业因素。在具有竞争优势的朝阳产业中并购绩效相对较高。四是经济发展特征。标的方的经济发展程度较高时,并购方企业和被并购企业都会取得更好的收益。五是税收因素。早期研究表明税务法规或其他税收变量与被并购企业的绩效无显著关系,但是也有研究发现,美国国内税收法规

---

① 陈珍波.中国企业跨国并购绩效研究[D].杭州:浙江工业大学,2012.

② 沈姣.中国上市公司跨国并购经营绩效研究[D].杭州:浙江工业大学,2012.

③ 谢洪明,张倩倩,邵乐乐,等.跨国并购的效应:研究述评及展望[J].外国经济与管理,2016(8):59-80+112.

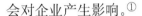

会对企业产生影响。[①]

交易特征则主要包括进入特征、整合特征、并购类型、支付方式、交易规模以及收购股权六个方面。一是进入特征。企业进入时间越早,越能够获取"先动优势",企业的长期绩效也越好。二是整合特征。整合速度是影响企业绩效的重要因素。当整合程度较高时,被并购企业的内部和外部成本都会增加。三是并购类型。标的方是否为上市公司对并购绩效具有影响。四是支付方式。现金支付比股票支付产生更多的额外收益,也有研究表明支付方式并不能显著影响并购方的绩效。五是交易规模。并购交易相对规模越大,整合难度就越大,整合成本就越高。六是收购股权。当并购方收购的股权较大时,对于目标企业的控制权也较大,有利于整合过程中的决策执行,以获得更大的收益。

国内学者重点关注了并购风险对跨国并购绩效的影响,并购风险一般包括政治风险、法律风险、经济风险和文化风险。

关于逆向知识溢出的影响因素,已有研究主要围绕东道国与母国的技术差距、母国吸收能力等两大因素开展研究。部分学者的研究显示跨国并购公司所在地区的吸收能力会影响其逆向知识溢出的效应。也有学者运用技术互动、技术传递及技术吸收的三角循环传导机制分析华为公司的跨国并购,研究发现同时兼顾自主创新和技术学习是其成功获得逆向知识溢出效应的关键。[②] 刘明霞和刘林青[③]认为只有在技术差距较小时,逆向知识溢出的效应才会较大,人力资本、技术吸收能力的调节作用也会变大。

三、并购职业足球俱乐部的相关研究综述

近 20 年来,国际资本纷纷涌入足球领域,尤其以欧洲五大职业联赛最为集中,这对足球运动的商业化和全球化发展起到巨大的推动作用。已有

---

① 谢洪明,张倩倩,邵乐乐,等. 跨国并购的效应:研究述评及展望[J]. 外国经济与管理,2016(8):59-80+112.

② 侯祥芝. 中国企业跨国并购的行业内逆向技术溢出效应研究[D]. 太原:山西财经大学,2019.

③ 刘明霞,刘林青. 人力资本、技术差距与 OFDI 逆向技术溢出效应[J]. 中国地质大学学报(社会科学版),2011(5):59-64+77.

研究关注到这一显现的动态,并展开了初步的研究。

(一)并购动机研究

首先,已有文献指出财务回报(短期和长期)是投资者进入英超联赛的动机①,这些投资者被视为"全球体育资本家",并以利润为导向开展各项投资。对于投资者来说,英超联赛的转型及其丰厚的电视转播收入极具吸引力②,尤其是海外市场的快速发展。其次,足球俱乐部还被认为是促进投资者其他商业利益和宣传其形象的工具。③ 有研究发现,西班牙人足球俱乐部的主席通过增持对足球俱乐部的控股权促进了在其他商业领域的利润。再次,寻求品牌动机,例如格雷泽家族看中曼联足球俱乐部悠久的历史和深厚的底蕴,并通过商业运作最大化曼联的品牌效应。库克(Cook)等发现投资者青睐英冠俱乐部尤其是刚从英超降级的俱乐部,原因在于外国投资者能够以相对较低的收购成本获得俱乐部的相关品牌资产,包括国内和国际品牌。最后,政治因素也是决定部分投资者收购英超俱乐部的重要原因。投资者出于保护资产的需要,通过购买足球俱乐部的所有权逃离母国不健全的制度或政治危机,阿布拉莫维奇对切尔西足球俱乐部的投资部分被归因于俄罗斯的资本外逃。稳定的政府、完善的法律和秩序以及清廉的官僚机构对于吸引外资十分重要。足球俱乐部还被用作政治竞选工具,他信在2007年收购曼城足球俱乐部的举动被认为是服务于其在泰国境内的竞选。

Cook 等④还比较了发达市场国家与新兴市场国家投资者的动机差异,认为发达市场国家(尤其是美国)的投资者对于体育品牌和营销有丰富的知识,他们希望通过投资将这些知识和经验引入英超联赛获取收益。而来自

---

① Nauright J, Ramfjord J. Who owns England's game? American professional sporting influences and foreign ownership in the Premier League[J]. Soccer & Society, 2010(4): 428-441.

② Jones A, Cook M. The spillover effect from FDI in the English Premier League[J]. Soccer & Society, 2015(1):116-139.

③ Nauright J, Ramfjord J. Who owns England's game? American professional sporting influences and foreign ownership in the Premier League[J]. Soccer & Society, 2010(4): 428-441.

④ Cook M, Jones A, Fallon G. The determinants of inward foreign direct investment into the English Premier League[R]. Brunel Business School Research Papers, 2015.

亚洲、非洲等新兴市场国家的投资者，则希望通过对英超联赛的投资获取目前企业不具备的特定优势（firm-specific advantages），从而提高其在国内市场的竞争力。Berning 和 Maderer[①] 考察了 2015 年发生的 6 起中资跨国并购案例，分别是合力万盛并购海牙足球俱乐部、万达集团并购马德里竞技足球俱乐部、莱德斯并购索肖足球俱乐部、星辉互动娱乐并购西班牙人足球俱乐部，以及华人文化联手中信资本并购曼城足球俱乐部，研究发现这些投资的主要动机是市场寻求型、资产寻求型以及两者的结合。

地位性商品理论（positional good theory）和炫耀性消费也是驱动外国投资的原因。地位性商品是指可以彰显购买人与众不同的身份或者社会地位的这一类商品，商品的价值是通过期望创造的，取决于与其替代品相比的期望排名。该理论认为，体育是一种地位性商品。能够参与大型比赛和顶级联赛的俱乐部数量是有限的，稀缺的俱乐部只能由有限的个体获得，因此对于俱乐部的竞争非常激烈。炫耀性消费，也称非理性消费，与他人竞争购买足球俱乐部能够显示买家的社会经济地位。尤其在足球俱乐部盈利困难的情况下，意味着收购决定是不理性的。足球俱乐部也被视为"奖杯资产"（trophy asset），与法拉利、豪华游艇一样是投资人的玩具（playthings），能够彰显其财富与地位。

国内学者对于企业在国内并购俱乐部和跨国并购俱乐部的研究数量较少。其中耿菁[②]对于企业并购国内的职业体育俱乐部动机展开了研究，得出中国房地产企业进入足球领域的两个动因：一是实现企业的体育营销战略。房地产企业赞助足球可以提高企业的品牌价值，企业的经营业绩又与品牌价值呈现正相关。二是有助于企业建立竞争优势。政府掌握着绝大部分重要的商业资源，与政府发展密切关系是在中国成功开展商业活动的必要条件。王裕雄和靳厚忠[③]在分析中超俱乐部持有人特征及持有行为特征基础

①　Berning S C, Maderer D. Chinese investment in the European football industry [M]// Christiansen B, Koc G. Transcontinental strategies for industrial development and economic growth. Hershey, PA: IGI Global, 2017:223-244.

②　耿菁. 中国房地产企业的足球战略研究——以恒大、富力和万达为例[D]. 广州：中山大学，2012.

③　王裕雄，靳厚忠. 中超联赛俱乐部持有人特征及动机判断——兼论职业足球俱乐部治理结构的选择[J]. 体育科学，2016(9):90-97.

上提出持有动机假说：目前企业持有中超俱乐部具有很强的短期性、工具性和权宜色彩。并利用事件研究法和资本市场数据验证了该假说。余明权和柳磊[1]认为中国企业涉足世界体坛有其独特的时代背景和行业特征，指出国内体育产业政策环境优化、海外俱乐部的先进技术与联赛体制、产业结构调整与品牌知名度提升构成了内部动因；外部动因则包括世界经济低迷、欧洲传统足球认知的转变、俱乐部并购限制条款少。钟丽萍和金育强[2]认为中国企业投资海外足球俱乐部缘于政策、经济、足球自身价值、品牌提升等因素。郑玲玲和崔国文[3]也从俱乐部内外部因素分析跨国并购动机，外部环境因素主要包括新媒体兴起、知名足球俱乐部估值偏低、欧洲人传统的足球观念逐渐改变以及收购管制门槛较低等，内在动机主要是国内足坛结构性失衡与估值泡沫、海外俱乐部品牌效应以及青训与管理模式变化等。

（二）并购绩效研究

Nauright 和 Ramfjord[4] 关注了美国资本流入英超的现象，认为北美的职业体育组织和营销结构对英超产生了显著影响，包括俱乐部所有权和管理的不同模式以及俱乐部收入的多元化——媒体版权、豪华座位、俱乐部文化的商品化和品牌化以及提供多样化的服务。但是，随着英超的营销和管理战略呈现出日益"美国化"的特征，引起了英国球迷的仇外心理，带来了与传统的英国组织之间的冲突。Johnston[5] 的研究表明，外国投资和英超的商业化间接地导致英国国家队的发展不足。联赛过于追求短期成功，而忽视了球迷福利和青少年球员培养。这意味着，与来自西班牙和德国的年轻球

---

① 余明权，柳磊. 我国资本跨国并购海外足坛的动因、风险与规避[J]. 成都体育学院学报，2017(1)：14-18.

② 钟丽萍，金育强. 中国企业投资海外足球俱乐部的特征、动因与启示[J]. 成都体育学院学报，2018(4)：30-34+74.

③ 郑玲玲，崔国文. 中国资本海外足坛并购的环境、风险与对策[J]. 西安体育学院学报，2020(5)：583-587.

④ Nauright J, Ramfjord J. Who owns England's game? American professional sporting influences and foreign ownership in the Premier League[J]. Soccer & Society, 2010(4)：428-441.

⑤ Johnston A. Has foreign investment and commercialisation of the Premier League led to a decline in England's international performance[D]. Cardiff：Cardiff Metropolitan University, 2015.

员相比,英国球员参加欧洲精英级别的机会大大减少。外资的进入和商业化还导致了英超的通货膨胀,门票价格、球迷商品、球员工资和转会费等都出现急剧上升的趋势,一定程度上损害了球迷的利益。根据德勤的统计,英国俱乐部最便宜的季票仍是德国的五倍之多。尽管外资的进入带来许多负面影响,Haugen 和 Hervik[①]认为外资确实带来一些好处,例如改善了英超联赛场馆和训练设施的条件。

Jones 和 Cook[②]则考察了外国直接投资流入英超联赛的溢出效应,特别关注了竞争均衡、足球生产效率测量和其他足球内部(intra)的溢出效应。研究表明,在俱乐部的外国所有权出现之后,英超的竞争均衡水平出现降低。因为外资往往流入那些已经很成功的俱乐部,并且能够获得欧冠等赛事的额外收入,许多本国所有的俱乐部不得不增加自己的花费,包括转会成本和球员的工资以防止落后,但仍有一些俱乐部失去了在联赛中的竞争力,一些俱乐部由于缺乏竞争优势或陷入财政困难甚至被迫退出联盟。英超俱乐部的外国所有权也影响了生产效率。大多数外国所有的俱乐部表现为高水平工资支出和高水平的赛场表现,生产效率较低;而国内所有的俱乐部在追赶排名的过程中出现了两种趋势,有些俱乐部的生产率得到提高,而一些俱乐部的生产率却出现下降。足球内部的溢出效应还表现在:一是管理溢出。雇用一个优秀的国外管理者可以带来新的想法和新的做法,随后,当他们就职于英超其他俱乐部时,他们可以复制或利用这些优势。温格在阿森纳最初成功的原因之一是他通过统计数据来分析球员的表现,科学管理足球运动员的饮食,以及更好地了解海外转会市场。一旦其他管理人员看到他的成功经验并进行复制,温格的优势就减弱了。二是第三方中介代理。球员中介的数量随着外资的进入不断增加。他们代表球员进行协商,通常获得球员合同的 5%—10% 的佣金收入。三是一些国内俱乐部通过球员转会的过程,从投资控股的英超俱乐部中大大受益。也有些俱乐部通过在尚未开发的劳动力市场中搜索新星,以便宜的价格购买并在未来高价销售以

① Haugen K K, Hervik A. Estimating the value of the Premier League or the worlds most profitable investment project[J]. Applied Economics Letters, 2002(2): 117-120.

② Jones A, Cook M. The spillover effect from FDI in the English Premier League[J]. Soccer & Society, 2015(1): 116-139.

赚取利润。四是逆向知识溢出。外国所有者利用东道国公司的优越知识和技术,对母国产生积极的效应,尤其在外国公司获得市场领导者的技术的情况下,外国所有的足球俱乐部可能越来越多地在其所有者的国家进行活动,吸引和帮助更多的本国球员进入英超,进而刺激母国的联赛发展。

对于并购效应的影响因素,赖光隆[1]考察了收购方更高的行业关联性、友好收购、更为集中的所有权、较小的管理变化和更高金额的球员交易行为五大因素的影响,发现友好收购和高额的球员交易行为将有助于改善收购后的赛场表现。

王裕雄和靳厚忠[2]认为除了俱乐部自身的经营利润之外,俱乐部的投资回报还包括对俱乐部持有人其他平行事业和生意带来的溢出效应。以恒大集团为例,持有一支高水平的足球俱乐部能够快速提高其品牌资产,帮助恒大向高端快消领域进行转型。在恒大的商业模式中,俱乐部已经成为不可分割的重要组成部分,即便俱乐部自身长期亏损,但其给恒大其他业务,特别是快消业务以及恒大品牌所带来的溢出效应,远大于俱乐部的亏损。

(三)并购风险研究

黄晖和张春良[3]从法学视角研究并购问题,认为中国资本海外并购足球俱乐部存在风险,最佳方案是设定纠纷解决条款,利用法律有效进行风险防控。黄道名等[4]认为"跨文化风险"是海外足球俱乐部并购的核心风险,制度差异是并购风险的根源,并强调海外足球俱乐部并购应充分重视文化差异与文化协同、系统调研与科学论证相结合,提出跨文化变革管理新模式的建议。张琴和 Zhang[5]则将跨国并购风险分为传统并购风险、跨界并购风险、

① 赖光隆. Factors affecting the sporting performance of European football clubs after acquisition[D]. 台南:台湾成功大学, 2013.

② 王裕雄,靳厚忠. 中超联赛俱乐部持有人特征及动机判断——兼论职业足球俱乐部治理结构的选择[J]. 体育科学, 2016(9):90-97.

③ 黄晖,张春良. 中国资本海外并购职业足球俱乐部协议中解纷条款的考量[J]. 体育学刊,2017(3):91-95.

④ 黄道名,郭世晨,杨群茹,等. 中国资本并购海外足球俱乐部风险识别研究——基于扎根理论的分析[J]. 沈阳体育学院学报, 2019(6):42-49.

⑤ 张琴,James J Zhang. 效益·风险·策略:中国资本域外并购足球俱乐部思考[J]. 体育与科学,2019(5):107-112.

足球领域的特殊风险三大类,提出四点建议:汇通中西,文化兼容;更新理念,多元共治;尊重规律,技术第一;重在过程,胜负无忧。郑玲玲和崔国文[①]提出跨国并购风险包括四个方面:并购标的额大,增加并购主体经营风险;盈利、套现能力较弱;专业人才匮乏;预期行业容量小,产能过剩危险较大。对此,他们提出三大应对措施:做好整体规划与风险控制、增加人才储备、拓展国内行业容量。吴宗喜[②]认为中资企业并购海外足球俱乐部的风险主要为:公益性强,盈利难;文化差异显著,沟通难;产能过剩,发展有限;经验不足,人才匮乏。他还有针对性地提出四大风险应对措施:充分把握足球产业特征,降低并购盲目性;尊重双方意见,发挥协同效应;拓展产业链,提高市场容量;加快国际进程,降低并购风险。

四、文献评述

欧美主流学派的对外直接投资理论主要考察发达国家的企业,其理论前提是市场的不完全性,理论主线是优势分析。对外直接投资理论的不足之处在于:垄断优势理论无法解释具有比较劣势的发展中国家的对外投资行为;内部化理论忽视了一些诱发因素的影响,也未说明对外直接投资的区位选择问题;产品生命周期理论和边际产业扩张理论是美国和日本跨国公司特定时期的研究结果,无法解释发展中国家的对外直接投资行为;国际生产折中理论对国有跨国公司的对外直接投资活动无法做出科学解释,该理论将利润最大化作为跨国公司的主要目标,与 20 世纪 60 年代以来跨国公司投资目标的多元化不相符。而发展中国家企业的对外直接投资理论大多来源于经验研究,覆盖面窄且所涉时间不长。例如:动态比较优势理论被认为仅仅能够解释 20 世纪 70 年代日本的对外直接投资;小规模技术理论、技术地方化理论以及技术创新与产业升级理论分析了发展中国家企业"走出去"的产业特征、区域分布等特点,但仍缺乏全面系统的阐述。

企业并购理论随着全球五次并购浪潮的发展而不断演化,美国作为并

---

① 郑玲玲,崔国文.中国资本海外足坛并购的环境,风险与对策[J].西安体育学院学报,2020(5):583-587.

② 吴宗喜.中资企业并购海外足球俱乐部的风险与规避研究[J].经济研究导刊,2020(26):21-22.

购浪潮的发起者,并购学说大多建立在美国等发达国家企业并购活动特征的基础上。企业并购的动因理论从寻求规模经济、减少交易费用等经济维向管理维、战略维发展,不同的经济水平使得占主流的并购动机存在较大不同。企业并购理论的不足在于:首先,企业并购动因理论分析以并购方企业为基点,是一种单向分析问题的路径,而现实中还应考虑并购方企业与目标企业的合作、博弈结果,应采取双向分析的路径;其次,企业并购理论只考虑到国内的环境,而跨国并购涉及东道国和母国两个相异的环境,企业并购的市场范围、企业内部效率之间的差异性更大;最后,企业并购背后隐藏着复杂的并购动机,是由多种并购动因相互作用的结果,需要综合不同学说来对跨国并购进行解释。

通过文献综述,可以发现,各国、各企业在不同时间点的跨国并购的动机是多元的、变化的。与国外企业跨国并购的动因相比,现阶段中国企业跨国并购的目的主要体现为快速进入国际市场和获取核心资源。已有研究将跨国并购过程分为三个阶段,并重点针对并购后的整合进行了深入研究,研究成果揭示了整合的内容、模式,探讨了如何才能实现更好的整合,但是并没有针对不同行业的差异性进行分类研究。对于跨国并购的绩效和影响因素,国内外学者进行了深入的研究并取得丰富的成果,大多从短期和长期两个维度进行绩效的考察,并对并购双方展开具有针对性的研究。

通过对并购职业俱乐部的相关文献进行分析,可以发现:第一,国内外关于并购职业体育俱乐部的研究数量总体较少,其中国内学者大多围绕并购动机展开相关研究,而对并购过程及绩效的研究不足;国外研究则重点关注外资流入英超联赛所带来的一系列影响,对于其他国家联赛的研究较为欠缺。第二,中国企业的并购动机与国外企业存在一定差异,中国企业更加注重俱乐部能给并购方企业在其他主营业务上所带来的收益,例如广告效应以及优惠政策。第三,已有研究关注到跨国并购对于并购方企业所在投资母国的逆向知识溢出效应,但对于溢出效应的内容及作用机理的讨论还不充分。

第三章 中国企业跨国并购职业足球俱乐部的驱动因素及动机

在国务院 46 号文件和足改方案等政策的刺激下,中国企业竞相投资足球行业。本章以 22 家中国企业跨国并购职业足球俱乐部为研究案例,从被并购职业足球俱乐部特征、并购方企业特征和并购交易特征三个方面呈现跨国并购现状;从国家、产业和企业三个层面来探寻中国企业跨国并购的驱动因素;根据企业所寻求东道国资源禀赋的不同划分跨国并购动机。

第一节 中国企业跨国并购职业足球俱乐部现状与特征

自 2014 年 10 月国务院 46 号文件颁布以来,中国企业跨国并购职业足球俱乐部的案例不断增加(见表 3.1)。其中,万达集团收购西甲马德里竞技足球俱乐部是中国企业对欧洲五大联赛足球俱乐部的首次投资,拉开了中国企业大规模进军欧洲足坛的序幕。仅 2016 年 6 月就有 5 家企业先后宣布并购消息,并购浪潮到达顶峰。截至 2017 年底,共有 22 家中国企业完成了对 23 家海外足球俱乐部的并购,其中蒋立章及其所属的上市公司当代明诚并购了 2 家俱乐部,分别为西甲的格拉纳达以及意乙的帕尔马足球俱乐部。

表 3.1 中国企业跨国并购职业足球俱乐部的基本情况

序号	投资时间	俱乐部	联赛	投资方	收购股份/ %	金额/ 万欧元
1	2014年7月	帕维亚	意丙1	品怡股权	100.00	不详
2	2015年1月	海牙	荷甲	合力万盛	98.00	800

序号	投资时间	俱乐部	联赛	投资方	收购股份/%	金额/万欧元
3	2015年1月	马德里竞技	西甲	万达集团	20.00	4500
4	2015年5月	索肖	法乙	莱德斯	100.00	700
5	2015年6月	托里什人	葡锦标	陈祺	70.00	不详
6	2015年9月	布拉格斯拉维亚	捷克	华信能源	60.00	1000
7	2015年11月	西班牙人	西甲	星辉互动娱乐	56.00	6000
8	2015年11月	洛尔卡	西乙B	徐根宝	100.00	100
9	2015年12月	曼城	英超	华人文化、中信资本	13.00	36000
10	2016年5月	阿斯顿维拉	英冠	联合睿康	100.00	7783
11	2016年6月	国际米兰	意甲	苏宁集团	70.00	27000
12	2016年6月	尼斯	法甲	郑南雁	80.00	2000
13	2016年6月	纽卡斯尔喷气机	澳超	雷曼集团	100.00	374
14	2016年6月	胡米利亚	西乙B	唐晖、李翔	不详	不详
15	2016年6月	格拉纳达	西甲	蒋立章	98.00	3700
16	2016年7月	狼队	英冠	复星国际	100.00	5326
17	2016年8月	西布朗维奇	英超	云毅国凯	88.00	17644
18	2016年8月	欧塞尔	法乙	奥瑞金包装	59.95	700
19	2016年8月	里昂	法甲	IDG资本	20.00	10000
20	2017年4月	AC米兰	意甲	罗森内里体育投资公司	99.93	74000
21	2017年5月	雷丁	英冠	戴秀丽、戴永革	75.00	不详
22	2017年8月	南安普敦	英超	高继胜	80.00	23362
23	2017年11月	帕尔马	意乙	蒋立章	60.00	200

注：根据上市公司公告，《足球》报、《体坛周报》等媒体的报道，以及懒熊体育、肆客足球等平台发布的信息整理。表格所示联赛为中国企业跨国并购当年俱乐部所在联赛。曼城足球俱乐部（4亿美元）、纽卡斯尔喷气机足球俱乐部（550万美元）、阿斯顿维拉足球俱乐部（6000万英镑）、狼队足球俱乐部（4500万英镑）、西布朗维奇足球俱乐部（1.5亿英镑）和南安普敦足球俱乐部（2亿英镑）等收购金额根据实时汇率转换为欧元。

一、被并购职业足球俱乐部特征

从俱乐部所在联赛级别来看，共有 13 家俱乐部隶属于所在国的顶级联赛,占比高达并购案例的57%,反映了中国企业对于欧洲优质足球资产的青睐。在这13家俱乐部中,共有7家俱乐部进入由英国品牌评估机构"品牌金融"(Brand Finance)发布的"2017最具价值的50个足球俱乐部"排行榜,分别为曼城(第6名)、马德里竞技(第16名)、AC米兰(第18名)、南安普敦(第19名)、西布朗维奇(第25名)、里昂(第27名)、国际米兰(第28名)。26%的俱乐部隶属于所在国的次级别联赛,仅17%的俱乐部来自所在国的第三级别联赛。

从俱乐部所在国别来看,英格兰的职业足球联赛(包括英超和英冠联赛)对中国企业的吸引力最强,共有6家英超、英冠俱乐部被并购,占比高达26%;其次为西班牙的职业足球联赛,共有5家西甲、西乙B俱乐部被并购,占比为22%;意大利和法国各有4家俱乐部被并购,占比均为18%;葡萄牙、荷兰、捷克和澳大利亚各有1家俱乐部被并购,占比均为4%。

二、并购方行业关联性

从并购方的行业关联性来看,59%的并购方已在体育产业链中进行相关布局(见表3.2)。其中,苏宁集团、雷曼股份、当代明诚,以及戴秀丽和戴永革等4家并购方在国内拥有职业足球俱乐部,属于横向并购;合力万盛、万达集团、华人文化、奥瑞金、IDG资本、莱茵体育、徐根宝、陈祺,以及唐晖和李翔等9家并购方在体育产业链中游布局了赛事转播、赛事运营、体育营销、体育经纪和新媒体五大方面,在体育产业链下游则围绕体育用品、健身培训和体育旅游等三大方面开展相关业务,属于纵向并购。

表 3.2　中国并购方在体育产业链上的布局情况

并购方	体育产业链上游	体育产业链中游	体育产业链下游
合力万盛		主办北京市大学生足球甲级联赛、运营英超亚洲杯、意大利超级杯、法国超级杯,参与奥运会开闭幕式的策划	与北京八一学校进行足球青训合作、合力万盛国际旅行社有限公司
万达集团	世界铁人公司、CGI公司	国际足联顶级赞助商、国际篮联全球独家商业开发合作伙伴、瑞士盈方体育传媒集团、拉加代尔体育	万达文化体育旅游城、与潮州市人民政府签约"世界潮人文化旅游项目招商合作协议"

并购方	体育产业链上游	体育产业链中游	体育产业链下游
华人文化		盈方股东、盛力世家、体奥动力及"中国之队"3年转播权和80亿元中超版权	美克国际大股东
苏宁集团	江苏苏宁俱乐部、江苏女子足球俱乐部	收购PPTV,荷甲版权,俄超版权,欧冠、欧联杯以及欧洲超级杯的视频直播和点播权益,西甲版权,中超联赛新媒体版权,亚足联12类赛事的新媒体版权,德甲版权,法甲版权,英超版权,投资"懂球帝"	苏宁体育旗舰店、苏宁体育零售直营店、苏宁体育Biu店
雷曼股份	深圳人人足球俱乐部	中甲球场30分钟的商务销售权益、独家冠名葡甲联赛、"第12人"App	
当代明诚	重庆力帆足球俱乐部90%股权、明尼苏达森林狼队5%股权	2021—2028年亚足联赛事全球独家商业权益,收购双刃剑体育、新英开曼、体育经纪公司Media Base Sports,2018俄罗斯世界杯亚洲区独家市场销售代理	控股汉为体育,布局全民健身市场
奥瑞金		北美职业冰球联赛波士顿棕熊队在中国的唯一市场推广合作伙伴,签下球员大卫·帕斯特兰克(David Pastrank)在亚洲区的经纪独家代理,国家冰球联盟(National Hockey League,NHL)在中国的创始伙伴	投资动吧体育和北京冰世界体育文化公司、投资王海滨击剑俱乐部
IDG资本	昆仑决职业搏击赛事	鲨威体坛、新英体育、瑞士盈方、盛开体育、暴风科技	乐刻健身房、城市自行车700bike
莱茵体育		WBC(世界拳击理事会)世界职业拳王争霸赛中国地区举办权、亚洲职业篮球管理发展有限公司、全国家庭健身挑战赛、莱茵达电竞公司、中华网香港、华网汇通	小斑科技、场馆O2O服务商万航、飞马健身、宾果科技
戴秀丽、戴永革	北京人和足球俱乐部		
徐根宝		徐根宝足球基地	
陈祺		"中国希望队"葡萄牙留学项目负责人	
唐晖、李翔		西甲欢乐多解说、赞助西甲拉科鲁尼亚足球俱乐部、王佳豪的体育经纪人	

注:根据企业新闻、体育媒体的报道等整理。

41%的中国企业在跨国并购前未涉足体育产业,属于混合并购。由表3.3可见,9家中国企业分布在不同行业,包括商业服务业、家具耐用消费品、能源化工、互联网和相关服务、综合企业、酒店业、建筑业 7 种行业。通过跨国并购职业足球俱乐部，非体育企业能够创建现金流不完全相关的业务组合，形成多元化经营。

表 3.3 混合并购的中国企业及主营业务

企业名称	所属行业	主营业务
品怡股权	商业服务业	股权投资管理、资产管理、商务咨询
德普科技（莱德斯）	家具耐用消费品	制造及销售 LED 照明产品及配件、节能项目及提供物业转租服务
华信能源	能源化工	能源产业、金融服务业
星辉互动娱乐	互联网和相关服务	游戏业务、玩具业务
联合睿康	综合企业	信息产业、健康产业、新能源产业、文化产业、工程产业、金融产业
铂涛集团（郑南雁）	酒店业	酒店、公寓、咖啡连锁、艺术品公益平台
复星国际	综合企业	医药、房地产开发、钢铁、矿业、零售、服务业及战略投资
棕榈股份（云毅国凯）	建筑业	风景园林规划设计、园林工程施工及苗木生产、销售
罗森内里体育投资公司	商业服务业	投资管理

注：根据企业官网、天眼查等平台资料整理。

三、并购交易特征

从收购股份来看，87％的中国并购方实现了对俱乐部的控股收购，其中莱德斯、徐根宝、联合睿康、雷曼集团、复星国际等并购方为全面收购，仅万达集团、IDG 资本，以及华人文化和中信资本 3 家并购方为参股收购。

从支付方式来看，大多数中国企业通过支付现金的方式购买股权，以李勇鸿为首的罗森内里体育投资公司则选择向美国埃利奥特风投基金借款 3.03 亿欧元的形式进行支付，抵押品为 AC 米兰俱乐部，高额的利息和紧迫的还款期限为俱乐部的运营和所有权归属埋下巨大隐患。

被并购俱乐部的收购总价值可以通过收购金额/收购股份计算而来，并与第三方评估机构 Brand Finance 所公布的俱乐部价值进行对比（见表 3.4）。可以发现，在"2017 最具价值的 50 个足球俱乐部"排行榜中，南安普敦和西布朗维奇足球俱乐部的溢价程度较低,而里昂和曼城足球俱乐部的溢价程度较高。溢价的主要原因是被并购俱乐部的发展前景及并购后所产生的协同效应。

表 3.4　被并购职业足球俱乐部的溢价情况

俱乐部	俱乐部价值/亿美元	收购总价值/亿美元	溢价程度/倍
曼城	8.00	30.77	3.85
AC 米兰	2.86	8.08	2.83
南安普敦	2.81	3.24	1.15
西布朗维奇	1.84	2.23	1.21
马德里竞技	1.51	2.61	1.73
国际米兰	1.51	4.48	2.97
里昂	1.38	5.61	4.07

注:根据英国品牌评估机构 Brand Finance 公布的"2017最具价值的50个足球俱乐部"排行榜整理。

截至 2020 年 6 月,22 家并购方中有 7 家退出被并购俱乐部,分别为:品怡股权、徐根宝、万达集团、李勇鸿、联合睿康、郑南雁、唐晖和李翔;此外,中信集团接替华信能源成为布拉格斯拉维亚足球俱乐部的所有者。

第二节　中国企业跨国并购职业足球俱乐部的驱动因素分析

已有研究表明,由于复杂和不确定的外部环境以及异质的内部资源和能力,单一的理论可能不足以解释中国企业对外直接投资的决定因素。Holtbrügge 和 Kreppel[①] 制定了一个全面而系统的研究框架来检验中国和其他新兴市场公司对外直接投资的决定因素(determinants),包括国家(country-level)、产业(industry-level)和企业(firm-level)三个层面的因素分析。

---

① Holtbrügge D, Kreppel H. Determinants of outward foreign direct investment from BRIC countries: An explorative study[J]. International Journal of Emerging Markets, 2012(1):4-30.

一、国家层面的因素

国家层面的因素主要是指东道国的资源禀赋，包括东道国的市场规模、东道国市场纵向一体化的潜力，以及东道国的技术水平和管理知识。

(一)东道国的市场规模

东道国是指中国企业跨国业务扩展地所在的国家，即被并购职业足球俱乐部所在的国家。市场是商品交换的领域，购买者和购买力是决定市场规模的核心要素。欧洲人口总量约8亿人，人均GDP达2.5万美元，庞大的购买者基数和强大的购买力使欧洲的市场规模极具吸引力，能够为中国企业的主营业务提供本土市场以外的新市场和新的增长机会。根据贝克·麦坚时国际律师事务所的报告，中国企业在欧洲的投资在2009年以后快速增长，其中英国、意大利、荷兰、葡萄牙等吸引了大量中国企业。由此可见，东道国的市场规模是驱动中国企业跨国并购的主要因素之一，部分中国企业致力于开拓海外市场。

莱德斯的母公司德普科技表示，收购事项可有效推广及宣传集团产品，也可以通过法国足球赛电视广播、俱乐部T恤及纪念品等足球俱乐部宣传材料提升"LEDUS"(莱德斯)品牌在法国乃至整个欧洲的认知度。集团计划将"LEDUS"标志与足球俱乐部标志和T恤结合，增加"LEDUS"品牌曝光率。集团亦打算将目标公司足球场及培训学校现有照明系统所用传统灯更新为LED灯。该试点项目可助集团产品打入法国私营行业。[①]

联合睿康董事长夏建统表示，维拉更像是一块"敲门砖"，是和其他国家进行文化交流的一个纽带，在英国、印度、美国等国家，进行其他像健康产业、文化产业等实业的布局发展，维拉为企业提供了一个很好的基础。[②]

星辉互动娱乐公告显示，通过整合皇家西班牙人已有的资源优势，有助于深挖明星扩大效应以及品牌客户广告需求，能够为已有玩具衍生品业务、

---

① 第一财经. 德普科技700万欧元收购法乙索肖足球俱乐部[EB/OL]. (2016-06-13) [2017-08-07]. https://www.yicai.com/news/5026478.html.

② 人民网财经频道. 夏建统:收购英超球队更像是一块"敲门砖"[EB/OL]. (2016-12-27) [2017-08-07]. https://news.china.com/finance/11155042/20161227/30119506.html.

游戏业务提供更广的营销渠道及更多的客户资源。[①]

(二)东道国市场纵向一体化的潜力分析

纵向一体化是指企业在现有业务基础上向上游或下游发展，以扩大现有业务范围的企业经营行为。体育产业链上、中、下游分别对应着赛事资源、媒体传播与衍生产业。俱乐部、运动员和国际性组织组成了体育产业链的上游——赛事资源，这是产业链的核心和动力；中游的媒体传播是催化剂，起到扩大赛事影响力和集聚客户资源的作用，包括代理赛事转播权和营销权的公司、赛事运营公司、传统体育媒体和新兴体育媒体；下游为产业链变现提供了出口，包括体育用品、体育彩票、健身培训、体育旅游和体育保险等（见图3.1）。体育产业链上各企业之间保持着供给与需求、投入与产出的关系。[②]

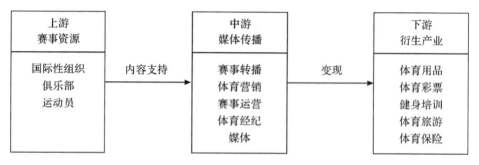

图 3.1　体育产业链条

IP(intellectual property)又称"知识产权"，其本质是一种无形财产权。1863年英格兰足球协会的创建标志着现代足球的诞生，经过百余年的发展，欧洲成为世界足球的中心。德勤的调查数据显示，2014—2015赛季欧洲五大联赛收入总和为120亿欧元，且保持着快速增长态势，年均增长幅度在10%以上。欧洲职业体育发达国家的足球俱乐部具备清晰的盈利模式、广泛的球迷基础和深厚的俱乐部文化，产生了较多的优质俱乐部IP。优质的

---

①　星辉互动娱乐股份有限公司董事会. 星辉互动娱乐股份有限公司关于收购皇家西班牙人足球俱乐部股权并增资的公告[R/OL]. (2015-11-03)[2017-08-07]. http://www. szse. cn/disclosure/listed/bulletinDetail/index. html?3598e988-6653-4182-8dd4-7b1b166d2e24.

②　李燕领,王家宏. 基于产业链的我国体育产业整合模式及策略研究[J]. 武汉体育学院学报,2016(9):27-33+39.

俱乐部 IP 不仅能够抬升核心赛事链条的估值,资金的下沉和渗透也让产业链其他环节拥有创业和投资的机会。[①]

投资人一致认为欧洲职业体育发达国家的足球俱乐部属于优质 IP,并购优质 IP 有利于中国企业向体育产业链上游延伸并带动产业链上其他环节的发展。部分投资人的表述如下。

棕榈股份总裁林从孝表示:"英超体育内容是顶级 IP,西布朗维奇足球俱乐部的注入可以为生态城镇转型提供产业端的内容。围绕体育 IP,可以衍生出足球学校、足球明星、赛事场馆、赛事营销、体育媒体平台等 IP 商业开发体系。"

苏宁零售集团总裁范志军表示:"体育 IP 的众多特性可以为智慧零售赋能。国际米兰足球俱乐部与苏宁易购的合作无论在产品和内容层面都实现了价值提升,满足了消费者对于高品质生活的个性化需求。"

IDG 资本投资合伙人李建光表示:"投资里昂足球俱乐部意味着 IDG 资本往产业链上游(IP 内容生产方)又迈进一大步。里昂足球俱乐部经营管理非常透明,里昂球场是集赛事、办公、会议、酒店、休闲娱乐、医疗等功能于一体的综合体。"

(三)东道国的技术水平和管理知识分析

就足球行业而言,东道国的技术水平和管理知识是指俱乐部管理和经营的知识、青训体系建设的知识,以及为中国球员提供留洋机会的可行性。这在投资人的表述中得到印证。

联合睿康董事长夏建统表示:"英国足球联赛的运营体系有很多值得借鉴的地方,通过收购一个俱乐部,尤其在运营成熟、系统比较完善体系里的俱乐部,能够给中国足球未来的发展提供很多真正有意义的借鉴。"

苏宁集团投资副总裁杨洋表示:"苏宁易购俱乐部对比海外顶级俱乐部在球队管理等方面有比较大的差距,国际米兰作为欧洲老牌俱乐部,在球队管理、赛事运营、球员培养等这些层面有非常丰富的经验。我们收购国际米兰希望能带动中国足球上一个台阶。"

合力万盛董事长王辉表示:"海牙俱乐部的青训系统非常好,希望把基

---

① 宋扬. IP 热背景下体育版权价值全产业链开发策略[J]. 中国出版,2017(19):55-58.

地建立成培养中国足球青少年运动员的一个海外平台。除了达到青训的效果外,还有一两个中国球员在一线队长期打上比赛,长期参加欧洲的比赛,适应先进的足球环境,这样能够提高得快一些。"

1. 俱乐部管理和经营的知识

管理以提高效率为目的,经营则以提高效益为目的,管理与经营虽有区别但在组织活动中又相互渗透、相互作用。

俱乐部管理的核心是组织结构的设计,职业体育发达国家的俱乐部大多采用事业部制组织结构,组建 2—3 条平行的职权链,例如将俱乐部的核心业务分为体育竞技与商业开发两大内容,各自任命一位体育总监和商业总监分管业务。事业部制组织结构的特点在于:权责划分明确,能较好地调动经营管理人员的积极性;有利于最高领导层摆脱日常行政事务,成为坚强有力的决策机构。① 俱乐部的职权链通常由四个层级组成,分别为决策层(董事会)、协调层(CEO 或事业部主管)、监管层(部门主管)和执行层。俱乐部的业务部门设置往往包含商业部、市场发展部、传播部、运营部、社会服务部等围绕市场开发和球迷服务的部门,与赞助商、媒体和球迷保持密切的联系。

职业足球俱乐部是一个向公众提供足球竞赛表演服务及相关产品的企业化组织,因此俱乐部的经营始终围绕足球赛事而展开。俱乐部的营业收入主要包括媒体版权分成、商业收入和比赛日收入,营业成本主要包括职工薪酬、球员无形资产摊销、管理和销售费用。在欧足联财政公平政策的约束下,俱乐部必须树立科学的经营理念来保持收支平衡。在扩大营业收入方面,俱乐部通过提高竞争实力增加奖金收入,通过塑造全球品牌形象增加商业收入,通过改善赛场服务增加门票收入。在控制营业成本方面,俱乐部通过构建合理的薪酬体系、科学评估球员价值、提高青训学院成才率等控制各项支出。

2. 青训体系建设的知识

青训体系主要包括人才选拔体系、竞赛体系和教练培训体系。②

英国、法国等形成"社区业余足球俱乐部—足球特色学校—职业足球俱

---

① 游茂林. 中外职业足球俱乐部的组织结构设计比较[J]. 体育学刊,2012(1):69-73.
② 丁斌,唐福,周小康,等. 法国足球青训体系研究[J]. 贵州体育科技,2019(4):53-56.

乐部"的人才选拔体系,意大利、西班牙则是以职业足球俱乐部为主体进行足球后备人才的培养。以全球闻名的青训模板——西班牙的拉玛西亚青训学院为例,在俱乐部梯队建设方面,拉玛西亚青训学院建立了从 U7 队到 U19 队共 13 个梯队,根据青少年不同年龄段的生理特征制定培养目标。在培养理念方面,始终把文化教育放在首位,为没有走上足球道路的孩子制订谋生的"B 计划";强调人格塑造,将尊重、责任、奉献、自律和谦逊作为基本原则。在足球训练方面,并不过多强调体能和先天素质,而是培养青少年球员的兴趣、球感和技战术;贯彻球队以控球为重点的技术传统,各种位置的球员均要掌握精湛细腻的脚下技术与控球本领。[①]

西班牙足协建立起西甲、西乙、西乙 B、西丙、青年荣誉联赛、青年大区联赛、各自治区的地区足球业余联赛和青少年联赛的竞赛体系,完善的青少年联赛体系为小球员提供高频次的比赛机会,使"比赛是训练的导师"的训练理念得到贯彻实施。类似的,意大利 AC 米兰足球俱乐部的梯队队员每年参加 40 多场联赛与杯赛,加上各种级别的挑战赛,一个赛季的正式比赛超过 70 场。德国职业足球俱乐部的梯队队员从 U14 开始进入一周一赛的比赛节奏,为将来进入一线队做好准备。

欧洲各国建立起开放、等级完善的教练培训体系。以英国为例,教练员等级包含 Level 1、Level 2、欧足联 B 级、欧足联 A 级和欧足联职业教练(UEFA Pro)共五个级别,任何立志成为足球教练的爱好者均可参加培训。教练员的培训内容涉及技术、战术、身体机能和心理四大板块,为鼓励教练学习新兴的数字化技术,英格兰足球总会将 TactX 软件的终身免费使用权赠予获得教练资格的学员。冰岛足协在 2014 年召开 26 次教练研讨会来革新教练培训体系,对于授课人选、授课内容进行规范,通过提高教练员的执教能力来促进俱乐部和国家队的高质量发展。

3. 为中国球员提供留洋机会的可行性

相比于欧洲五大联赛,欧洲其他国家顶级联赛(例如荷甲、捷甲)以及欧洲低级别联赛(例如葡锦标、西乙 B)是中国球员留洋的现实选择,这些联赛

---

① 张宏俊. 西班牙"拉玛西亚"足球青训培养体系解析[J]. 浙江体育科学,2014(1):31-34+40.

在竞技水平与技战术风格上与中超联赛较为接近,能够成为中国球员立足、成长的首选平台。投资人的表述印证了上述观点。

合力万盛董事长王辉表示:"把海牙打造成适合中国球员旅欧的平台,荷兰甲级联赛是除五大联赛之外的二线联赛里,从技战术风格和竞争水平来说,中国球员留洋立足比较现实的选择,踮一踮脚还够得着。"

雷曼股份董事长李漫铁表示:"澳超跟中超在一个水平,可以利用这个舞台把中国的球员输入到澳超参赛。"

托里什人俱乐部投资人陈祺认为:"真正提升球员水平,留洋仍旧是最好的途径,中国足球完全可以利用欧洲上百年的青训发展经验'借鸡生蛋'。中国的年轻球员如果能够在葡锦标联赛系统出场,毫无疑问锻炼价值是非常大的。"

二、产业层面的因素

产业层面的因素包括该产业对本国政府的战略重要性以及产业内部的竞争压力。

(一)足球产业的战略重要性

2014年10月,国务院46号文件出台,提出到2025年体育产业总规模超过5万亿元的发展目标,突出了体育产业作为绿色产业、朝阳产业的重要性。在众多体育项目中,足球作为改革的先行者,其发展已经上升到国家战略层面。2015年2月27日,习近平总书记主持召开的中央全面深化改革领导小组第十次会议,审议通过了足改方案。方案站在国家的高度来规划中国足球的改革和发展,并正式提出了"三步走"战略,其中远期目标包括"职业联赛组织和竞赛水平进入世界先进行列"。随后,足球中长期规划正式印发,将发展目标进一步量化,并特别强调解决场地问题、培育优秀足球企业以及打造健康足球文化。

在上述文件政策的引导下,中国企业纷纷出海收购职业足球俱乐部,其中2015年共发生8项收购,2016年和2017年分别为11项和3项。相关研究指出,通过支持足球发展来遵循本国政府意愿的中国企业可能会受到当局的青睐。胡润中国富豪榜创始人胡润(Rupert Hoogewerf)表示,"中国前十大富豪中有三人都在投资足球,这绝非巧合。有个人的因素,也有商业意识的因素"。

(二)足球产业的国内竞争压力

广州恒大的"金元足球"政策给中超联赛带来巨大冲击,使得国内球员身价迅速提高甚至虚高,大牌外援接踵而至,俱乐部运营投入不断增大。根据《2016赛季中超联赛商业价值报告》,2016年,16支中超俱乐部总收入为72.3亿元,总支出为82.9亿元,其中有7家中超俱乐部的投入超过了10亿元,投入少的两支球队石家庄永昌(0.91亿元)和浙江绿城(1.28亿元)则相继降级。在营收方面,每家俱乐部获得大约6000万元的联赛分成,但绝大部分俱乐部仍呈现亏损状态,自我造血能力薄弱。若剥离俱乐部投资人的直接输血,16支俱乐部共亏损46.45亿元。在转会市场支出方面,中超联赛转会费总计达到40亿元。国内动辄上亿的转会身价、财政收支不平衡的俱乐部经营状况,迫使许多中国企业将目光投向海外,寻找那些盈利模式清晰、财政情况健康的足球俱乐部。

三、企业层面的因素

企业层面的因素指企业特定的竞争优势,包括不同的资产、组织过程、信息和知识,为企业进入全球市场奠定了坚实的基础。[①] 样本企业拥有各自不同的竞争优势,其中部分企业在海外扩张前已是国内市场的领头羊。例如,万达集团董事长王健林是2015年中国胡润富豪榜的首富;苏宁集团在全国工商联发布的"2016中国民营企业500强"榜单中位列第二名;中国华信能源有限公司则在全国工商联发布的"2015中国民营企业500强"榜单中位列第八名;IDG资本已在中国扶持超过600家各行业优秀企业,其中有150余家在中国及海外市场上市或实现并购退出;星辉互动娱乐是国内领先的汽车模型制造业上市公司和全球知名品牌授权车模提供商。此外,两家企业带有国有资本的背景,华人文化产业投资基金于2010年正式运行,发起方是国家开发银行旗下国开金融和上海东方惠金文化产业投资有限公司;中信集团公司则是一家跨国综合性企业集团,境内外业务涉及金融、资源能源、

---

① Holtbrügge D, Kreppel H. Determinants of outward foreign direct investment from BRIC countries: An explorative study[J]. International Journal of Emerging Markets, 2012 (1):4-30.

制造业、工程承包、房地产和信息产业等领域，自 1979 年创办以来成功开辟出一条通过引进外资、先进技术和管理经验为中国改革开放和现代化建设服务的创新发展之路。这些企业在国内市场的主导地位能够帮助他们快速获取跨国并购活动所需的特定资源，例如人才的招募和资本的募集。

第三节　中国企业跨国并购职业足球俱乐部的动机分析

跳板理论将新兴经济体企业的跨国并购动机分为两类：资产寻求和机会寻求。根据上节驱动因素的分析可以发现，在资产寻求方面，中国企业主要寻求东道国市场纵向一体化的潜力以及东道国的技术和管理知识水平两大战略资产；在机会寻求方面，中国企业主要寻求东道国规模庞大的市场。

一、战略资产寻求型动机

10 家中国企业及个人跨国并购职业足球俱乐部的动机为战略资产寻求型（见表 3.5）。这些中国企业与体育产业相关性较高，均已在体育产业链中进行相关布局，但大多集中在产业链中下游，亟须向产业链上游延伸来获取优质的体育 IP，通过纵向一体化来实现企业的全产业链发展。

表 3.5　动机为战略资产寻求型的中国企业及个人

企业及个人	东道国的市场规模	纵向一体化潜力	管理知识水平	产业的战略重要性	国内市场竞争压力	企业特定资源优势
合力万盛	－	＋	＋	＋	＋	＋
陈祺	－	－	＋	＋	＋	＋
徐根宝	－	－	＋	＋	＋	＋
华人文化、中信资本	－	＋	＋	＋	＋	＋
唐晖、李翔	－	－	＋	＋	＋	＋
蒋立章	－	＋	＋	＋	＋	＋
奥瑞金	＋	＋	＋	＋	＋	＋
IDG 资本	－	＋	＋	＋	＋	＋
戴秀丽、戴永革	－	－	＋	＋	＋	＋
高继胜、高靖娜	－	＋	＋	＋	＋	＋

注：＋表示该决定因素发挥作用，－表示该决定因素未发挥作用。

欧洲足球俱乐部拥有深厚的青训传统、先进的青训体系。西班牙足球的整体水平举世公认,其完备、先进的青训体系为西班牙足球源源不断地提供后备人才。帕尔马足球俱乐部的青训系统在培育足球人才方面也同样表现不俗,其中包括布冯、西蒙尼等名将。里昂足球俱乐部是行业公认的足球青训专家,培养出了本泽马、戈武等一批世界级球星。根据 CIES 足球天文台(CIES Football Observatory)公布的数据,有 35 名出身于里昂青训学院的球员在 2018 年效力于五大联赛,仅比位列欧洲五大联赛球队青训之首的皇家马德里少 1 名球员。南安普敦的青训营在英格兰足坛享有盛名,培养了贝尔、阿兰-希勒、沃尔科特、拉拉纳、张伯伦等著名球星。而葡锦标和西乙 B 等低级别联赛也能为中国年轻球员提供锻炼平台,通过高水平的比赛提高球员的能力。

欧洲顶级足球俱乐部拥有丰富的俱乐部经营管理知识和经验。城市足球集团主要运营以"城市"为品牌的各国足球俱乐部,建立连接多国足球俱乐部的跨国足球商业网,还与欧美非亚四大洲十余个国家的足球青训机构有合作。华人文化董事长黎瑞刚说:"中国足球正处在一个非常关键的发展阶段,华人文化此次联手中信资本,希望通过和城市足球集团的合作,共同搭建一个全球化的足球产业发展平台,运用城市足球集团贯通球队运营、球员选拔培养、青少年球员训练、商业开发等全产业链的系统经验,推动中国足球产业的发展,同时为中国在世界足球赛场的崛起发挥积极的作用。"

二、市场寻求型动机

市场寻求型是指寻求东道国的市场规模,以占据和扩大海外产品市场为目的的投资行为。7 家中国企业及个人跨国并购职业足球俱乐部的动机为市场寻求型(见表 3.6),其经营范围往往已经从国内经营转变成跨国经营,在拓展海外市场的过程中将足球俱乐部当作形象宣传工具,以此来提升企业知名度。

表 3.6　动机为市场寻求型的中国企业及个人

企业及个人	东道国的市场规模	纵向一体化潜力	管理知识水平	产业的战略重要性	国内市场竞争压力	企业特定资源优势
德普科技	+	−	+	+	+	+
华信能源	+	−	+	+	+	+
星辉互动娱乐	+	−	+	+		+
夏建统	+	−	+			+

续表

企业及个人	东道国的市场规模	纵向一体化潜力	管理知识水平	产业的战略重要性	国内市场竞争压力	企业特定资源优势
郑南雁	＋	－	＋	＋	＋	＋
复星国际	＋	－	＋	＋	＋	＋
云毅国凯	＋	－	＋	＋	＋	＋

注：＋表示该决定因素发挥作用，－表示该决定因素未发挥作用。

这些中国企业均为非体育企业，其中部分企业在主营业务发展上面临激烈的市场竞争，需要开发海外市场来谋取可持续发展，而欧洲的大规模市场对企业具有巨大吸引力。例如，德普科技所在的香港本地市场灯饰照明贸易形势不容乐观，面临日益激烈的竞争压力，需要发掘海外的 LED 照明市场。董事长李永生指出，索肖虽然是法国乙级球会，但每年会参与 38 场联赛，包括 19 场客场赛事，公司可利用球会作为品牌及产品宣传的平台，未来几年亦可大幅节省在欧洲市场的宣传费用。星辉互动娱乐公司的主要业务包括玩具衍生品以及游戏业务，其中法拉利、宝马等车模的主要销售地区是欧洲市场，因此西班牙的市场规模是吸引星辉互动娱乐对外直接投资的主要因素。星辉互动娱乐的并购公告显示，通过整合皇家西班牙人已有的资源优势，有助于深挖体育明星扩大效应以及品牌客户广告需求，能够为已有玩具衍生品业务、游戏业务提供更广的营销渠道及更多的客户资源。[①]

部分企业制定了全球发展战略，并将欧洲市场作为重要的战略要地。华信能源紧随"一带一路"倡议，加快自身走出去的步伐。捷克地处"欧洲心脏"，占据地缘政治优势，捷克以及中东欧的国际市场规模是吸引华信能源对外直接投资的主要因素。联合睿康在全球开展城市规划和设计工作，董事长夏建统表示："维拉更像是一块'敲门砖'，是和其他国家进行文化交流的一个纽带，在英国、印度、美国等国家，进行其他像健康产业、文化产业等实业的布局发展，维拉为我们提供了一个很好的基础。"[②]铂涛集团近年来不

---

① 星辉互动娱乐股份有限公司董事会. 星辉互动娱乐股份有限公司关于收购皇家西班牙人足球俱乐部股权并增资的公告[R/OL]. (2015-11-03)[2017-08-07]. http：//www. szse. cn/disclosure/listed/bulletinDetail/index. html?3598e988-6653-4182-8dd4-7b1b166d2e24.

② 人民网财经频道. 夏建统：收购英超球队更像是一块"敲门砖"[EB/OL]. (2016-12-27)[2017-08-07]. https：//news. china. com/finance/11155042/20161227/30119506. html.

断进行海外扩张,包括欧洲、印度尼西亚、韩国、澳大利亚等地。位于法国南部蔚蓝海岸核心的尼斯向来是旅游胜地、度假天堂。对于有意向进入尼斯旅游产业的铂涛集团而言,通过足球来打开缺口是事半功倍的选择。郑南雁在接受采访时表示:"尼斯是全法非常出名的旅游区之一。尼斯属于普罗旺斯省,我们可以在那里做酒店、旅游这些行业,都是可以和足球结合的。我们可以设计一些旅游产品,把看球和在法国度假结合起来,这个也有可能带来商业机会。"复星国际在海外市场的并购与投资上关注欧洲尤其是英国的机会,相关投资包括:与英国地产基金 Resolution Property 共同投资设立合资公司;旗下附属公司收购英国休闲旅游集团 Thomas Cook;与英国皇室御用品牌 Silver Cross 童车达成战略合作关系。因此,东道国的市场规模是吸引复星国际对外直接投资的主要因素。棕榈股份在印度尼西亚、马来西亚、越南等共建"一带一路"国家布局景观设计业务,广阔的欧洲市场是吸引棕榈股份对外直接投资的主要因素。

三、市场寻求型与战略资产寻求型并重

3 家中国企业跨国并购职业足球俱乐部的动机为市场寻求型与资产寻求型并重(见表 3.7)。

表 3.7　动机为市场寻求型和资产寻求型并重的中国企业

企业名称	东道国的市场规模	纵向一体化潜力	管理知识水平	产业的战略重要性	国内市场竞争压力	企业特定资源优势
万达集团	＋	＋	＋	＋	＋	＋
苏宁体育	＋	＋	＋	＋	－	＋
雷曼股份	＋	＋	＋	＋		＋

注:＋表示该决定因素发挥作用,－表示该决定因素未发挥作用。

万达集团是中国商业地产行业的龙头企业,具有企业特定资源优势,近年来通过海外并购实现"轻资产"的发展战略,并着力拓展欧洲市场,因此西班牙的市场规模是吸引万达集团的主要因素。2011 年,万达集团与中国足协合作实行"中国足球希望之星赴欧洲留学计划",2015 年来收购了盈方、世界铁人公司等国际著名体育企业来完善体育产业链布局。因此,本书认为万达集团的并购动机为资产寻求型和战略市场寻求型并重。

苏宁集团是国内大型零售企业,并积极拓展海外供应链,与海外知名品牌合作,建立海外直采基地,培养买手团队。因此,东道国的市场规模是吸引苏宁对外直接投资的主要因素之一。苏宁在体育产业上游布局了江苏苏宁足球俱乐部;中游主攻版权市场并历史性地集齐了欧洲五大联赛版权;下游拥有体育零售商店,并购国际米兰能够使其获得稀缺的国际优质 IP,带动下游的体育零售业发展。国际米兰足球俱乐部是全世界著名的足坛豪门之一,培养了众多球星,如巴洛特利、桑顿、博努奇等,在球队管理、赛事运营方面有非常丰富的经验。因此,本书认为苏宁集团的并购动机为市场寻求型和战略资产寻求型并重。

雷曼的 LED 产品已销售至全球 100 多个国家和地区,并组建了欧洲及大洋洲市场销售团队。可见,东道国的市场规模是吸引李漫铁对外直接投资的主要因素。雷曼在体育产业已进行多方位布局,并购纽卡斯尔喷气机足球俱乐部能够提升产业链价值,并拓展国际化版图。因此,本书认为雷曼股份的并购动机为市场寻求型和战略资产寻求型并重。

四、其他动机

(一)企业转型动机

企业转型是企业重新塑造竞争优势、提升社会价值,达到新的企业形态的过程。当前中国许多企业正处于企业战略转型期,在房地产、传统工业等行业的低迷阶段,正寻求向文化、娱乐、旅游等行业的跨行业发展。

万达集团从 2015 年初开启第四次转型,从空间上看,万达从中国国内企业转向跨国企业;从内容上看,万达从以房地产为主的企业转向以服务业为主的企业,形成了商业、文化、网络、金融四个支柱产业,体育产业则是"大文化战略"的重要组成部分。2014 年,美国体育产业规模近 5000 亿美元,而中国的体育及相关产业仅有 3000 亿元人民币,不到美国的十分之一,人均体育支出只有美国的五十分之一。国务院 46 号文件提出,到 2025 年中国体育产业总规模超过 5 万亿元,因此体育产业的未来发展空间巨大。此外,文化、体育产业没有明显周期性,有时候经济低潮期恰恰是文化、体育消费的高潮期,有利于企业现金流的稳定。

莱茵置业董事长高继胜在谈起转型的最初出发点时说道:"我认为 2026

年是中国房地产真正的拐点,这是根据人口结构的变化、中国老龄社会的出现得出的结论,莱茵将在房地产领域且战且退。"2014年10月,国务院46号文件颁布,莱茵体育的转型之路也就此正式开启。2015年8月17日,为了体现公司体育产业发展的战略布局,实现公司未来产业规划,莱茵置业将公司中文名称正式变更为"莱茵达体育发展股份有限公司"。莱茵体育以"蓝天白云下让人们健康快乐地生活"为企业愿景,致力于打造一个由若干企业集群组成的融合发展的体育产业生态圈,构筑综合性体育资源平台。

星辉互动娱乐通过收购西班牙人足球俱乐部,衍生出"玩具＋游戏＋足球"的互动娱乐产业生态圈,推动皇家西班牙人的体育业务与上市公司旗下玩具、游戏、影视、互联网广告等互动娱乐业务之间的整合,建立包括游戏、影视、衍生品、体育、互联网广告多轮驱动的 IP 资源产业价值共享体系,在影视制作、游戏开发、广告代理、赞助体系等方面和体育建立全面产业协作,借助体育业务的庞大球迷基础和关注度拓展多元化的变现渠道。

综上所述,企业的战略转型需要是影响万达集团、莱茵体育以及星辉互动娱乐跨国并购职业足球俱乐部的因素之一。

(二)投机型动机

投机型并购是指不以生产经营为目的而是为了获取股权或资产让渡溢价的短期投机行为。投机型并购的一个重大特点就是其并购的迅速性,因为其基本不涉及实体经济的运营,在二级市场上进行股权操作也是非常迅速的。① "抄底效应"是其表现形式之一,是指在经济危机爆发后,危机的蔓延和市场的恐慌情绪会导致大量企业资产被低估,这时候拥有充裕现金流和良好融资渠道的投资者就可以进行低价并购来获取优质资产。股票预期效应是另一种表现形式,是指由于跨国并购后的公司进行调整,规模扩大、资源增加,引起股价上扬,股票预期盈利率升高,使投资者可以通过投机活动获取巨额的资本收益。

上海品怡股权投资基金管理中心成立于2005年1月9日,是旭日集团旗下专注于个人财富增值管理的综合性投资管理公司,经营范围包括股权

---

① 谢皓,向国庆. 中国企业跨国并购浪潮兴起根源探究——基于"抄底效应"及"经济增长"的视角[J]. 经济问题探索,2014(4):111-116.

投资管理、资产管理和商务咨询。根据公开资料整理,品怡股权在意大利及欧洲并无其他投资,也未涉足体育产业,因此东道国的市场规模和纵向一体化潜力并不是吸引品怡股权对外直接投资的主要因素。朱晓东在2014年7月收购帕维亚俱乐部,彼时体育产业的热潮还未兴起,体育行业的战略重要性也还未得到充分认识。而根据盈进控股的公告显示,朱晓东为董事会主席朱晓军的兄长,盈进控股由此可以通过帕维亚与意职联在中国合作开设意大利足球相关的专卖馆,从而在中国广泛推广意大利足球文化,令其集团业务及收入更多元化。因此,本书认为品怡股权的并购动机主要为投机型,可为盈进控股捆绑足球概念,美化其业务范围。

2017年4月13日,在卢森堡登记的罗森内里体育投资公司(Rossoneri Sport Investment Lux)取代中欧体育正式完成对AC米兰足球俱乐部的收购,李勇鸿成为俱乐部主席。而公开资料显示,李勇鸿名下并无实体企业,过往履历也表明其是资本运作的老手。因此,东道国的市场规模和纵向一体化潜力并不是吸引其对外直接投资的主要因素。根据福布斯发布的"全球最具价值的足球俱乐部排行榜(2016)",AC米兰的总价值为8.25亿美元,排名第12位。通过并购AC米兰这个稀缺的国际资源,李勇鸿能够凭借足球概念在证券市场上进行资本运作。因此,本书认为李勇鸿的并购动机主要为投机型。

综上所述,足球概念对于资本市场的价值是吸引品怡股权以及李勇鸿跨国并购职业足球俱乐部的主要决定因素。

第四节　小　结

首先,本章对当前中国企业跨国并购职业足球俱乐部的概况进行分析,研究发现中国企业主要以英国和西班牙的职业足球俱乐部为并购对象,被并购俱乐部大多征战于顶级联赛;纵向并购与混合并购案例各占41%;绝大多数企业实现了对俱乐部的控股收购,南安普敦与西布朗维奇俱乐部的收购溢价程度最低。

其次,本章从国家、产业和企业三个层面分析了中国企业跨国并购的驱动因素。在国家层面,东道国庞大的市场规模、纵向一体化潜力、先进的技术水平和管理知识是驱动中国企业跨国并购的主要因素;在产业层面,足球产业的战略重要性以及国内的竞争压力是驱动企业跨国并购的主要因素;在企业层面,各企业具有的特定竞争优势是驱动企业跨国并购的主要因素。

最后,本章根据中国企业所寻求的东道国资源禀赋的不同,将中国企业的跨国并购动机分为两大类型:战略资产寻求型和市场寻求型。大多数中国企业表现出战略资产寻求型动机,主要为了寻求体育产业链的向上延伸以及有关俱乐部管理和经营的知识、青训体系建设的知识、中国球员留洋机会等战略资产。部分中国企业还表现出市场寻求型动机,将俱乐部作为宣传企业形象和品牌的工具,借此帮助企业快速进入东道国市场、提高市场占有率。个别企业则基于转型动机与投机动机进行跨国并购。

第四章 中国企业跨国并购职业足球俱乐部的整合行为与战略选择

跨国并购的跳板作用使中国企业实现边界跨越,与国际顶级足球俱乐部、欧洲职业足球核心圈建立联系,并实现各类资源的重新整合。本章主要考察中国企业在人力资源和市场渠道两大方面的整合行为,并根据"治理共享程度"和"协调程度"对中国企业的整合战略进行概括分析,最后分析影响中国企业整合战略的主要因素。

第一节 中国企业的整合行为分析

跨国并购的跳板作用首先表现为边界跨越,通过市场边界、组织边界和文化边界的跨越,后发企业有机会与国际顶级足球俱乐部、欧洲职业足球核心圈建立联系,使组织间的资源得以集中和整合。[①]

边界是指一个组织终止的地方和该组织所处环境开始的地方,边界的"屏蔽效应"阻碍了组织与外部环境之间的动态性资源交换。市场边界是指后发企业现有的市场范围与国际市场之间相互隔离,市场边界阻碍了后发企业与国际主流客户的近距离接触,使企业难以获取外部市场的需求信息以及前沿技术发展动态。组织边界是指从企业网络关系角度看,后发企业很难与国际领先企业建立联系并获取创新所需的知识和信息。文化边界是指由于文化差异所造成的组织认同障碍或知识共享障碍。跨国并购是中国企业跨越市场边界的方式,使中国企业能够接触到全球的体育消费者,为获

---

① 吴先明,高厚宾,邵福泽. 当后发企业接近技术创新的前沿:国际化的跳板作用[J]. 管理评论,2018(6):40-54.

取需求信息和创意来源打开通道;跨国并购实现组织边界的跨越,允许中国企业与国际顶级足球俱乐部建立合作关系,获取创新资源;跨国并购实现文化边界的跨越,有利于实现组织认同,促进知识的共享与转移。

实现边界跨越后,中国企业与被并购职业足球俱乐部之间的资源得以重新整合,这些资源主要包括:人力资源和市场渠道。

一、人力资源整合

人力资源是现代企业的核心资源,是创新的源泉和动力,能够为企业创造更好的产品和提供更优质的服务。[①] 人力资源一直被公认为是管理的"眼睛"和"耳朵"。组织行为学派指出,跨国并购中如何整合并购双方的人才是并购企业所需要解决的首要课题。人力资源整合的本质是促进组织内不同成员的目标向组织目标靠近,形成相近的共同目标,从而减少组织损失,提高人力资源的绩效。跨国并购后人力资源整合主要涉及管理人员、教练员和球员等关键人才的变动。

(一)管理人员整合

在管理人员整合上,31%的中国企业选择保留原有管理团队,而69%的中国企业则选择重新组建管理团队(见表4.1)。

表 4.1　跨国并购后的管理人员整合情况

并购方	俱乐部	董事会变动	高管变动
联合睿康	阿斯顿维拉	夏建统、基斯·韦恩尼斯、特蕾西·顾三人组成董事会	夏建统成为俱乐部主席;基斯·韦恩尼斯为 CEO
复星国际	狼队	施瑜、孙晓天进入董事会	聘用劳里·达尔林普尔为总经理;施瑜担任执行主席
云毅国凯	西布朗维奇	李丕岳进入董事会	聘用约翰·威廉姆斯为主席;马丁·古德曼为 CEO
星辉互动娱乐	西班牙人	陈雁升、郑泽峰、黄挺、卢醉兰、王丽容、叶茂、王宏远七人进入董事会	提拔在俱乐部工作六年的拉蒙·罗伯特为 CEO

① 潘丹. 企业并购重组中人力资源整合研究[D]. 南京:东南大学,2016.

续表

并购方	俱乐部	董事会变动	高管变动
蒋立章	格拉纳达	蒋立章进入董事会	蒋立章担任俱乐部主席;王康宁担任副主席
徐根宝	洛尔卡	徐根宝担任董事会主席	原俱乐部主席路易斯·吉梅内斯留任
苏宁体育	国际米兰	张康阳、任峻、米昕、杨洋、刘军五人进入董事会	埃里克·托希尔继续担任主席;张康阳接替成为俱乐部主席
莱德斯	索肖	李永生担任董事会主席	利亚·卡恩齐担任 CEO
郑南雁	尼斯	李建担任董事会主席	俱乐部主席让·皮埃尔·里维尔留任;总经理朱利安·佛尼耶留任
奥瑞金	欧塞尔	周云杰担任董事会主席	聘请弗朗西斯·格瑞伊为俱乐部主席;巴普蒂斯特·迈赫布为总经理
合力万盛	海牙	王辉为俱乐部股东大会主席;武雪松、颜强进入监事会	聘请马蒂斯·曼德斯为 CEO
华信能源	布拉格斯拉维亚	雅罗斯拉夫·特夫尔迪克留任董事会主席	原有管理团队继续留任
李漫铁	纽卡斯尔喷气机	李漫铁担任董事会主席	聘请洛瑞·麦克金纳为 CEO

注:根据俱乐部年报、俱乐部官方新闻等整理。

1. 保留原有管理团队

跨国并购的发生对被并购俱乐部的冲击和影响尤为巨大,俱乐部员工如果不能适应并购后的组织文化和管理,就会出现焦虑、恐惧和反抗情绪。焦虑理论指出,跨国并购一般伴随着大型的人事变动,从而带来不确定性。员工对职业前景的负面预期会加剧员工的不安全感,从而降低跨国并购的绩效。社会认同理论认为,组织之间的合并可能会使员工失去对原有公司的身份认同感,而对于新企业的认同又没有及时建立起来。员工的迷失感、失落感增强,可能会拒绝接受跨国并购后的变化。

保留原有管理团队的整合方式极大地降低了被并购俱乐部员工的焦虑、恐惧和反抗情绪,有助于实现俱乐部的平稳过渡。郑南雁、李建等组成的中美财团在人力资源整合中大量保留原有管理层并放手由西方团队进行管理,郑南雁并没有因为大股东身份而担任俱乐部主席。一方面,因为俱乐部前期规划良好,竞技成绩上升、财政转亏为盈,持续改善的经营情况使得郑南雁充分信任现有管理团队;另一方面,郑南雁等认为中方人员经营管理经验不足,无法取代西方团队进行俱乐部的日常管理。

2. 重新组建管理团队

重新组建管理团队的整合方式虽然会引起被并购俱乐部员工的焦虑,但是能够根据并购方企业的发展战略对管理团队进行优化。复星国际在狼队足球俱乐部的人力资源整合上较好平衡了原有管理层与新聘管理层、中方团队与西方团队之间的关系,能够借由西方管理层丰富的经验帮助俱乐部成长,也能使中方投资人的理念、意志输入俱乐部的日常运营管理之中。蒋立章秉持着"我们做自己的事情,必须要用自己的人"的原则,组建新的管理团队和技术团队接替格拉纳达足球俱乐部原有的中高层管理人员。此外,中方团队还对原有的俱乐部基层员工进行考察,解雇那些在能力或观念上与俱乐部发展不符的员工,以此提升俱乐部员工的综合能力与凝聚力。

综上所述,无论是保留原有管理团队还是重新组建管理团队,俱乐部的日常运营主要是以西方团队为主,中方投资人则拥有重大事项的决策权。

(二)教练员整合

教练员在运动员选择、培育等方面发挥着关键作用,其水平的高低直接影响着青训体系的整体质量。围绕教练员培养,中国企业构建了中方教练员"走出去"与国外教练"引进来"的双向流动机制。

1. 中方教练员"走出去"

中国企业帮助国内教练员"走出去",观摩和学习俱乐部的青训学院建设。前国足主帅高洪波在合力万盛的运作下于2015年9月签约为海牙足球俱乐部的一线队助理教练,在两个多月的任职期间,高洪波从青训、队伍训练与比赛准备等多方面进行考察和学习,获得大量实战性知识。与以往出国考察所受到的限制相比,被合力万盛收购后的海牙足球俱乐部对高洪波全面开放,根据其需求有针对性地安排学习内容。

时任中国U19国青队主帅李明在棕榈股份的运作下于2016年8月前往西布朗维奇足球俱乐部进行为期四天的考察学习,深度参与西布朗维奇

U21 对阵布伦福特德 U21 的赛前动员、心理辅导以及战术安排等工作,并与青训总监深入探讨青少年训练计划和发展体系等核心问题,借鉴其先进的理念和举措来提高国青队训练的专业性。

相较于海牙足球俱乐部和西布朗维奇足球俱乐部提供的教练员短期学习机会,欧塞尔足球俱乐部和纽卡斯尔喷气机足球俱乐部则为中方教练员提供了长期、系统的学习机会。2019 年 5 月,欧塞尔足球俱乐部与上海市足协签署"互派精英足球教练"的合作协议。前申花名宿、上海足协青训总教练刘军全面参与欧塞尔足球俱乐部青训梯队的训练、比赛指导与管理,这是国内教练首次在欧洲联赛俱乐部中系统地参与足球指导工作。

与上述中国企业仅运作个别教练员"走出去"不同,部分中国企业提供了教练员大规模走出国门接受培训的机会。例如,苏宁集团和国际米兰足球俱乐部每年选派 20 余名中国青少年足球教练员赴意大利米兰接受专业培训,提高从事校园足球教学的中国青少年足球教练员水平。

2.外籍教练"引进来"

在引进外籍教练员方面,部分中国企业通过在国内设立青训基地的方式,持续稳定地引入国外优秀教练员,同时开展教练员培训和青少年球员培养业务,组织形式更加规范、训练场地更加固定(见表 4.2)。

表 4.2 中国企业的青训基地建设情况

企业名称	青训基地名称	签订时间
苏宁集团	国米青训学院	2016年5月—2018年6月
合力万盛	荷兰海牙足球俱乐部中国青训中心	2017年10月12日
奥瑞金	欧塞尔足球俱乐部中国·蚌埠青训基地	2017年11月9日
星辉互动娱乐	皇家西班牙人湖南足球学院	2018年7月20日

注:根据企业新闻、体育媒体的报道等整理。

通过引进外籍教练员,实现青少年培养的统筹规划。苏宁集团在北京、上海、四川、香港、江苏和沈阳共设立了六所国米青训学院。青训学院以"先做人,再踢球"为宗旨,强调尊重他人、积极参与团体生活、交流思想以及共同面对成败的学院精神。国际米兰足球俱乐部认为家乡才是最适合青少年长大成人的地方,因此将国际米兰的青训体系带到世界各地。国际米兰足球俱乐部派遣青训教练统筹青少年训练计划,并选拔精英足球少年赴国米青训学院总部进行特训及交流。合力万盛系统化引进海牙足球俱乐部的欧洲青训体系,并在南宁市的荷兰海牙足球俱乐部中国青训中心和北京八一学校落地。海牙足球俱乐部派遣职业青训教练长期驻扎,青少年球员不出国门就能接受系统化、规范化的教学培训。欧塞尔足球俱乐部与安徽蚌埠合作创建欧塞尔足球俱乐部中国·蚌埠青训基地,派遣俱乐部的教练员来华制订训练计划。经过30次的全国选拔,组建了一支由20名球员组成的青训队伍。进入基地的球员未来将有三个发展方向:一是输送到欧洲;二是输送到国内职业足球俱乐部的一线队和梯队;三是对于18岁以后不适合走职业道路的球员,将其输送到有合作意向的高校。

通过引进外籍教练员,提高国内教练员的综合能力。国际米兰青训部的资深教练员自2016年以来在南京、无锡、扬州、淮安等地开设足球教练员培训班,培训以专题讲座和实践指导等形式展开,包含足球实训、教学技能、足球理论知识等课程。在苏宁体育与爱德基金会联合发起的"足球1+1"项目中也包含教练员培训,侧重于培训教练员针对不同特征球员自主设计训练课程、掌握场上指导的基本技能和相关素养。项目运作三年以来,共培训教练员663人次,举办公益联赛381场,直接受益人数达2610人,间接受益人数达7万余人。西班牙人足球俱乐部与湖南锐动体育签订合作协议,于长沙开设俱乐部在中国的第一所足球学院。学院已开设教练员培训课程,由西班牙人足球俱乐部派遣的外籍教练哈维团队进行指导。除长沙外,外教团队定期前往常德、衡阳、湘潭等地开展对当地教练员的培训,让他们了解和学习西班牙人足球俱乐部的青训理念。

(三)球员整合

中国企业将被并购职业足球俱乐部打造成留洋平台,不断探索和推进中国球员的转会交易。当前,中国球员中成功留洋欧洲五大联赛的仅武磊一人,其余中国球员或仅获得有限的正式比赛出场机会,或短暂效力澳超和法乙等联赛,另有一部分中国球员则在欧洲俱乐部的梯队中接受培养(见表4.3)。

表 4.3　中国球员在中资海外俱乐部的效力情况

球员	所在俱乐部	所在联赛	加盟时间
武磊	西班牙人	西甲	2019年1月
张奥凯	西班牙人	西甲	2018年7月
	奥尔塔	西班牙 U19荣誉联赛	2018年9月
张玉宁	西布朗维奇	英超	2017年7月
	不来梅	德甲	2017年7月
	海牙	荷甲	2018年6月
马磊磊	纽卡斯尔喷气机	澳超	2016年10月
季骁宣	欧塞尔	法乙	2019年4月
何朕宇	狼队	英超 U23联赛	2018年8月
戴伟浚	狼队	英超 U23联赛	2019年7月
王佳豪	狼队	英超	2019年1月
	葡萄牙体育	葡超	2019年1月
	格拉诺列尔斯	西班牙 U19荣誉联赛	2019年9月
王梓翔	格拉纳达	西班牙 U19荣誉联赛	2017年2月
郝润泽	格拉纳达	西乙 B联赛	2017年2月
黎腾龙	格拉纳达	西班牙 U19荣誉联赛	2019年2月
冯子豪	海牙	荷兰 U19联赛	2019年1月
李嗣镕	海牙	荷兰 U16联赛	2017年2月
王凯冉	海牙	荷兰 U13联赛	2018年6月

注:根据企业新闻、俱乐部官方新闻等整理。

武磊于 2019 年 1 月 28 日正式加盟西班牙人足球俱乐部,在 2 月 17 日客场对阵瓦伦西亚的比赛中首发出战 73 分钟,成为中国球员西甲首发出场第一人,也是时隔 2857 天后再次在欧洲五大联赛中首发的中国球员。3 月 2 日,武磊在主场对阵巴拉多利德的比赛的第 65 分钟取得首粒进球,这是时隔 3732 天之后中国球员在欧洲五大联赛的进球,也是中国球员的西甲首球。2018—2019 赛季,武磊一共出场 16 次,其中首发 12 次,贡献 3 个进球、1 次助攻、9 个关键传球和 1 个点球,最终西班牙人位列联赛第 7 名,获得欧联杯附加赛资格。进入欧联杯赛事后,武磊在对阵卢塞恩与莫斯科中央陆军足球俱乐部的比赛中分别取得进球。

张玉宁在德甲、荷甲联赛获得有限的正式比赛机会。张玉宁于 2017 年 7 月转会至西布朗维奇足球俱乐部,俱乐部表示引进张玉宁经过了教练以及球探团队的评估考察，认为其具备未来在英超立足的潜力。但由于劳工证的限制，张玉宁暂时无法获得征战英超的资格，被租借到德甲不来梅足球俱乐部。由于得不到正式比赛机会，张玉宁于2018年6月租借加盟中资海牙足球俱乐部，但在该赛季中仍仅获得6次联赛出场，共计117分钟。为了得到稳定的比赛出场时间，张玉宁于2019年2月加盟北京国安足球俱乐部。马磊磊于2016年10月加盟纽卡斯尔喷气机足球俱乐部，在效力的一个赛季中，马磊磊出场15次，奉献1粒进球、2次助攻和5次间接助攻，赢得了喷气机球队和球迷的认可。季骁宣于2019年4月加盟欧塞尔足球俱乐部。在联赛第6轮主场对阵阿雅克肖俱乐部的比赛中首次入选大名单，实现在法乙联赛的第一次登场。

狼队足球俱乐部签约了出身于英国诺茨郡俱乐部的何朕宇、雷丁俱乐部的戴伟浚以及皇家穆尔西亚青年队的王佳豪，帮助球员在英超的梯队培养体系中快速成长。格拉纳达足球俱乐部曾邀请冯劲前往B队试训，随后正式签约了王梓翔、郝润泽和黎腾龙等青年球员征战西班牙U19荣誉联赛和西乙B联赛。海牙足球俱乐部吸纳了李嗣镕(U16)、王凯冉(U13)以及冯子豪(U19)加盟各级梯队，接受正统的荷兰俱乐部训练。西班牙人足球俱乐部与张奥凯签订合同，帮助球员在青年队开启留洋生涯。

二、市场渠道整合

中国企业在跨国并购后充分利用国内国外两个市场进行相关业务的整合，在国内市场主要进行被并购俱乐部的市场营销与推广，在国外市场主要围绕母企业主营业务进行开发。

（一）国内市场营销与推广

1.俱乐部的中国行

中国行是俱乐部与中国市场亲密接触的途径之一。凭借着中资背景，俱乐部在联赛间歇期往往收到中国邀请，这与俱乐部在中国市场的推广需求一拍即合，因此促成了围绕商业赛事展开的俱乐部中国行（见表4.4）。

表 4.4　中资俱乐部的中国行情况

俱乐部	商业赛事	访华次数/次
国际米兰	国际冠军杯	2
狼队	英超亚洲杯	1
海牙	友谊赛	1
布拉格斯拉维亚	中国足球冬季海南秀	1
纽卡斯尔喷气机	海口国际足球赛	1

其中,国际米兰足球俱乐部于 2017 年 7 月和 2019 年 7 月两度访华,在国际冠军杯赛事中分别对阵里昂和尤文图斯足球俱乐部;狼队足球俱乐部于 2019 年 7 月首次来华参加 2019 英超亚洲杯,对阵曼城、纽卡斯尔、西汉姆联,狼队杀入决赛并最终爆冷击败曼城夺冠;海牙足球俱乐部于 2017 年 7 月首次访华,与中甲劲旅北京北控进行了一场友谊赛;布拉格斯拉维亚足球俱乐部于 2017 年 1 月首次访华,亮相中国足球冬季海南秀活动;纽卡斯尔喷气机足球俱乐部于 2018 年 7 月访华,参加 2018 海口国际足球赛。

2. 球迷服务

在扩大球迷基础、丰富球迷服务方面,中国企业及其所并购的俱乐部通过开通中文官方社交账号、建设官方衍生品店、球迷互动等方式拉近与球迷距离并为球迷提供丰富的产品与体验。表 4.5 呈现了中国企业及其所并购俱乐部在丰富球迷服务上的举措。

表 4.5　球迷服务类型

球迷服务类型	服务形式
中文官方社交账号	新浪微博官方账号、官方微信公众号、懂球帝、今日头条、抖音
官方衍生品店	中文官方网上商店、线下官方旗舰店
球迷互动	球迷见面会、公开训练课、跨界的球迷活动

首先,俱乐部开通了国内各平台的官方账号发布资讯并与球迷互动。样本俱乐部均开通了新浪微博官方账号,基于微博庞大的用户规模实现点对面的新媒体融合传播,充分释放微博“体育＋社交”的平台价值。AC 米兰、里昂等足球俱乐部开通了俱乐部官方微信公众号,实现与球迷群体的点对点精准连接,进一步强化与球迷的深度互动。国际米兰足球俱乐部还入

驻了今日头条以及懂球帝,俱乐部的全球官网已接入微博、微信、头条号和懂球号官方账号入口,点击各平台图标并扫描二维码将直接跳转到国际米兰在各个平台上的官方账号页面,这一举措为中国球迷提供了简单、快捷、全面的跨平台交互联系,方便中国球迷随时随地掌握球队资讯,与球队进行密切互动。国际米兰、西班牙人足球俱乐部还开通了抖音(TikTok)官方账号,通过短视频的形式发布足球技术与技巧、比赛集锦、存档录像、幕后花絮、进球庆祝瞬间、球迷精彩视频以及球星特别消息等独家内容,与世界各地的球迷建立密切联系。

其次,俱乐部开设了线上线下的官方衍生品店来满足球迷的消费需求。2016 年 5 月,西班牙人足球俱乐部的中文官方商店上线,中国球迷可以购买衬衫、裤子、袜子等各种俱乐部周边产品。报告显示,2018—2019赛季,西班牙人足球俱乐部的球衣销售总额达到 880 万欧元,创造了队史上单赛季销售纪录,约为球迷产品收入的 40%,其中武磊的球衣销量在队内排名第一。此前,西班牙人足球俱乐部的官方网上商店只有加泰罗尼亚语、西班牙语和英文,中文成为该网站第四大官方语言。苏宁体育奥体官方旗舰店则汇集了苏宁和国际米兰两家足球俱乐部的各类衍生品,除了购买商品之外,球迷还能在店内观看比赛,组织第二现场活动,其中第290 次米兰德比活动还实现了国内三地联动直播和电竞对战活动,为球迷提供新颖的活动方式。

最后,俱乐部通过球迷见面会、公开训练课以及跨界的球迷活动等形式为球迷提供全方位的体验。国际米兰足球俱乐部不仅举办了球迷见面会,还安排球队的公开训练,名将萨内蒂、塞萨尔在青训嘉年华上亲自指导小球员训练;作为唯一受邀参加首届中国国际进口博览会的足球俱乐部,国际米兰通过球迷墙、球星微世界、俱乐部影片播放以及球迷产品展示等形式为球迷提供丰富的体验。狼队足球俱乐部则尝试通过"跨界""出圈"的方式来吸引球迷:成立电子竞技俱乐部并举行线下 FIFA(国际足球联合会)选拔赛;狼队足球俱乐部中国官方体验空间落户上海,举办新赛季客场球衣发布会与签售会;狼队快闪店为球迷提供球星名字免费印制活动;狼队时尚之夜通过模特 T 台走秀的形式呈现狼队潮流服饰;与痛仰乐队合作官方主题歌曲 *Wolves Ay We*(《并肩同行》)。

3.商业赞助

商业赞助收入是职业足球俱乐部的主要收入来源之一,同时也反映了俱乐部的品牌影响力和知名度。多家中资俱乐部在中国和亚洲市场的影响力不断扩大,获得来自中国及亚洲地区的赞助商支持(见表 4.6)。

表 4.6　被并购俱乐部及赞助商信息

俱乐部	赞助商	赞助级别
西布朗维奇	凯发娱乐	主赞助商
	棕榈股份	主赞助商
阿斯顿维拉	联合睿康、莲花味精	主场广告
	冠亚体育	袖标赞助
西班牙人	礼德财富	官方赞助商
	伟易博	亚洲区域赞助商
	乐动体育	球衣主赞助商
	科大讯飞	官方翻译合作伙伴
格拉纳达	能量王	主赞助商
国际米兰	苏宁集团	训练基地和青训中心、训练服装合作伙伴
	茅台、联通	合作伙伴关系
尼斯	iMedia、倍科、美联教育、石头科技、丰盛、驴妈妈、小牛在线	中国区赞助商
	携程	独家旅游合作伙伴、欧联杯球衣赞助商
	7天酒店	国际赞助商

注:根据企业新闻、俱乐部官方新闻等整理。

赞助商的数量和级别与俱乐部的竞技成绩密切相关。以西布朗维奇足球俱乐部为例,在并购当年赛季俱乐部征战于英超联赛,因而获得亚洲娱乐品牌凯发娱乐巨额的赞助金额;而随着俱乐部的降级,并购方企业棕榈股份接替成为主赞助商。类似的,当阿斯顿维拉足球俱乐部降级至英冠联赛时,仅获得并购方联合睿康的赞助,而在俱乐部重返英超联赛后,吸引了冠亚体育成为官方合作伙伴。

国际米兰和西班牙人足球俱乐部吸引的赞助商数量最多、赞助级别最多元,这与俱乐部的联赛排名上升并进入欧联杯赛事密切相关,随着俱乐部在欧洲洲际赛事曝光程度的增加,赞助商的效益也获得极大提升。国际米兰足球俱乐部在 2018 年与十多个中国区赞助商达成合作,其中与中国体育营销机构 iMedia 达成的赞助金额高达 2720 万欧元,与倍科、美联教育、小米(石头科技)、丰盛、驴妈妈和小牛在线六个一级赞助商达成 1050 万欧元的赞助协议。尼尔森体育的研究报告显示,2018—2019 赛季,西班牙人足球俱乐部的赞助收入为 4140 万欧元,卡尔美、星牌啤酒、里维埃拉玛雅(Riviera Maya)、仁祖(Injoo)以及巴西联邦储蓄银行五家企业的赞助总额占比为 22%,其余赞助合同则来自亚太地区与其他欧洲国家,其中亚太地区的赞助高于欧洲地区。随着武磊的加盟,俱乐部又收获科大讯飞这一赞助商,武磊成为科大讯飞的品牌形象大使。

(二)国外市场进入与扩张

足球俱乐部是促进投资者其他商业利益和宣传其形象的工具,收购职业足球俱乐部可以提高新兴市场跨国企业的品牌知名度和国际声誉,从而帮助母企业快速进入东道国市场、加速推进海外业务。联合睿康、苏宁集团、复星国际、华信能源等十家中国企业的跨国并购动机为市场寻求型,因此在跨国并购后大力拓展海外市场、提高市场占有率。

1. 快速进入东道国市场

联合睿康通过并购阿斯顿维拉足球俱乐部扩大知名度,并快速进入印度和英国市场进行智慧城市产业和健康产业的合作。阿斯顿维拉足球俱乐部具备传统豪门的基因,在英国以及印度、巴基斯坦、巴西等国家都拥有庞大的球迷群体。收购俱乐部之后,董事长夏建统表示:"入主维拉带来的商业利好比我想象的还要多。"2016 年 10 月,第四次中印战略经济对话期间,在印度总理莫迪的直接过问下,八位主管相关领域的印度内阁部长分别单独高规格接待联合睿康代表团,双方进行了八场深入的合作对话。联合睿康旗下产业集团分别与印度五个产业领域最大的三家国有企业及两家世界 500 强私营企业签下排他性合作谅解备忘录,将以成立合资公司和其他合作模式共同开发印度市场。此外,联合睿康与印度国企 Engineering Projects(India)Ltd. 签署了《合作备忘录》,共同推进印度 100 个智慧城市的建设。2017 年 11 月,联合睿康与英国伯明翰市政府联合宣布,双方将就伯明翰的城市发展、规划建设、智能运营及教育产业化开展全面战略合作并现场签署协议。此外,夏建统利用阿斯顿维拉足球俱乐部的资源,联合伯明翰大学体育营养研究院,推出"维克维拉"全新品牌,主打包括健康食用油、功能饮料在内的系列产品,快速进入英国的营养品市场。

苏宁集团通过并购国际米兰足球俱乐部扩大知名度,快速拓展海外供应链、深度参与中意经贸合作。2017 年 3 月,苏宁控股集团与意大利工商界签约,正式加盟中意商会(CICC),并成为"中意商会之友"。通过与中意商会的合作,苏宁已与首批五家意大利的食品企业建立了海外直采合作,在饮料、葡萄酒、啤酒、食用油等类目引入了七个品牌。2018 年 11 月首届国际进口博览会上,意大利驻沪总领事裴思泛赞扬苏宁集团以体育为纽带促进中国和意大利两国商贸合作的举措。2019 年 3 月,苏宁集团与意大利对外贸易委员会(ITA)签订合作框架协议,随后与包括妙迪(Mood)、布莱维加(Brionvega)、艾索斯特(iXOOST)、法布芮(Fabbri 1905)、意利(illy)在内的多家高端意大利品牌建立直接合作关系,与时尚品牌代理商 IFFG 达成合作协议,范围涵盖美妆、时尚、家居设计、电子、食品等多个品类。①

2. 加速推进海外业务

复星国际通过并购狼队足球俱乐部来建立声望,进而加速推进其在英国的其他投资项目。在并购狼队足球俱乐部之后,复星国际相继收购了英国车联网公司 The Floow、伦敦金融城地标——皇家交易所(Royal Exchange)写字楼和英国最大旅行社 Thomas Cook 75% 的股份;复星医药获得 ReNeuron 的授权,在中国境内及领域内(即治疗脑卒中后残疾及视网膜色素变性)独家临床开发、生产和商业化两款细胞治疗产品——神经干细胞系 CTX 产品和人视网膜祖细胞系 hRPC 产品。至此,复星国际在英国的投资涵盖了房地产、足球、旅游、消费等各个领域。

华信能源通过并购布拉格斯拉维亚足球俱乐部来树立企业形象,进而

---

① 中国新闻网. ITA 主席与张近东再度会面 中意高端商业品牌合作升级链[EB/OL]. (2019-07-12)[2019-08-07]. https://www.chinanews.com.cn/business/2019/07-12/8892990.shtml.

加速推进其在捷克的其他投资项目。足球属于捷克的国球,布拉格斯拉维亚足球俱乐部的注册球迷约为 10 万人,一个球迷背后往往是一个家庭,影响的民众可能达到 100 万人左右,相当于捷克十分之一的人口。在华信能源入主后,布拉格斯拉维亚足球俱乐部在捷克甲级联赛实现连胜,捷克球迷前往华信布拉格总部致谢。此后,华信能源在捷克开展了一系列的投资:收购捷克第二大航空公司 Travel Service;收购 J&T 银行 50% 股权,并推动设立了中国—中东欧投资基金协助中国企业对接"一带一路"投资;收购具有 50 年历史的扎达斯(ZDAS)特种钢铁公司;竞得布拉格最大的办公楼——Florentinum 写字楼。至此,捷克成为华信能源的第二总部、第二基业。

第二节　中国企业的整合战略分析

本书遵循拉松(Larsson)和芬克尔斯泰因(Finkelstein)对并购后整合的定义,认为并购后整合是并购中两个企业间的交互和协调程度。并购后整合常常需要花费几年时间,并且将一个企业整合进另一个企业涉及好几个方面,决定这种整合成功或失败的条件也是非常复杂多样。① 为了最小化以上复杂性,同时获得合适的整合战略蓝图,学者们开发了不同模型来对整合模式进行分类。由于本书关注的是并购双方在日常运营活动中的治理共享和协调程度,因此采用杨洋②的整合战略划分方法:通过"治理共享程度"和"协调程度"将整合战略划分为隔离型、合作型与融合型(见图 4.1)。需要指出的是,本书中的"治理共享"强调的是整合过程中并购方企业和被并购俱乐部在治理权上的共享程度,"协调"则关注并购方企业和被并购俱乐部在业务融合和日常运营活动中的协调程度。

---

① Schweizer L. Organizational integration of acquired biotechnology companies into pharmaceutical companies:The need for a hybrid approach[J]. Academy of Management Journal,2005(6):1051-1074.

② 杨洋. 来源国劣势、并购后整合与后发跨国公司能力追赶[D]. 杭州:浙江大学,2017.

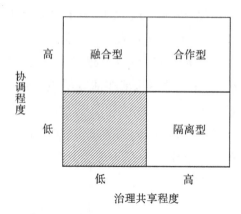

图 4.1　中国企业跨国并购职业足球俱乐部的整合战略

一、隔离型整合战略

在隔离型整合战略下,中国企业和被并购俱乐部在治理权上的共享程度较高,即企业赋予被并购俱乐部完全的自治权,并购方几乎不干涉俱乐部的治理;同时,中国企业与被并购俱乐部之间的业务融合和日常运营的协调程度较低,双方处于相互隔离的状态。典型案例如表 4.7 所示。

表 4.7　隔离型整合战略及典型案例

案例	分类依据	典型案例	程度
莱德斯并购索肖	治理共享程度	委托西班牙巴斯克尼亚－阿拉维斯集团管理	高
	协调程度	与广州市足球协会建立战略合作,就青少年足球人才交流项目签署《合作备忘录》	低
		开通新浪微博官方账号	
徐根宝并购洛尔卡	治理共享程度	原有团队留任;徐根宝主要精力用于崇明基地	高
	协调程度	崇明基地球员两次前往西班牙进行海外拉练	低
郑南雁并购尼斯	治理共享程度	原有团队留任;郑南雁等几乎不干预俱乐部管理	高
	协调程度	尼斯俱乐部与7天酒店联名的衍生品;赛事旅游;新春问候短视频	低
		开通新浪微博官方账号	

莱德斯并购索肖足球俱乐部之后,俱乐部的运营管理委托西班牙巴斯克尼亚－阿拉维斯集团管理,并无中方团队介入。因此,本书认为索肖足球

俱乐部拥有完全的自治权。在与中国市场的业务融合上,索肖足球俱乐部与中国市场的合作仅停留在协议阶段;俱乐部的新浪微博官方账号也仅吸引了 2082 名粉丝关注。由此可见,索肖足球俱乐部与中国市场的业务融合程度和运营协调较浅,总体上处于相对隔离的状态。

徐根宝并购洛尔卡足球俱乐部之后,原俱乐部主席路易斯·吉梅内斯以及其他工作人员继续留任,徐根宝因崇明基地球员备战全运会经常返回国内,对于俱乐部的治理干预较少。在"养鸡生蛋"目标导向下,崇明根宝基地球员两次前往西班牙进行海外拉练,除此之外洛尔卡足球俱乐部与中国市场处于相对隔离的状态,并无其他业务融合及运营协调。

郑南雁等并购尼斯足球俱乐部之后,大量保留了俱乐部原有的管理层,中方几乎不干涉俱乐部的治理。在与中国市场的业务融合上,郑南雁主要致力于俱乐部的市场推广:发布球衣、T 恤、球星公仔、抱枕、主题房等以足球为核心元素的系列 IP 联名衍生品;邀请 100 多位中国企业的创始人和铂涛集团的高端会员赴尼斯观赛与旅游;邀请球星发布新春问候短视频来拉近与球迷的距离。此外,尼斯足球俱乐部在中国市场并无其他业务融合或运营协调,俱乐部与中国市场处于相对隔离的状态。

二、合作型整合战略

合作型整合战略下,被并购俱乐部依然拥有完全的自治权,但与隔离型战略不同的是,并购双方沟通频繁且存在业务协同。典型案例如表 4.8 所示。

表 4.8 合作型整合战略及典型案例

案例	分类依据	典型案例	程度
奥瑞金并购欧塞尔	治理共享程度	重新组建管理团队,俱乐部的治理和整合以西方团队为主导	高
		与上海市足协"互派精英足球教练"	
	协调程度	U15 梯队参加中国上海"金山杯"国际青少年足球邀请赛;运作昆仑山—安徽合肥青少年足球队前往法国欧塞尔参加足球邀请赛	高
		季骁宣加盟俱乐部	

续表

案例	分类依据	典型案例	程度
华信能源并购布拉格斯拉维亚	治理共享程度	原有管理团队继续留任;华信能源不参与俱乐部的直接管理和经营	高
	协调程度	举办斯拉维亚国际青少年足球赛;U15梯队参加"金山杯"国际青少年足球邀请赛	高
		首次赴海南冬训,亮相中国足球冬季海南秀活动	
雷曼股份并购纽卡斯尔喷气机	治理共享程度	聘请洛瑞·麦克金纳为 CEO 并由后者组建管理团队,俱乐部的治理和整合以西方团队为主	高
	协调程度	聘请前国安球员、前深足助理教练李强作为俱乐部助理教练	高
		青年队代表澳大利亚参加第11届"鲁能·潍坊杯"国际青年足球邀请赛;一线队参加2018海口国际足球赛	
		马磊磊加盟俱乐部	
		开通新浪微博官方账号	

奥瑞金并购欧塞尔足球俱乐部之后,聘请巴普蒂斯特·迈赫布为总经理并由其组建管理团队,俱乐部的治理和整合也以西方团队为主导。在与中国市场的业务融合上,欧塞尔足球俱乐部与上海市足协签署"互派精英足球教练"的合作协议,前申花名宿、上海足协青训总教练刘军能够全面参与欧塞尔俱乐部一线队和青训梯队的训练、比赛指导与管理。在青训交流方面,俱乐部派出 U15 梯队参加中国上海"金山杯"国际青少年足球邀请赛;运作昆仑山—安徽合肥青少年足球队前往法国欧塞尔,参加在勃艮第地区桑斯城举行的 2017 TSF U14 足球邀请赛。在球员留洋方面,俱乐部于 2019年 4 月签约季骁宣。

华信能源并购布拉格斯拉维亚足球俱乐部之后,原有管理团队继续留任,华信能源并未参与俱乐部的直接管理和经营。在与中国市场的业务融合上,布拉格斯拉维亚足球俱乐部自 2016 年起举办斯拉维亚国际青少年足球赛,邀请来自欧洲和中国的球队参赛,促进中西方的足球交流;俱乐部U15 梯队参加中国上海"金山杯"国际青少年足球邀请赛。在营销推广方面,俱乐部一线队首次赴海南冬训并亮相中国足球冬季海南秀活动;开通了新浪微博官方账号,增强与粉丝的互动。在并购方企业的市场开拓上,华信能源通过收购俱乐部赢得知名度与认可度,使捷克成为华信的第二总部。

雷曼股份并购纽卡斯尔喷气机足球俱乐部之后,聘请洛瑞·麦克金纳为CEO并由后者组建管理团队,俱乐部的治理和整合以西方团队为主。在与中国市场的业务融合上,俱乐部派出青年队代表澳大利亚参加第11届"鲁能·潍坊杯"国际青年足球邀请赛;一线队参加2018海口国际足球赛。在球员留洋方面,马磊磊是唯一一名在澳超联赛效力的中国球员。此外,俱乐部的中国元素还体现在聘请了前国安球员、前深足助理教练李强作为俱乐部助理教练。

三、融合型整合战略

融合型整合战略下,中国企业和被并购俱乐部在治理权上的共享程度较低,即企业赋予被并购俱乐部一定的自治权,组织架构、高管团队以及组织身份都得以保留,但并购方企业经常参与俱乐部重大事项的决策并主导着跨国并购后的整合,并购双方沟通频繁且存在业务协同。典型案例如表4.9所示。

表 4.9　融合型整合战略及典型案例

案例	分类依据	典型案例	程度
联合睿康并购阿斯顿维拉	治理共享程度	夏建统常驻英国,主导着俱乐部的治理和整合	低
	协调程度	与杭州绿城育华小学、杭州乐毅开展三方战略合作;在长沙、南充、广州举办足球夏令营	高
		开通新浪微博官方账号,俱乐部球星通过镜头向中国球迷问好	
		结合联合睿康已有产业进行推广,推出"维克维拉"全新品牌;在英国和印度推广智慧城市业务	
复星国际并购狼队	治理共享程度	施瑜作为执行主席常驻俱乐部,主导着俱乐部的治理和整合	低
	协调程度	与中国教育国际交流协会合作开展"满天星"训练营计划;U18梯队参加首届中赫国安杯国际青少年足球邀请赛	高
		首次来华参加2019英超亚洲杯;开通新浪微博官方账号;设立狼队天猫旗舰店	
		杨明阳、何朕宇、王家豪及温绍康四名华裔或中国球员加盟	
		拓展英国投资领域	

续表

案例	分类依据	典型案例	程度
棕榈股份并购西布朗维奇	治理共享程度	李丕岳出任俱乐部主席，主导着俱乐部的治理和整合	低
	协调程度	李明等前往西布朗维奇进行考察、学习；举办宝安区精英教练员培训班	高
		举办"校园足球夏令营""直通西布朗青少年海外足球之旅""足球进校园"等活动	
		建设贵安新区棕榈·西布朗足球小镇；投资成立深圳新桥足球俱乐部；开通新浪微博官方账号	
		张玉宁加盟俱乐部	
合力万盛并购海牙	治理共享程度	武雪松、颜强进入监事会	低
	协调程度	高洪波签约为海牙足球俱乐部的一线队助理教练	高
		建设荷兰海牙足球俱乐部中国青训中心；八一学校的球员在暑期前往海牙足球俱乐部集训	
		2017海牙中国行；开通新浪微博官方账号	
		张玉宁租借加盟；李嗣镕、王凯冉、冯子豪加盟	
星辉互动娱乐并购西班牙人	治理共享程度	叶茂担任商业管理和协调总监；王宏远负责俱乐部亚洲市场的运营	低
	协调程度	外教团队定期前往长沙、常德、衡阳、湘潭等地开展对当地教练员的培训	高
		于长沙开设俱乐部在中国的第一所足球学院	
		开通新浪微博官方账号、抖音（TikTok）官方账号；开设中文官方网上商店	
		武磊加盟俱乐部	
蒋立章并购格拉纳达	治理共享程度	蒋立章担任俱乐部主席，王康宁担任副主席	低
	协调程度	U16参加"华信杯"国际青少年足球邀请赛；设立湖北省青少年足球格拉纳达俱乐部训练基地	高
		签约王梓翔、郝润泽和黎腾龙等青年球员	
		力帆球迷西甲行；开通新浪微博官方账号	
		重庆当代力帆俱乐部在中超保级的过程中获得厚璞集团（Hope Group）的技战术指导	

续表

案例	分类依据	典型案例	程度
苏宁集团并购国米	治理共享程度	张康阳担任俱乐部主席,常驻米兰,主导着俱乐部的治理和整合	低
	协调程度	在南京、无锡、扬州、淮安等地开设足球教练员培训班;每年选派中国青少年足球教练员赴米兰接受专业培训	高
		设立了六所国米青训学院;苏宁 U19 梯队前往米兰进行两周的训练和比赛	
		两次来华参加"国际冠军杯"赛事;与赞助商合作推出球迷专属产品;苏宁体育奥体官方旗舰店;开通懂球帝、今日头条、抖音(TikTok)官方账号	
		苏宁加盟中意商会;苏宁与意大利对外贸易委员会签订合作框架协议	

注:根据企业新闻、俱乐部年报、俱乐部官方新闻、体育媒体报道等整理。

联合睿康并购阿斯顿维拉足球俱乐部之后,俱乐部的日常运营和管理由 CEO 负责,夏建统常驻英国并深度参与俱乐部各项重大事项,主导着俱乐部的治理和整合。在业务融合方面,阿斯顿维拉足球俱乐部在青训上进行了多次探索:与杭州绿城育华小学成功组织"英国阿斯顿维拉足球体验之旅",杭州绿城育华小学的小球员前往睿康训练中心进行友谊赛、成为主场比赛牵手球童;此外,阿斯顿维拉国际足球夏令营在长沙、南充和广州等城市顺利举办,俱乐部派出了具有丰富青训执教经验的欧足联 A 级、B 级教练员前来指导。在营销推广方面,俱乐部开通了新浪微博官方账号,开通首日邀请弗拉尔、本泰克、维曼等俱乐部球星通过镜头向中国球迷问好。在并购方企业的市场开拓上,联合睿康在英国和印度不断推进智慧城市建设和营养产品开发。

复星国际并购狼队足球俱乐部之后,聘用劳里·达尔林普尔为俱乐部总经理并由后者组建管理团队,俱乐部的日常经营管理由西方团队为主,但施瑜作为执行主席一直常驻俱乐部,主导着俱乐部的治理和整合。此外,中西方团队定期召开会议来保障信息的畅通以及业务合作的推进。在与中国市场的业务融合上,狼队发挥自身青训优势与中国教育国际交流协会合作开展"满天星"训练营计划;U18 梯队参加首届中赫国安杯国际青少年足球邀请赛。在营销推广方面,俱乐部首次来华参加 2019 英超亚洲杯;与天猫达成合作,成立狼队天猫旗舰店;开通新浪微博官方账号,拥有30.2万粉丝。在球员留洋方面,俱乐部先后签约杨明阳、何朕宇、王家豪及温绍康四名华裔或中国球员,帮助球员在良好的青训环境中快速成长。在并购方企业的市场开拓上,复星通过并购狼队足球俱乐部扩大了知名度,拓展了在英国的投资领域。

棕榈股份并购西布朗维奇足球俱乐部之后,李丕岳进入俱乐部董事会出任俱乐部主席,主导着俱乐部的治理和整合。在与中国市场的业务融合上,俱乐部聚焦于教练员培养开展了一系列活动,成功举办了"2017年深圳宝安区'英超西布朗'校园足球夏令营""直通西布朗青少年海外足球之旅""足球进校园"等一系列活动。在商业开发与市场推广方面,俱乐部与贵州贵安新区管理委员会、棕榈生态城镇发展股份有限公司共建贵安新区棕榈·西布朗足球小镇,发展体育体验、体育展示、休闲旅游、足球教育等相关产业,形成足球产业集群和产业生态链;作为首支造访中国的英国职业足球俱乐部,西布朗维奇访问中国40周年纪念活动暨签约中国儿童少年基金会公益捐助仪式在北京举行;棕榈体育产业发展有限公司还投资成立了深圳新桥足球俱乐部,借鉴西布朗维奇成熟的俱乐部运营体系来建立社区足球发展模式;开通了新浪微博官方账号,并吸引了19.3万粉丝关注。在球员留洋方面,俱乐部于2017年7月签约张玉宁。

合力万盛并购海牙足球俱乐部之后,王辉成为俱乐部股东大会主席,武雪松和颜强进入俱乐部监事会,每个季度定期听取CEO运营团队的述职报告,使中方团队深度参与俱乐部的日常经营与管理。在与中国市场的业务融合上,俱乐部在青训基地建设和八一学校的青训合作上取得较大进展。在教练员培养方面,合力万盛运作高洪波签约为海牙足球俱乐部的一线队助理教练。在市场推广方面,俱乐部在2017年开启中国行,携手北控俱乐部首次在华成立针对"青少年足球训练"的"助力八一翱翔青训基金"。在球员留洋方面,俱乐部签约了张玉宁、李嗣镕、王凯冉以及冯子豪等球员。

星辉互动娱乐并购西班牙人足球俱乐部之后,七名中方代表进入董事会,在巴塞罗那生活工作超过20年的叶茂作为中国财团和当地团队的沟通桥梁,担任俱乐部的商业管理和协调总监;王宏远则负责俱乐部亚洲市场的运营。中方团队深度参与俱乐部的各项事务,主导着俱乐部的治理和整合。

在与中国市场的业务融合上,西班牙人足球俱乐部派遣外教团队定期前往长沙、常德、衡阳、湘潭等地开展对当地教练员的培训。在青训建设方面,俱乐部在长沙开设俱乐部在中国的第一所足球学院。在市场推广方面,俱乐部开设了中文官方网上商店,方便球迷购买俱乐部周边商品。在球员留洋方面,武磊于 2019 年 1 月 28 日正式加盟西班牙人俱乐部。

蒋立章并购格拉纳达足球俱乐部之后,蒋立章担任俱乐部主席,王康宁担任副主席。遵循"尊重本土定律与本土文化"的原则,组建了以西方为主的管理团队,中方人员进驻各部门进行学习,负责中国跟西班牙之间的对接工作,因此中方团队深度参与并主导俱乐部的治理与整合。在沟通与交流密度上,格拉纳达足球俱乐部在"拥抱文化"的理念指导下,每一年度都会举办俱乐部聚会活动来增进中西方的文化交流。俱乐部上下在关于中国球员加盟的问题上达成了共识——如果有中国球员加入,必须得到大家的接纳和尊重。为此,蒋立章还设立了激励措施:如果一个教练能在考核中帮助中国球员在二线队立足下来,就会获得额外奖金,以此来鼓励教练员培养具有潜力的中国球员。在与中国市场的业务融合上,俱乐部在格拉纳达俱乐部设立湖北省青少年足球格拉纳达俱乐部训练基地;U16 参加"华信杯"国际青少年足球邀请赛。在市场推广方面,蒋立章会见了力帆球迷西甲观赛团并与众人合影留念;开通新浪微博官方账号,并吸引 36885 名粉丝关注。在球员留洋方面,俱乐部曾邀请冯劲前往 B 队试训,随后正式签约了王梓翔、郝润泽和黎腾龙等青年球员。此外,蒋立章还成立了夏璞集团(Hope Group),为旗下俱乐部量身打造战术体系。

苏宁集团并购国际米兰足球俱乐部之后,5 名中方代表进入董事会,张康阳成为俱乐部主席并常驻米兰,主导着俱乐部的治理和整合。在与中国市场的业务融合上,俱乐部凭借自身优质的青训体系和教练员资源开展了一系列培训活动。在市场推广方面,俱乐部两次来华参加"国际冠军杯"赛事,其间多次与球迷进行深度互动;与赞助商合作推出球迷专属产品和俱乐部授权的双品牌系列产品;俱乐部的官方账号拥有 300 万订阅用户。在并购方企业的主营业务拓展上,苏宁依托国际米兰俱乐部大大提升了国际影响力,深度参与中意经贸合作。

综上所述,被并购俱乐部的自治程度总体较高,这是由并购双方较高程度的组织身份不对称导致的,被并购俱乐部认为"旧身份"优于"新身份",倾向于保留原有的组织身份。并购双方的协调程度则表现出较低和较高的差异,其中徐根宝因遭遇法律风险使得最初的并购目标无法达成而退出洛尔卡俱乐部,法律风险和文化风险也导致合力万盛的业务融合进程大大延缓。因此,组织身份不对称决定了被并购俱乐部较高的自治程度,跨国并购风险则制约着并购双方的运营协调程度。

第三节　整合战略的影响因素分析

为了进一步揭示影响中国企业跨国并购整合战略的影响因素,本书采用案例研究的方法。首先,对单个案例进行分析,主要聚焦于中国企业并购后整合的全过程,由此抽象出具体的构念,并与已有的理论进行对比。其次,通过横向跨案例分析来建立分析框架,探索案例之间是否存在相似主题,根据主要研究变量对案例进行分类和匹配,并通过图表的形式进行呈现。最后,通过复制逻辑进行迭代和修正,最终得到构念之间的关系。为了提高研究的内部效度,减少个人偏见或主观性导致的结论片面性,笔者还邀请了另外一位成员对每一个案例的原始材料进行检查和核对,当编码结果出现不一致时,进行讨论、修正和补充,直至达成一致意见。

组织行为深受组织内部要素的影响,企业在跨国并购后的整合战略也不例外。被并购的职业足球俱乐部具有悠久而深厚的历史,当地球迷认同度高,当外资进入之后,俱乐部身份危机在一定程度上会影响并购效果。

组织身份是组织内部对"我们是什么样的组织"的设想,是有关组织是什么、做什么以及要成为什么的一个集合。组织身份的构建深受外部环境因素的影响,外部环境中的制度和社会文化会映射在组织身份上。因此,深度嵌入在国家制度架构中的跨国公司也深受来源国的影响,并且在国际化的过程中这些母国烙印仍然发挥着作用。因此,在来源国劣势下的后发企业跨国并购过程中,并购双方将会面临两种制度环境塑造下的组织身份碰撞和冲突。[①] 被并购方获得的来自后发跨国企业的"新身份"与原有组织身

---

① 杨洋. 来源国劣势、并购后整合与后发跨国公司能力追赶[D]. 杭州:浙江大学,2017.

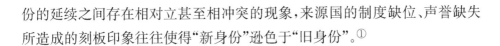

份的延续之间存在相对立甚至相冲突的现象,来源国的制度缺位、声誉缺失所造成的刻板印象往往使得"新身份"逊色于"旧身份"。①

一、来源国劣势与组织身份不对称

新兴经济体的后发跨国公司由于国际化起步较晚和自身能力较弱,往往缺乏国际化经验和知名度。已有研究发现,后发跨国公司去发达国家经营面临的挑战远远大于发达国家跨国企业进入新兴经济体国家所面临的挑战,因此,"来源国劣势"被引入国际商务领域。来源国劣势是源自特定区域和地区,是东道国对跨国企业来源国或区域的歧视和刻板印象。Madhok 和 Keyhani② 将来源国劣势分为两类:一是因为企业外部因素引起的制度赤字,二是因为企业内部因素引起的管理和能力赤字。

本书的案例企业作为后发跨国公司也面临着来源国劣势:一是企业外部因素,即投资母国的足球产业发展水平,包括竞技水平和全球化水平等。二是企业内部因素,即并购双方在经营管理经验方面的差异。

在外部维度上,中国职业体育起步较晚、发展还很不成熟。一是中国职业足球的竞技水平较差:从国家队实力看,男子国家队在国际足联的排名为第 79 名,在亚洲位列第 11 名(FIFA,2023);从俱乐部水平看,在足球数据网站 Football database 公布的世界俱乐部排名中(2018 年 12 月),广州恒大位列第 138 名,上海上港位列第 169 名;从球员身价看,男子运动员当中身价最高的为武磊(1000 万欧元),在亚洲球员里排名第六,绝大多数球员身价在100 万欧元以下;从足球从业人员规模看,在册的各级别教练员、裁判员等足球专业人才也极为短缺。二是中国职业体育的全球化水平不高:从国际贸易的角度看,高水平赛事进口多、出口少,这是国内外赛事水平存在差距的反映;从人力资本的角度看,运动员和教练员引进多、输出少,国际足联报告显示,中超转会费从 2013 年的 2780 万美元上升至 2016 年的 4.5 亿美元,位

①　杜晓君,蔡灵莎,史艳华. 外来者劣势与国际并购绩效研究[J]. 管理科学,2014(2):48-59.

②　Madhok A ,Keyhani M . Acquisitions as entrepreneurship:Asymmetries, opportunities, and the internationalization of multinationals from emerging economies[J]. Global Strategy Journal,2012(1):26-40.

居世界联赛第五位。[①]

在内部维度上,中国企业大多刚完成体育转型,缺乏相关的经营管理经验。具体来看,德普科技、华信能源、星辉互动娱乐、联合睿康、郑南雁、复星国际和棕榈股份七家案例企业在跨国并购职业足球俱乐部之前并未涉足体育产业和足球行业,属于非相关并购,因此在经营管理经验、企业文化、组织结构等方面尚无积累,与被并购俱乐部之间存在巨大的组织身份不对称。合力万盛、徐根宝、苏宁集团、雷曼股份、当代明诚和奥瑞金六家案例企业虽在跨国并购职业足球俱乐部之前就已在体育产业有所布局,但大多经营年限不长,如苏宁集团于2015年12月接手江苏舜天俱乐部从而进军体育产业。

综上所述,样本企业面临着来自企业内外部的来源国劣势,来源国劣势映射在组织层面就表现为组织身份不对称。因此,本书认为并购方企业与被并购俱乐部之间呈现出较高的组织身份不对称,会引起整合过程中的潜在冲突。

二、组织身份不对称与治理共享程度

已有研究指出,当并购双方的组织身份较为契合时,过渡到新的组织身份对被收购企业员工而言没有大的冲击,甚至具有吸引力,因此并购双方会产生一种无形的“黏合剂”来引导组织能力的开发和知识的获取。而当后发企业与被收购企业的组织身份高度不一致、不对称时,被收购方企业的员工会想要保留他们原有的身份,由此可能引发组织内部的冲突和员工的排斥情绪,带来对被收购企业的知识和创造力的破坏。因此,组织身份不对称程度会对保留海外单元自治程度产生影响。为了避免改变被收购企业原有身份对员工带来的冲击及引发的冲突,并购方企业会选择赋予高度自治权来保留原有身份。

本书中的中国企业与被并购俱乐部之间存在着较高程度的组织身份不对称,这种不对称决定了被并购俱乐部对于自治的强烈需求。同时,并购方企业也深刻意识到并购双方组织身份不对称的问题,主动赋予被并购俱乐

---

① 江小涓,李姝. 数字化、全球化与职业体育的未来[J]. 上海体育学院学报,2020(3):1-16.

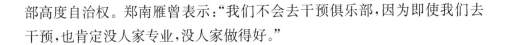

部高度自治权。郑南雁曾表示："我们不会去干预俱乐部，因为即使我们去干预，也肯定没人家专业，没人家做得好。"

第四节　小　结

　　跨国并购的跳板作用使企业实现边界跨越，与国际顶级足球俱乐部、欧洲职业足球核心圈建立联系，使人力资源和市场渠道等核心资源的整合得以实现。在人力资源整合方面，69％的中国企业选择重新组建管理团队，俱乐部的日常经营与管理以西方团队为主；中国企业构建了中方教练员"走出去"与国外教练"引进来"的双向流动机制；中国球员通过国际转会进入被并购职业足球俱乐部实现留洋。在市场渠道整合方面，被并购俱乐部通过开展中国行、丰富球迷服务的方式进行市场推广，多家俱乐部获得亚洲地区赞助商的支持；中国企业实现快速进入东道国市场，并加速推进海外业务。

　　根据治理共享程度和协调程度对中国企业的跨国并购后整合战略进行划分，研究发现54％的企业为融合型整合战略，其余为隔离型整合战略与合作型整合战略。组织身份不对称是来源国劣势在组织层面的映射，影响着被并购俱乐部的自治程度与协调程度。

第五章 中国企业跨国并购
的股东财富效应研究

本章运用事件研究法考察上市公司在宣布跨国并购职业足球俱乐部这一事件前后的二级市场股价走势,分析跨国并购是否为股东带来累积异常收益,衡量并购方企业的股东财富效应。

第一节 股东财富效应评价方法

资本市场学派探讨了跨国并购的一个核心问题:企业通过并购能否创造价值? 在体育领域内,已有研究主要考察了以下三大类事件对于企业市场价值的影响:一是企业的赞助行为。主要包括赞助奥运会与企业市场价值的关系[①];赞助美国职业体育联赛与企业市场价值的关系[②];赞助足球、赛车等职业赛事对于企业市场价值的影响[③];冠名体育场馆与企业市场价值的关系[④];以及冠名赞助作为赞助金额最高、规模最大的赞助形式,对于企业市

---

① Farrell K A, Frame W S. The value of Olympic sponsorships: Who is capturing the gold? [J]. Journal of Market-Focused Management,1997(2):171-182.

② Cornwell T B, Pruitt S W, Van Ness R. The value of winning in motorsports: Sponsorship-linked marketing[J]. Journal of Advertising Research, 2001(1): 17-31.

③ Reiser M, Breuer C, Wicker P. The sponsorship effect: Do sport sponsorship announcements impact the firm value of sponsoring firms? [J]. International Journal of Sport Finance,2012(3):232-248.

④ Leeds E M, Leeds M A, Pistolet I. A stadium by any other name: The value of naming rights[J]. Journal of Sports Economics,2007(6):581-595.

场价值的影响。[1] 二是赞助对象的竞技表现。已有研究考察了橄榄球[2]、棒球[3]、足球[4]和赛车[5]的竞技成绩与其赞助企业股价之间的关系。Brown 和 Hartzell[6] 以上市公司波士顿凯尔特人为研究对象，研究发现获得比赛的胜利对于股价没有显著影响，失利则导致股价明显下跌，季后赛成绩相比常规赛对股价的影响更大，投资者对于输赢的反应也趋于对称。类似的，Benkraiem 等[7]以 18 家欧洲上市足球俱乐部为样本的研究也发现比赛获胜对于股价的影响不显著，平局和失利则导致股价大幅下跌，其中主场失利带来的影响尤为剧烈。三是特定事件。例如，聘请明星运动员代言对于企业市场价值的影响[8]；运动员不当行为如使用兴奋剂[9]、伤病[10]对于企业的不利影响。

综上所述，已有研究运用事件研究法考察了赞助、竞技表现和运动员行为等特定事件对于企业市场价值的影响，但未涉及跨国并购职业俱乐部这一事件。相较于美国、俄罗斯等国以企业家个人投资为主的现象，中国企业

① Clark J M, Cornwell T B, Pruitt S W. The impact of title event sponsorship announcements on shareholder wealth[J]. Marketing Letters, 2009(2)：169-182.

② Eisdorfer A, Kohl E. Corporate sport sponsorship and stock returns：Evidence from the NFL[J]. Critical Finance Review,2017(1)：179-209.

③ Chen C D, Chen C C. Assessing the effects of sports marketing on stock returns：Evidence from the Nippon Professional Baseball Series[J]. Journal of Sports Economics,2012 (2)：169-197.

④ Bouchet A, Doellman T W, Troilo M, et al. The impact of international football matches on primary sponsors and shareholder wealth[J]. Journal of Sport Management,2015 (2)：200-210.

⑤ Cornwell T B, Pruitt S W, Ness R V. The value of winning in motorsports：Sponsorship-linked marketing[J]. Journal of Advertising Research, 2001(1)：17-31.

⑥ Brown G W, Hartzell J C. Market reaction to public information：The atypical case of the Boston Celtics[J]. Journal of Financial Economics, 2001(2-3)：333-370.

⑦ Benkraiem R, Louhichi W, Marquès P. Market reaction to sporting results：The case of European listed football clubs[J]. Management Decision,2009(1)：100-109.

⑧ Agrawal J, Kamakura W A. The economic worth of celebrity endorsers：An event study analysis[J]. Journal of Marketing, 1995(3)：56-62.

⑨ Danylchuk K, Stegink J, Lebel K. Doping scandals in professional cycling：Impact on primary team sponsor's stock return[J]. International Journal of Sports Marketing and Sponsorship, 2016(1)：37-55.

⑩ Hood M. The Tiger Woods scandal：A cautionary tale for event studies[J]. Managerial Finance, 2012(5)：543-558.

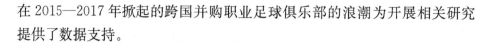

在 2015—2017 年掀起的跨国并购职业足球俱乐部的浪潮为开展相关研究提供了数据支持。

一、事件及事件日界定

本书的事件是指中国上市公司跨国并购职业足球俱乐部这一行为,事件日则定义为中国上市公司或被并购俱乐部首次正式公开发布并购消息当日。如果公告当日为证券交易收盘日(如周末、节假日),则下一个交易日为事件日(见表 5.1)。

表 5.1　上市公司跨国并购职业足球俱乐部的交易情况

俱乐部	联赛	上市公司	事件日	并购股份/%	交易金额/百万美元	市值/百万美元	相对交易规模/%
阿斯顿维拉	英冠	莲花健康	2016-05-19	100	111.72	866.45	12.89
狼队	英冠	复星国际	2016-07-21	100	59.47	11458.83	0.52
西布朗维奇	英超	棕榈股份	2016-08-05	88	195.99	2334.4	8.4
雷丁	英冠	人和商业控股	2017-05-17	75	/	1106.59	/
南安普敦	英超	莱茵体育	2017-08-14	80	259.55	1370.29	18.94
马德里竞技	西甲	万达酒店发展	2015-01-21	20	52.13	878.79	5.93
格拉纳达	西甲	当代明诚	2016-06-15	98	41.59	1719.08	2.42
索肖	法乙	德普科技	2015-05-19	100	7.81	1429.43	0.55
欧塞尔	法乙	奥瑞金	2016-08-05	59.95	7.75	3161.68	0.25
国际米兰	意甲	苏宁易购	2016-06-06	68.5	306.60	16956.85	1.81
帕尔马	意乙	当代明诚	2017-11-03	60	11.62	1118.37	1.04

注:根据上市公司公告及国泰安数据库、彭博社、懒熊体育、网易体育等平台资料整理。

二、事件窗和估计窗设定

已有研究对于事件窗的长短并未达成共识①,根据 Krivin 等②学者的观点,存在以下三种方法能够帮助确定事件窗的长度:一是使用固定的时间跨度。二是针对某一事件采取特殊的时间跨度。三是基于股票交易行为的特征发现变化规律,进而确定事件窗长度。遵循第三种方法,本书试图基于股票成交量的变化来定义事件窗长度。其一,计算上市公司在事件日前一年的成交量平均数和标准差;其二,将事件日前 40 天和后 20 天的成交量数据与 Mean+SD、Mean+2SD 进行对比,筛选出成交量波动剧烈的日期(见表 5.2)。

表 5.2　上市公司的成交量异常波动日期

上市公司	平均数	标准差	最小值	最大值	波动异常日 (>Mean+SD)	波动异常日 (>Mean+2SD)
莲花健康	40566.3	55691.4	2	418282	-40,-36,-35, -23,-22,-19, 0,+1,+6	-35
复星国际	48573.7	35389.8	1026.4	250526	/	/
棕榈股份	13211.7	11879.6	2946.5	139650.4	-35	/
人和商业控股	43129.5	41159.9	51.9	292533.9	-39,-37,-36, -35,-34,-33, -31,-30,-28, -21,-18,-16, -15,-14,-13, -12,-9,-7, -6,+9,+13,+16	-31,-15,-14, +16
莱茵体育	24628.7	31531.4	628	280314	/	/
万达酒店发展	20800.5	14831.1	3486.5	125594.3	-38	/

① McWilliams A, Siegel D. Event studies in management research: theoretical and empirical issues[J]. Academy of Management Journal, 1997(3):626-657.

② Krivin D, Patton R, Rose E, et al. Determination of the appropriate event window length in individual stock event studies[EB/OL]. (2003-11-04)[2023-09-11]. https://www.nera.com/content/dam/nera/publications/archive1/6394.pdf.

续表

上市公司	平均数	标准差	最小值	最大值	波动异常日(＞Mean＋SD)	波动异常日(＞Mean＋2SD)
当代明诚	3861.5	2612.2	604.6	24508.9	−21，−15，−10，−9，−8，−7，−6，−5，−4，−2，−1，0，+4，+9，+15	−21，−9，−7，−6，−2，+9
德普科技	8049.1	4205.5	1504	25456	−38，−30，−29，−24，−20，−19，−11，−10，0，+1，+2，+3，+4	−38，−30，0，+2，+3，+4
奥瑞金	13380.9	7450.2	2177	55493.9	−39，−37，−29，−28，−24，−23，−18，−17，−16，−14，−8，−7，−6，+1，+2，+6，+7，+8，+9，+13，+14，+15，+16，+17	−39，−29，−18，−17，−7，+1，+6，+8，+13，+14，+15，+16
苏宁易购	212612.7	172490.4	5239.1	856001.3	/	/
当代明诚	5100.7	3672	1224.2	22643	−34，−33，−32，−31，−30，−29，−25，−24，−17，−16，−15，−14，−12	−33，−32，−31，−24，−17，−16

注：表格中的"+"表示事件日之后，"−"表示事件日之前。例如："+1"表示事件日后第1天，"−35"表示事件日前第35天。表格中当代明诚出现第一次代表跨国并购格拉纳达足球俱乐部的异常波动日期，第二次代表跨国并购帕尔马足球俱乐部的异常波动日期。表格中的平均数、最小值、最大值均以千股为单位。

结果表明，当代明诚和奥瑞金等六家上市公司的成交量波动大于Mean＋2SD，然而这些交易日与事件日距离较远，大部分间隔15天及以上；若将成交量与Mean＋SD进行对比，出现了更多波动较大的交易日，但仍有大部分与事件日间隔较远，仅有三家上市公司的成交量异常波动日与事件日较为接近，分别为当代明诚、德普科技和奥瑞金。根据有效市场假说，市场能够迅速且准确地对新信息做出反应，那么成交量的异常波动也应该发生在事件日附近。因此，基于成交量的异常波动来确定事件窗长度的方法在本书中并不合适。

因此,本书参照 Chen 等[1]的研究选取长度为 7 天的事件窗,即[−3,3];此外,参照 Leeds 等[2]的研究,本书确定了第二个事件窗[−10,10],之所以将事件窗延长,是因为考虑到资本市场往往会有预判,这也是大多数研究文献在设置事件窗时采用的惯例。

对于估计窗,采用[−120,−11],即从事件日之前的第 120 个交易日开始,到事件日之前的第 11 个交易日结束。

三、市场模型

与运用事件研究法来考察体育赞助、比赛成绩以及特定事件对企业市场价值影响的已有文献相一致,本书同样依据有效市场理论开展后续研究,即参与市场的投资者有足够的理性,并且能够迅速对所有市场信息做出合理反应。

第一步,计算个股的正常收益率。

$$R_{i\tau} = P_{i\tau}/P_{i\tau-1} - 1 \qquad\qquad ①$$

式 ① 中,τ 表示日期;$P_{i\tau}$ 表示上市公司 i 在第 τ 天的收盘价;$P_{i\tau-1}$ 表示上市公司 i 在第 $\tau-1$ 天的收盘价。

第二步,计算市场的正常收益率。

$$R_{m\tau} = MP_{\tau}/MP_{\tau-1} - 1 \qquad\qquad ②$$

式 ② 中,τ 表示日期;MP_{τ} 表示行业指数在第 τ 天的收盘指数;$MP_{\tau-1}$ 表示行业指数在第 $\tau-1$ 天的收盘指数。

第三步,计算异常收益(abnormal return,AR)。参照 Brown 和 Warner[3] 的研究方法,本书使用市场模型来评估股票的异常收益,该模型假设证券市场收益率与特定上市公司收益率之间存在着一定的线性关系。利用估计窗的个股收益率数据和市场收益率数据经过回归分析得出回归方程,继而以事件窗内

① 　Chen C J P, Srinidhi B, Su X. Effect of auditing: Evidence from variability of stock returns and trading volume[J]. China Journal of Accounting Research, 2014(4): 223-245.

② 　Leeds M A, Mirikitani J M, Tang D. Rational exuberance? An event analysis of the 2008 Olympics announcement[J]. International Journal of Sport Finance, 2009(1): 5-15.

③ 　Brown S J, Warner J B. Using daily stock returns: The case of event studies[J]. Journal of Financial Economics, 1985(1): 3-31.

的市场收益率计算得出个股在事件窗内的预期收益值。运用 OLS 线性回归,个股收益与所在市场的市场收益之间的因果关系方程如下。

$$E(R_{it} \mid R_{mt}) = \alpha_{it} + \beta_{it} R_{mt}$$

将实际观察到的个股在事件窗内的实际收益减去预期收益,即可得到个股每个交易日的异常收益。

$$AR_{it} = R_{it} - E(R_{it} \mid R_{mt})$$

第四步,计算个股的累积异常收益(CAR,cumulated abnormal return),即事件窗内个股的异常收益加总。

$$CAR_i(\tau_0, \tau_1) = \sum_{j=\tau_0}^{\tau_1} AR_j$$

第五步,计算每日平均异常收益(AAR,average abnormal return),即事件窗内每一天各公司的异常收益平均数。N 为样本数量。

$$AAR_\tau = \frac{1}{N} \sum_{i=1}^{N} AR_{it}$$

第六步,计算累积平均异常收益(CAAR,cumulative average abnormal return),即事件窗内每一天的平均异常收益加总。

$$CAAR_{\tau_0,\tau_1} = \sum_{i=\tau_0}^{\tau_1} AAR_\tau$$

为判断市场收益率和个股收益率之间的线性关系是否显著,本书使用"单一样本 t 检验"对数据进行显著性检验。

第二节 中国企业的整体股东财富效应

每日平均异常收益 AAR 及累积平均异常收益 CAAR 显示了 10 家上市公司的整体股东财富效应(见表 5.3)。

表 5.3 上市公司的平均异常收益 AAR 和累积平均异常收益 CAAR 汇总

时间	AAR[−3,3]	t 值	AAR[−10,10]	t 值
−10	—	—	0.009207	1.350759
−9	—	—	0.0046494	0.9615498
−8	—	—	−0.0073754	−0.9198491

续表

时间	AAR[−3,3]	t 值	AAR[−10,10]	t 值
−7	—	—	−0.0135359	−1.409082
−6	—	—	−0.0037847	−0.6258876
−5	—	—	0.0005596	0.1038381
−4	—	—	−0.0053161	−0.7168072
−3	−0.0008844	−0.2843655	−0.0011794	−0.4125652
−2	0.0050505	0.4983283	0.0045043	0.4663072
−1	0.0075654	0.7961556	0.0070347	0.7131951
0	0.0039426	0.5113857	0.0032609	0.4058806
1	0.0006644	0.1124468	0.0008759	0.1463626
2	0.0025259	0.2978292	0.0021567	0.2510968
3	0.0014002	0.1850923	0.0010704	0.140614
4	—	—	0.00108	0.1837234
5	—	—	−0.0082244	−2.687874***
6	—	—	0.0006418	0.0982034
7	—	—	−0.0051152	−1.901179*
8	—	—	−0.0015876	−0.3348719
9	—	—	0.0132273	2.440912**
10	—	—	−0.0143367	−1.697319*
CAAR	0.0202645	1.378474	−0.0121875	−0.6272031

注：***表示 $p<0.01$；**表示 $p<0.05$；*表示 $p<0.1$。

在事件窗口[−3,3]期间,10 家样本公司在其中 6 天的平均异常收益均为正,整个事件窗加总的异常收益也为正,然而上述异常收益均不显著,这意味着跨国并购职业足球俱乐部这一事件未对股东财富效应产生显著影响。当事件窗延长为[−10,10]之后,整个事件窗加总的异常收益为负,但仍然不显著。特殊情况是,在事件宣布之后第 5 天、第 7 天和第 10 天,平均异常收益显著为负。这可能是由于市场对于并购事件的延迟反应,并透露出投资者的怀疑情绪。与这种消极情绪相反的是,在并购事件宣布之后的第 9 天,平均异常收益显著为正,可见市场对于跨国并购职业足球俱乐部事件存在反复变化的情绪。上述研究结果表明,跨国并购职业足球俱乐部这一事件的宣布对于上市公司的股价并未产生显著影响。这一结论与 Tuch 和 O'Sullivan[①] 关于并购事件对并购方市场价值的影响结果一致。

第三节　中国企业的个体股东财富效应

除了分析并购事件对于样本公司的总体影响,本书还考察了每一家上市公司在并购事件宣告后的累积异常收益情况(见表5.4)。

表5.4　上市公司的累积异常收益 CAR 汇总

上市公司	7天事件窗[-3,3]		21天事件窗[-10,10]	
	CAR	t 值	CAR	t 值
莲花健康	0.0178059	0.2293767	-0.0388552	-0.3519829
复星国际	-0.0540683	-1.428018	-0.1143448	-1.877969*
棕榈股份	-0.0517829	-2.35321**	-0.357325	-3.762924***
人和商业控股	-0.0150364	-0.4858296	-0.0581504	-0.9216228
莱茵体育	0.1161076	1.634438	0.2099106	2.424418**
万达酒店发展	-0.0133928	-0.1326276	-0.0954814	-0.6682096
当代明诚	-0.0650783	-1.211221	0.0831631	0.7793986
德普科技	0.1887288	2.731831***	0.213518	2.206245**
奥瑞金	0.0078353	0.2441543	0.1827789	2.843681***
苏宁易购	0.0234775	0.3516237	0.0172753	0.2371574
当代明诚	0.0683136	0.7656147	-0.1689693	-1.102603

注:***表示 $p<0.01$,**表示 $p<0.05$,*表示 $p<0.1$。

在事件窗口[-3,3]期间,2家样本公司的累积异常收益具有显著性,其中棕榈股份的累积异常收益在5%的统计水平上显著为负,表明并购事件造成了股东财富效应的流失;而德普科技的累积异常收益在1%的统计水平上显著为正,表明并购事件增加了股东财富效应。当事件窗延长为[-10,10]

---

① Tuch C, O'Sullivan N. The impact of acquisitions on firm performance: A review of the evidence[J]. International Journal of Management Reviews,2007(2):141-170.

之后,棕榈股份和德普科技的累积异常收益仍保持显著,棕榈股份在1%的统计水平上显著为负,德普科技则在5%的统计水平上显著为正。此外,奥瑞金、莱茵体育和复星国际等3家样本公司的累积异常收益也具有显著性。奥瑞金的累积异常收益在1%的统计水平上显著为正,莱茵体育的累积异常收益在5%的统计水平上显著为正,表明并购事件增加了上述2家上市公司的股东财富效应。而复星国际的累积异常收益在10%的统计水平上显著为负,表明并购事件造成了股东财富效应的流失。

第四节　股东财富效应的影响因素分析

由上节的分析可见,德普科技在7天和21天的事件窗口期内均获得显著为正的累积异常收益;奥瑞金和莱茵体育则在21天的事件窗口期内获得显著为正的累积异常收益。与之相反的是,棕榈股份在上述两个事件窗口期内均获得显著为负的累积异常收益;复星国际则在21天的事件窗口期内获得显著为负的累积异常收益。其余6家并购方企业在两个事件窗口期内的累积异常收益均不显著。因此,本节需要回答"是什么原因导致上述5家并购方企业的股东财富效应产生差异"的问题。

一个值得关注的现象是,奥瑞金与棕榈股份均于2016年8月5日宣布并购消息,却获得一正一负的累积异常收益,造成上述结果的原因究竟是什么?通过分析行业关联性,可以发现奥瑞金此前已经在体育产业进行一系列的投资布局,制定了适度发展体育产业的战略规划,并自2015年起稳健落实体育产业外延式发展规划。而棕榈股份此前则未涉足体育产业,属于混合并购,企业缺乏体育运营与管理的经验,也无法与原有业务进行整合以促进协同发展。① 奥瑞金与棕榈股份累积异常收益的差异印证了已有研究

---

① Chen Y,Dietl H M, Orlowski J, et al. The effect of investment into European football on the market value of Chinese corporations[J]. International Journal of Sport Finance, 2019(4):249-261.

的结论:当跨国并购发生在相关产业时,并购方能够取得更好的收益。[①]

另一个有趣的现象是,复星国际与莱茵体育均并购了英超联赛俱乐部,却获得了一负一正的累积异常收益。通过分析行业关联性,可以发现莱茵体育自 2015 年 8 月由"莱茵置业"更名为"莱茵体育",剥离了旧有的地产业务并向体育产业转型,在体育产业链的中下游均有布局。而复星国际在跨国并购前的主营业务并未涉及体育产业,属于混合并购。同理,复星国际与莱茵体育的累积异常收益差异也表明并购方企业与体育产业的关联性是影响股东财富效应的主要因素之一。

那么,同为混合并购的德普科技为什么获得显著为正的累积异常收益呢? 已有研究认为交易特征是影响股东财富效应的重要因素之一,并提出相对交易规模与上市公司的异常收益呈负相关。[②] 表 5.1 呈现了并购交易金额与上市公司市值的比率,即相对交易规模,代表了该笔交易对于上市公司的重要程度。结果显示,并购方企业的相对交易规模排序为:奥瑞金＜复星国际＜德普科技＜棕榈股份＜莱茵体育。因此,奥瑞金和德普科技的相对交易规模与其获得的累积异常收益呈负相关,但复星国际、棕榈股份和莱茵体育的相对交易规模与其获得的累积异常收益并没有呈现相关性。因而,相对交易规模并不能解释德普科技显著为正的股东财富效应。由第四章的分析发现,德普科技的跨国并购动机为市场寻求型,即不断开拓海外的LED 照明市场。董事长李永生更是明确指出,索肖俱乐部每年参与的 38 场联赛是企业品牌及产品宣传的平台,能够大幅节省企业在欧洲市场的宣传费用。因此,资本市场投资者认可了索肖俱乐部作为营销平台的作用,这可能是德普科技获得正向股东财富效应的原因。

综上所述,行业关联性与部分企业的股东财富效应存在正相关关系,而相对交易规模与股东财富效应的相关关系则不明确。为了明晰上述变量间的相关关系,理应建立回归方程进行统计分析,但鉴于本书样本数量有限,

① Markides C C, Ittner C D. Shareholder benefits from corporate international diversification: Evidence from U. S. international acquisitions[J]. Journal of International Business Studies, 1994(2):343-366.

② Draper P, Paudyal K. Information asymmetry and bidders' gains[J]. Journal of Business Finance & Accounting, 2008(3-4):376-405.

回归分析缺乏可行性。

第五节　小　结

本章运用事件研究法考察了中国企业的短期绩效——股东财富效应,研究结果显示:从中国企业的整体股东财富效应来看,跨国并购俱乐部事件没有显著影响企业的市场价值。从中国企业的个体股东财富效应来看,德普科技、奥瑞金和莱茵体育三家企业获得了显著为正的累积异常收益,体现了跨国并购的跳板作用,提高了企业的知名度与国际声誉。通过中国企业之间的对比发现,企业与体育产业的关联性是影响股东财富效应的主要因素。

第六章　被并购职业足球俱乐部
的经营绩效研究

第一节　经营绩效评价方法

一、财务指标选取

仅以某一个财务指标来衡量公司经营绩效会有很多缺陷,但是选取过多又会造成不必要的重复甚至舍本求末,指标间相关性太小会对赋予权重的主成分分析法应用产生不便。因此,在借鉴张刚[1]和刘福祥[2]等已有研究对于俱乐部财务指标体系的选择基础上,本书建立了包括偿债能力、盈利能力、营运能力和成长能力四大方面的财务指标,如表6.1所示。

表 6.1　俱乐部财务指标体系

指标类别	指标名称	指标计算公式
偿债能力	流动比率	期末流动资产总额/期末流动负债总额
	资产负债率	负债总额/资产总额
	净值周转率	流动资产/长期负债
	现金比率	(现金+现金等价物)/流动负债
	权益乘数	资产总额/股东权益总额
	有形资产负债率	负债总额/有形固定资产

---

①　张刚.英超联赛俱乐部财务综合分析研究[D].上海:上海体育学院,2017.

②　刘福祥.英超职业足球俱乐部财务报表分析与借鉴——以曼联足球俱乐部为例[J].四川体育科学,2018(6):23-28+98.

指标类别	指标名称	指标计算公式
盈利能力	资产营业利润率	营业利润/资产平均总额
	股东权益报酬率	净利润/股东权益平均总额
	营业净利润率	净利润/营业收入净额
	税前利润率	利润总额/营业收入
	营业毛利率	(营业收入净额－营业成本)/营业收入净额
营运能力	总资产周转率	营业收入/资产平均总额
	流动资产周转率	营业收入/流动资产平均总额
	净营业资本周转率	(经营性流动资产－经营性流动负债)/平均流动负债总额
	净资产收益率	净利润/平均股东权益
	总资产收益率	净利润/平均资产总额
	固定资产周转率	营业收入/固定资产平均净值
成长能力	资产增长率	本年度总资产增长额/年初资产总额
	固定资产增长率	本年度固定资产增加额/年初固定资产
	利润增长率	本年度利润增长额/上年利润总额
	净利润增长率	本年度利润增长额/年初利润值
	营业收入增长率	本年度营业收入增长额/上年营业收入总额
	股权资本增长率	本年度股东权益增长额/年初股东权益总额

(一)偿债能力

偿债能力由流动比率、资产负债率、权益乘数、现金比率、有形资产负债率和净值周转率组成。各指标的含义如下。

流动比率:是俱乐部流动资产与流动负债的比值,分别由资产负债表中的期末流动资产总额和期末流动负债总额来表示。一般来说,流动比率在2左右为最优状态。

资产负债率:是俱乐部负债总额与资产总额的比率,分别由资产负债表中的期末负债总额和期末资产总额来表示。俱乐部的发展经验表明,资产负债率在0.5左右最为合适。

权益乘数:是资产总额与股东权益总额的比率,股东权益总额与负债总额组成了资产总额。一般来说,权益乘数在2左右最为合适。

现金比率:是俱乐部的现金类资产与流动负债的比率,反映了俱乐部的直接偿付能力。

有形资产负债率:是负债总额与有形固定资产的比率。俱乐部的有形资产包括场馆、球员、房产、商誉等。相较于权益乘数，该指标扣除了无形资产的不确定性和沉没性对俱乐部偿债能力的影响，该指标数值越低说明俱乐部的偿债能力越强。

净值周转率：是流动资产与长期负债的比率。该指标越强，说明俱乐部的偿债能力越强。

（二）盈利能力

盈利能力是俱乐部生存和发展的物质基础，由资产营业利润率、股东权益报酬率、营业净利润率、税前利润率和营业毛利率组成。各指标的含义如下。

资产营业利润率：是俱乐部营业利润与资产平均总额的比率，前者为俱乐部当期营业收入总额减去营业成本，后者为俱乐部当期资产总额与上期资产总额的平均值。该指标数值越高，说明俱乐部的盈利能力越强。

股东权益报酬率：是俱乐部当期净利润与股东权益平均总额的比率。该指标数值越高，说明俱乐部的盈利能力越强。

营业净利润率：是俱乐部净利润与营业收入净额的比率。后者一般是经营收入减去销售折扣、销售折让后的数额，而英超俱乐部的转播收入、赞助收入和门票收入基本不存在销售折扣和销售折让的情况，因此本书将俱乐部的营业收入净额约等于营业收入总额。该指标数值越高，说明俱乐部的盈利能力越强。

税前利润率：是利润总额与营业收入的比率。该指标数值越高，说明俱乐部的盈利能力越强。

营业毛利率：是营业毛利额与营业收入净额的比率，反映了俱乐部每一元营业收入中含有多少毛利额。该指标数值越高，说明俱乐部的盈利能力越强。

（三）营运能力

营运能力由总资产周转率、流动资产周转率、净营业资本周转率、总资产收益率和固定资产周转率组成。各指标含义如下。

总资产周转率：是俱乐部营业收入与资产平均总额的比率。该指标数值越高，说明俱乐部的营运能力越强。

　　流动资产周转率:是俱乐部营业收入与流动资产平均总额的比率。该指标数值越高,说明俱乐部的营运能力越强。

　　净营业资本周转率:是俱乐部经营性流动资产减去经营性流动负债的余额与平均流动负债总额的比率。该指标数值越高,说明俱乐部的营运能力越强。

　　净资产收益率:是净利润与平均股东权益的比率。该指标数值越高,说明俱乐部的营运能力越强。

　　总资产收益率:是俱乐部净利润与平均资产总额的比率。该指标数值越高,说明俱乐部的营运能力越强。

　　固定资产周转率:是俱乐部营业收入与固定资产平均净值的比率。该指标数值越高,说明俱乐部的营运能力越强。

　　(四)成长能力

　　成长能力由资产增长率、固定资产增长率、利润增长率、净利润增长率、营业收入增长率和股权资本增长率组成。各指标含义如下。

　　资产增长率:是俱乐部本年度总资产增长额与年初资产总额的比率,从资产角度反映俱乐部增长情况。

　　固定资产增长率:是俱乐部本年度固定资产增加额与年初固定资产总额的比率,从资产角度反映俱乐部增长情况。

　　利润增长率:是俱乐部本年度利润增长额与上年利润总额的比率,从收益角度反映俱乐部增长情况。

　　净利润增长率:是俱乐部本年度净利润增长额与年初净利润值的比率,从收益角度反映俱乐部增长情况。

　　营业收入增长率:是俱乐部本年度营业收入增长额与上年营业收入总额的比率,从营收角度反映俱乐部增长情况。

　　股权资本增长率:是俱乐部本年度股东权益增长额与年初股东权益总额的比率,从所有者权益角度反映俱乐部增长情况。

二、指标体系二次筛选

　　根据财务数据的可获得性和会计准则的一致性,本书选取英超和英冠联赛的曼城、阿斯顿维拉、狼队、西布朗维奇、雷丁和南安普敦六家俱乐部为研究样本,数据跨度为跨国并购前两个赛季到跨国并购后两个赛季共五个赛季(见表 6.2)。

表 6.2　六家被并购职业足球俱乐部的财务报表时间跨度

俱乐部	并购前两个赛季	并购前一个赛季	并购当年赛季	并购后第一个赛季	并购后第二个赛季
曼城	2013—2014	2014—2015	2015—2016	2016—2017	2017—2018
阿斯顿维拉	2014—2015	2015—2016	2016—2017	2017—2018	2018—2019
狼队	2014—2015	2015—2016	2016—2017	2017—2018	2018—2019
西布朗维奇	2014—2015	2015—2016	2016—2017	2017—2018	2018—2019
雷丁	2015—2016	2016—2017	2017—2018	2018—2019	
南安普敦	2015—2016	2016—2017	2017—2018	2018—2019	

注:由于2020年全球新冠疫情的影响,英超联赛在3月10日至6月20日停赛,雷丁足球俱乐部与南安普敦足球俱乐部的2019—2020赛季财务状况也深受影响,因此本书将研究的时间节点设置为2018—2019赛季。

(一)无量纲化处理

财务指标中有些指标是越大越好,通常称之为正指标;而有些指标是越小越好,通常称之为逆指标;有些指标是接近于某一个值最好,通常称之为适度指标。[①] 例如,偿债能力包含的六个指标中有三个适度指标(流动比率、资产负债率和权益乘数)、两个正指标(净值周转率和现金比率)以及一个逆指标(有形资产负债率)。因此,首先,本书对财务指标进行趋同化处理。

适度指标的趋同化公式为:

$$Y_{ij} = \frac{1}{1 + |X_{ij} - K|} \qquad ①$$

逆指标的趋同化公式为:

$$Y_{ij} = \frac{1}{X_{ij}} \qquad ②$$

其中,Y_{ij} 为指标趋同化后的数值,X_{ij} 则表示指标趋同化前的数值。K 是指标的适度值,一般采用该行业的经验值。由于缺少职业足球俱乐部的相关数据,本书选择欧洲国家的经验值作为适度值。

其次,本书采用正态分布标准法来消除量纲影响,利用 SPSS 25.0 对数据做标准化处理。

---

① 周艳辉,李军训.企业并购对财务协同效应影响的实证分析[J].北方经贸,2015(8):128-129.

（二）相关性分析

通过 SPSS 25.0 对盈利能力的五个指标进行相关性分析，用来筛选高度相关且财务意义相近的指标，分析结果如表 6.3 所示。营业净利润率与营业毛利率的相关系数为－0.998，两者皆表达俱乐部的盈利能力，按照重要性原则可删除其中一个指标，因此本书删除营业毛利率指标。

表 6.3　盈利能力指标的相关性

指标名称	资产营业利润率	股东权益报酬率	营业净利润率	税前利润率	营业毛利率
资产营业利润率	1.000				
股东权益报酬率	－0.161	1.000			
营业净利润率	－0.136	－0.071	1.000		
税前利润率	－0.126	－0.136	－0.009	1.000	
营业毛利率	0.119	0.090	－0.998***	0.016	1.000

注：***表示 $p < 0.01$。

按照上述方法对偿债能力、营运能力和成长能力三方面的指标进行相关性分析，最终筛选出四个方面共 22 个财务指标，构建出职业足球俱乐部财务综合评价指标体系。

三、财务综合评价模型

利用 SPSS 25.0 对筛选出的 22 个财务指标做 Kaiser-Meyer-Olkin 检验（简称 KMO 检验）和巴特利特球形检验。通过对数据进行皮尔逊相关系数检验，发现此矩阵不是正定矩阵，不适合做主成分分析，因此考虑剔除相关性较差的变量之后再重做 KMO 检验和巴特利特球形检验。经过多次试验后，剔除权益乘数、现金比率、资产营业利润率、营业净利润率、总资产周转率、流动资产周转率、净营业资本周转率、净资产收益率、固定资产周转率、利润增长率、净利润增长率、营业收入增长率和股权资本增长率 13 个变量后的 KMO 值较合适，如表 6.4 所示。

表 6.4　KMO 和巴特利特球形检验

KMO 取样适切性量数		0.508
巴特利特球形检验	近似卡方	68.483
	自由度	36
	显著性	0.001

对表 6.4 结果分析可得,样本数据的 KMO 值为 0.508,大于 0.5,说明采用的样本数据有一定的相关性;巴特利特球形检验的近似卡方值为68.483,自由度为 36,显著性 p 值为 0.001,小于 0.05,故拒绝原假设"样本数据为单位矩阵",各指标之间的相关性较高,可以做因子分析。此时保留的指标包括:流动比率、资产负债率、净值周转率、有形资产负债率、股东权益报酬率、税前利润率、总资产收益率、资产增长率和固定资产增长率九个指标。

本书使用主成分分析法来抽取公共因子,由此来计算公共因子的特征值、方差贡献率和累计方差贡献率。基于特征值大于 1,本书抽取了四个因子,累计贡献率达到 74.45%,可以认为这四个因子能比较全面地反映所有信息(见表 6.5)。

表 6.5　解释的总方差

因子	初始特征值			提取载荷平方和			旋转载荷平方和		
	总计	方差贡献率/%	累计方差贡献率/%	总计	方差贡献率/%	累计方差贡献率/%	总计	方差贡献率/%	累计方差贡献率/%
1	2.572	28.578	28.578	2.572	28.578	28.578	2.118	23.533	23.533
2	1.572	17.464	46.042	1.572	17.464	46.042	1.824	20.269	43.801
3	1.450	16.107	62.149	1.450	16.107	62.149	1.520	16.891	60.692
4	1.107	12.301	74.450	1.107	12.301	74.450	1.238	13.758	74.450
5	0.845	9.386	83.836						
6	0.619	6.879	90.715						
7	0.535	5.942	96.656						
8	0.215	2.389	99.046						
9	0.086	0.954	100.000						

提取方法:主成分分析法。由表 6.5 可见,抽取的四个因子中,因子 1 的特征值为 2.572,贡献率为 28.578%;因子 2 的特征值为 1.572,贡献率为 17.464%;因子 3 的特征值为 1.450,贡献率为 16.107%;因子 4 的特征值为 1.107,贡献率为 12.301%。

根据碎石图(见图 6.1)点间连线坡度的陡缓程度,可以比较清楚地看出因子的重要程度。比较陡的直线说明直线断点对应的因子的特征值差值较大,比较缓的直线则对应较小的特征值差值。因子 1、2、3 和 4 之间的连线的坡度相对较陡,说明前面四个因子是主要因子,这和表 6.5 的结论是吻合的。

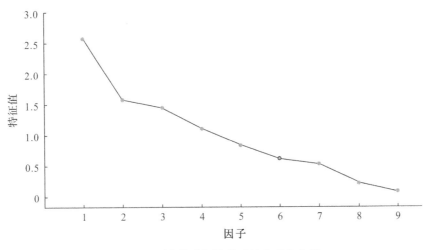

图 6.1 财务综合评价模型的主成分分析

采用最大方差法指标数据进行正交旋转,使旋转后的因子负荷矩阵向两端集中,从而更好地对因子进行解释(见表 6.6)。

表 6.6 旋转因子矩阵

指标名称	因子			
	1	2	3	4
流动比率	−0.189	−0.209	0.254	−0.707
资产负债率	−0.082	−0.103	0.769	−0.209
净值周转率	−0.014	−0.221	0.172	0.782
有形资产负债率	−0.468	−0.240	0.534	0.210
股东权益报酬率	0.959	0.036	−0.005	0.138
税前利润率	−0.179	−0.190	−0.732	−0.106
总资产收益率	0.939	0.104	0.042	0.066
资产增长率	0.150	0.918	−0.081	0.019
固定资产增长率	0.024	0.879	0.073	−0.056

由表 6.6 可知:

因子 1 在股东权益报酬率、总资产收益率上有很高载荷,因此取名为"利润因子"。

因子 2 在资产增长率、固定资产增长率上有很高载荷,因此取名为"增长因子"。

因子 3 在税前利润率、资产负债率上有很高载荷,因此取名为"资产因子"。

因子 4 在净值周转率、流动比率上有很高载荷,因此取名为"偿债因子"。

将利润因子命名为 F_1,增长因子命名为 F_2,资产因子命名为 F_3,偿债因子命名为 F_4;流动比率、资产负债率、净值周转率、有形资产负债率、股东权益报酬率、税前利润率、总资产收益率、资产增长率和固定资产增长率分别为 X_1、X_2、X_3、X_4、X_5、X_6、X_7、X_8、X_9。根据表 6.7,可以得到因子得分函数。

表 6.7　因子得分系数矩阵

指标名称	因子			
	1	2	3	4
流动比率	0.024	−0.125	0.149	−0.579
资产负债率	0.038	−0.026	0.506	−0.170
净值周转率	−0.056	−0.077	0.105	0.642
有形资产负债率	−0.206	−0.041	0.321	0.216
股东权益报酬率	0.481	−0.104	0.051	0.008
税前利润率	−0.096	−0.127	−0.510	−0.079
总资产收益率	0.472	−0.063	0.085	−0.045
资产增长率	−0.055	0.519	−0.004	0.049
固定资产增长率	−0.098	0.516	0.090	−0.001

$$F_1 = 0.024X_1 + 0.038X_2 - 0.056X_3 - 0.206X_4 + 0.481X_5 - 0.096X_6 + 0.472X_7 - 0.055X_8 - 0.098X_9$$

$$F_2 = -0.125X_1 - 0.026X_2 - 0.077X_3 - 0.041X_4 - 0.104X_5 - 0.127X_6 - 0.063X_7 + 0.519X_8 + 0.516X_9$$

$$F_3 = 0.149X_1 + 0.506X_2 + 0.105X_3 + 0.321X_4 + 0.051X_5 - 0.51X_6 + 0.085X_7 - 0.004X_8 + 0.09X_9$$

$$F_4 = -0.579X_1 - 0.17X_2 + 0.642X_3 + 0.216X_4 + 0.008X_5 - 0.079X_6 - 0.045X_7 + 0.049X_8 - 0.001X_9$$

根据表 6.5,在 Excel 2016 中输入表达式"成分权重＝成分的旋转平方和载入贡献率/三个因子的累计贡献率 74.45％",计算结束后得到各个因子的权重,得出利润因子的权重为 31.61％,增长因子的权重为 27.22％,资产

因子的权重为 22.69%,偿债因子的权重为 18.48%。

因此,俱乐部财务综合得分的公式为:

$$F_t = \sum_{K=1}^{4} F_K \times W_K$$

其中,F_t 表示俱乐部的财务综合得分,F_K 表示俱乐部因子得分,W_K 表示因子权重。

第二节　被并购职业足球俱乐部的整体经营绩效

本节通过六家被并购职业足球俱乐部在利润因子、增长因子、资产因子、偿债因子和财务综合得分的平均值、标准差和中位数来考察其整体经营绩效。

一、利润因子

由表 6.8 可见,从平均值来看,被并购俱乐部整体利润因子得分在跨国并购前均为负数,盈利能力不足是这些俱乐部出售股权以谋求快速发展的原因之一;在跨国并购当年赛季,利润因子得分大幅上升,这主要是由于中方投资人的直接投入增加,包括以赞助商身份进行注资;随后两个赛季的利润因子得分呈下降趋势,说明被并购俱乐部的盈利能力逐渐减弱。中位数的变化也印证了上述趋势。从标准差来看,数值在跨国并购后先增大后变小,说明样本俱乐部之间的盈利能力在跨国并购当年赛季差异较大;而并购后第二个赛季数值的下降极有可能是由可观察的样本俱乐部数量减少引起的。

表 6.8　被并购俱乐部的整体利润因子得分趋势

统计量	并购前两个赛季	并购前一个赛季	并购当年赛季	并购后第一个赛季	并购后第二个赛季
平均值	−0.506	−0.189	0.819	0.335	−0.775
标准差	0.521	0.537	1.422	0.781	0.621
中位数	−0.523	−0.136	0.595	0.510	−0.899

二、增长因子

由表 6.9 可见,从平均值来看,样本俱乐部整体增长因子得分在跨国并购前呈上升趋势,反映了中国企业在进行目标俱乐部选择时考量了俱乐部的成长能力,并收购了那些具有较强的成长能力的优质标的;在跨国并购后,增长因子的数值出现波动,反映了样本俱乐部的成长能力处于变化之中。跨国并购后赛季的中位数数值变化也印证了上述趋势。从标准差来看,数值在跨国并购后呈下降趋势,总体低于跨国并购前一个赛季的数值,说明被并购俱乐部之间的成长能力差异在跨国并购后缩小。

表 6.9 被并购俱乐部的整体增长因子得分趋势

统计量	并购前两个赛季	并购前一个赛季	并购当年赛季	并购后第一个赛季	并购后第二个赛季
平均值	−0.160	0.554	−0.196	−0.167	−0.281
标准差	0.402	1.812	0.677	0.524	0.345
中位数	−0.242	−0.176	−0.394	−0.420	−0.129

三、资产因子

由表 6.10 可见,从平均值来看,样本俱乐部整体资产因子得分在跨国并购后呈现下降趋势,反映了俱乐部资产增值能力的减弱。中位数数值变化也印证了上述趋势。从标准差来看,数值在跨国并购后呈上升趋势,说明俱乐部之间的资产因子得分差距不断扩大。

表 6.10 被并购俱乐部的整体资产因子得分趋势

统计量	并购前两个赛季	并购前一个赛季	并购当年赛季	并购后第一个赛季	并购后第二个赛季
平均值	0.320	0.058	0.050	−0.086	−0.929
标准差	0.767	0.598	0.703	0.741	1.699
中位数	0.195	0.202	0.035	0.012	−0.627

四、偿债因子

由表 6.11 可见,从平均值来看,样本俱乐部整体偿债因子得分在跨国并购后呈现下降趋势,反映了俱乐部负债总额的上升和偿债能力的下滑。跨国并购后赛季的中位数数值变化也印证了上述趋势。从标准差来看,数值在跨国并购后呈下降趋势,说明俱乐部之间的偿债因子得分差距不断缩小。

表 6.11 被并购俱乐部的整体偿债因子得分趋势

统计量	并购前两个赛季	并购前一个赛季	并购当年赛季	并购后第一个赛季	并购后第二个赛季
平均值	0.488	0.332	−0.275	−0.240	−0.439
标准差	1.537	0.936	0.657	0.523	0.419
中位数	0.62	−0.045	−0.202	−0.151	−0.367

五、财务综合得分

由表 6.12 可见,从平均值来看,样本俱乐部整体财务综合得分在跨国并购当年赛季保持平稳,而后呈现下降趋势,反映了俱乐部经营绩效的下滑。中位数数值变化也印证了上述趋势。从标准差来看,数值在跨国并购后呈现先下降后上升的趋势,说明俱乐部之间的经营绩效差异先缩小后扩大,呈现强者更强、弱者更弱的趋势。

表 6.12 被并购俱乐部的整体财务综合得分趋势

统计量	并购前两个赛季	并购前一个赛季	并购当年赛季	并购后第一个赛季	并购后第二个赛季
平均值	−0.041	0.166	0.166	−0.014	−0.594
标准差	0.302	0.578	0.454	0.321	0.563
中位数	−0.037	−0.084	0.148	−0.015	−0.462

从被并购俱乐部的整体财务趋势来看(见表 6.13),综合得分在跨国并购后呈现下降的趋势,表明俱乐部之间的综合得分差距呈现先缩小后扩大的趋势。

表 6.13 被并购俱乐部整体财务趋势

趋势	利润因子	增长因子	资产因子	偿债因子	综合得分
平均分变动趋势	先升后降	下降	下降	下降	下降
标准差变动趋势	先扩大后缩小	缩小	扩大	缩小	先缩小后扩大

第三节　被并购职业足球俱乐部的个体经营绩效

在分析了被并购俱乐部的整体表现之后,本节主要关注每家被并购俱乐部在利润因子、增长因子、资产因子、偿债因子和财务综合得分五个方面的表现。

一、利润因子

利润因子是俱乐部财务综合表现中最重要的影响因子,权重占比为31.61%。由表 6.14 可见,曼城俱乐部的利润因子得分较为稳健;阿斯顿维拉、狼队、西布朗维奇和南安普敦俱乐部的利润因子得分在跨国并购后呈现先上升后下降的波动状态;雷丁俱乐部的利润因子得分在跨国并购后呈现上升趋势。通过比较俱乐部之间的差异,可以发现曼城俱乐部的利润因子得分始终低于狼队俱乐部,反映了曼城的投资回报率和企业经营管理水平不如狼队俱乐部,这与 2019 年英国体育广播"talkSPORT"在英超俱乐部管理层表现排名中将狼队所有者复星集团评为第一名,而曼城所有者阿布扎比财团列为第三名的评估相一致。

表 6.14　被并购俱乐部个体利润因子得分趋势

俱乐部	并购前两个赛季	并购前一个赛季	并购当年赛季	并购后第一个赛季	并购后第二个赛季
曼城	−0.750	−0.919	−0.761	−0.791	−0.747
阿斯顿维拉	−1.255	0.151	0.206	0.571	−1.050
狼队	0.112	0.262	3.482	1.567	0.196
西布朗维奇	−0.810	−0.610	0.797	−0.489	−1.502
雷丁	−0.039	−0.423	0.448	0.450	
南安普敦	−0.296	0.408	0.742	0.701	

二、增长因子

增长因子是俱乐部财务综合表现中的第二大影响因子,权重占比为27.22%。由表 6.15 可见,曼城、狼队俱乐部在跨国并购当年赛季的增长因子得分下降,但随后又稳步上升;西布朗维奇俱乐部在跨国并购当年赛季的增长因子得分下降,之后呈波动状态;阿斯顿维拉、雷丁和南安普敦俱乐部的增长因子得分在跨国并购后呈现下降趋势,反映了这三家俱乐部的成长能力减弱。

表 6.15 被并购俱乐部个体增长因子得分趋势

俱乐部	并购前两个赛季	并购前一个赛季	并购当年赛季	并购后第一个赛季	并购后第二个赛季
曼城	−0.586	−0.374	−0.545	−0.486	−0.158
阿斯顿维拉	−0.439	4.236	1.084	0.907	−0.870
狼队	0.510	−0.301	−0.852	−0.631	0.005
西布朗维奇	0.036	0.116	−0.075	−0.045	−0.101
雷丁	−0.394	−0.220	−0.455	−0.460	
南安普敦	−0.089	−0.131	−0.333	−0.381	

三、资产因子

资产因子是俱乐部财务综合表现中的第三大影响因子,权重占比为22.69%。由表6.16可见,曼城俱乐部的资产因子得分在跨国并购后较为稳健;阿斯顿维拉和西布朗维奇俱乐部的资产因子得分在跨国并购后呈现下降趋势;狼队、雷丁和南安普敦俱乐部的资产因子得分在跨国并购当年赛季呈现上升趋势,但南安普敦、狼队俱乐部在随后赛季的资产因子得分逐渐下降。

表 6.16 被并购俱乐部个体资产因子得分趋势

俱乐部	并购前两个赛季	并购前一个赛季	并购当年赛季	并购后第一个赛季	并购后第二个赛季
曼城	1.143	0.895	1.063	1.067	1.063
阿斯顿维拉	1.257	0.263	−0.268	−0.246	−3.527
狼队	−0.228	0.187	0.508	0.270	−0.053
西布朗维奇	−0.639	−0.357	−0.617	−1.144	−1.202
雷丁	0.452	0.216	0.338	0.340	
南安普敦	−0.063	−0.854	−0.727	−0.801	

四、偿债因子

偿债因子是俱乐部财务综合表现中的第四大影响因子,权重占比为18.48%。由表6.17可见,雷丁俱乐部的偿债因子得分在跨国并购后较为稳健;曼城和狼队俱乐部的偿债因子得分呈现波动态势;阿斯顿维拉、西布朗维奇和南安普敦俱乐部的偿债因子得分则呈现下降趋势,反映这三家俱乐部的偿债能力不断变弱。

表 6.17　被并购俱乐部个体偿债因子得分趋势

俱乐部	并购前两个赛季	并购前一个赛季	并购当年赛季	并购后第一个赛季	并购后第二个赛季
曼城	−1.649	−0.408	−1.482	−1.252	−1.072
阿斯顿维拉	2.923	−0.173	−0.211	−0.247	−0.529
狼队	0.424	2.068	−0.192	−0.056	−0.205
西布朗维奇	0.816	0.083	0.157	0.087	0.050
雷丁	0.931	0.697	0.430	0.431	
南安普敦	−0.518	−0.275	−0.35	−0.402	

五、财务综合得分

被并购俱乐部的财务综合得分体现了俱乐部的总体经营绩效水平,由利润因子、增长因子、资产因子和偿债因子组成。由表 6.18 可见,在跨国并购当年赛季,狼队、西布朗维奇、雷丁和南安普敦四家俱乐部的综合得分呈上升趋势,而曼城和阿斯顿维拉俱乐部的综合得分则下降。图 6.2 更为直观地呈现了各俱乐部财务综合得分的变动趋势。阿斯顿维拉俱乐部的财务综合得分呈现剧烈波动态势,在跨国并购后的第二赛季大幅下滑;曼城俱乐部的财务综合得分较为稳健;狼队和西布朗维奇俱乐部的财务综合得分则呈现先上升后下降的态势。

表 6.18　被并购俱乐部的财务综合得分趋势

俱乐部	并购前两个赛季	并购前一个赛季	并购当年赛季	并购后第一个赛季	并购后第二个赛季
曼城	−0.442	−0.265	−0.422	−0.371	−0.236
阿斯顿维拉	0.309	1.229	0.261	0.326	−1.466
狼队	0.201	0.426	0.948	0.375	0.013
西布朗维奇	−0.240	−0.227	0.121	−0.386	−0.688
雷丁	0.155	−0.016	0.174	0.190	
南安普敦	−0.228	−0.152	−0.086	−0.220	

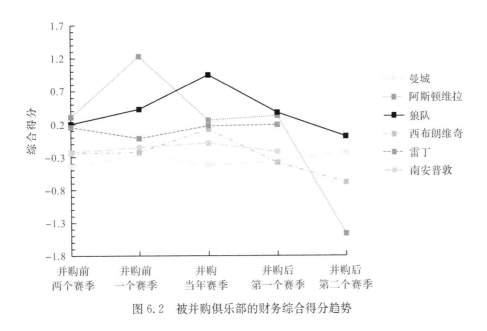

图 6.2　被并购俱乐部的财务综合得分趋势

综上,可以得出六家样本俱乐部的利润因子、增长因子、资产因子、偿债因子与综合得分的变动趋势(见表 6.19)。

表 6.19　被并购俱乐部个体财务趋势

俱乐部	利润因子	增长因子	资产因子	偿债因子	综合得分
曼城	稳健	先降后升	稳健	波动	稳健
阿斯顿维拉	先升后降	下降	下降	下降	下降
狼队	先升后降	先降后升	先升后降	波动	波动
西布朗维奇	先升后降	先降后升	下降	稳健	波动
雷丁	上升	下降	上升	下降	稳健
南安普敦	上升	下降	先升后降	下降	稳健

第四节　实证分析

根据六家被并购俱乐部的经营绩效变化趋势,本节结合竞技成绩与营业收入、营业成本等相关信息来深入分析经营绩效变化的原因。

一、财务综合得分稳健的俱乐部分析

(一)曼城足球俱乐部

曼城足球俱乐部在跨国并购当年赛季(2015—2016 赛季)的营业收入为 3.92 亿英镑,相比上一赛季增长了 11.4%,利润则达到 2048.3 万英镑,增长幅度达 94.3%。其中,营业收入的增长主要来自欧冠联赛,曼城闯入半决赛带来 6124.2 万英镑的电视转播权收入,相比上一财年提高了 86.4%。此外,比赛日收入为 5252.3 万英镑,相比上一财年提高了 21.2%,这主要是由于球场扩建工程完成,可容纳人数从 47405 人扩充至 55000 人,主场的场均上座人数从 45345 人增长为 54041 人。与此同时,俱乐部总负债水平较高,达到 2.16 亿英镑,相比上一赛季增加 1707.8 万英镑。负债包括与城市足球集团子公司、阿布扎比联合开发投资集团下属公司的关联交易以及球员无形资产的摊销等。

在跨国并购后的第一赛季(2016—2017 赛季),曼城足球俱乐部的营业收入依然保持了 20.8% 的增长,达到 4.73 亿英镑。其中,曼城在欧冠联赛虽止步 16 强,但依然获得 4792.8 万英镑的电视转播收入;在英超新的转播周期(2016—2018 赛季)内,国内转播权收入为 51.36 亿英镑,海外转播权的收入为 32.19 亿英镑,使得各俱乐部的平均收入达到 1 亿英镑,而曼城由于联赛排名靠前以及在电视转播中出现的次数较多而获得 1.56 亿英镑的电视转播收入。在营业成本方面,球员和管理人员在内的薪资相比上一赛季出现 6654.9 万英镑的上浮,球员无形资产的摊销也增长了 2779 万英镑,使得俱乐部的负债水平进一步上升。

在跨国并购后的第二赛季(2017—2018 赛季),曼城足球俱乐部以 100 积分的成绩获得联赛冠军,还打破了单赛季进球纪录(106 球)、单赛季胜利提升至 32 场。曼城的营业收入突破了 5 亿英镑,利润为 1043.8 万英镑,实现连续四年的盈利;总负债为 2.79 亿英镑,相比上一赛季减少 1528 万英镑。2019 年 5 月 29 日,曼城在福布斯公布的"全球最具价值的足球俱乐部"(Soccer's Most Valuable Teams)排行榜中排名第五位,位列皇家马德里、巴塞罗那、曼联、拜仁慕尼黑之后,俱乐部总价值为 26.9 亿美元。

综上所述,曼城足球俱乐部在跨国并购后竞技成绩一直位于英超联赛前列,俱乐部的营业收入与利润也保持稳定的增长,因此俱乐部在跨国并购后的综合财务得分均呈现稳健的趋势,但由于俱乐部的负债水平一直保持较高水平,使得偿债因子得分较低。

(二)雷丁足球俱乐部

雷丁足球俱乐部在跨国并购当年赛季(2017—2018 赛季)位列英冠联赛第 20 名,相比上一赛季下降了 17 名。俱乐部的营业收入为 1790 万英镑,相比上一赛季减少 1880 万英镑。其中,电视转播权的收入大大减少,相比上一赛季降低了 1340 万英镑。比赛日收入也出现大幅下跌,相比上一赛季减少 550 万英镑。处置球员无形资产的收益为 140 万英镑,主要包括亚历克斯·麦卡锡(Alex MaCarthy)、安德里亚·诺瓦科维奇(Adrija Novako-vitch)、塔里克·弗苏(Tarique Fosu)、杰克·库珀(Jake Cooper)和奥利弗·诺尔伍德(Oliver Norwood)等球员。在运营成本方面,俱乐部的工资支出相比上一赛季增加了 660 万英镑,达到 3530 万英镑,工资几乎是营收的 2 倍。球员的无形资产摊销也出现大幅上涨,增长率为 124%,达到 830 万英镑。

在跨国并购后的第一赛季(2018—2019 赛季),雷丁足球俱乐部在英冠联赛的排名仍为第 20 名。相比上一赛季,俱乐部的营业收入上升 315 万英镑,达到 2105 万英镑。其中,电视转播权收入相比上一赛季上涨 47 万英镑,比赛日收入上涨 53 万英镑,球员交易收入新增 300 万英镑,而商业收入和奖助金(grants received)相对下降。在运营成本方面,俱乐部的工资支出相比上一赛季增加了 541 万英镑,经营租赁费用与球员的无形资产摊销也相对增加。

综上所述,雷丁足球俱乐部由于联赛排名下降导致俱乐部营业收入大幅下降,而球员工资和无形资产摊销的上升则加剧了俱乐部的营业成本负担,因此俱乐部的增长因子和偿债因子得分下跌。但依赖投资人的资金支持,俱乐部的利润因子和资产因子得分略有上升,使得俱乐部的财务综合得分基本保持稳定。

(三)南安普敦足球俱乐部

南安普敦足球俱乐部在跨国并购当年赛季(2017—2018 赛季)排名英超第 17 名,相比于上一赛季的第 8 名下跌了 9 个名次;且上一赛季俱乐部征战于欧联杯并在联赛杯(EFLCup)中进入决赛,而该赛季俱乐部只在足总杯(FACup)中进入四强。竞技成绩的下滑带来电视转播权收入和比赛日收入的大幅减少,该赛季俱乐部的营业收入为 1.48 亿英镑,相比上一赛季减少 2991 万英镑。在运营成本上,球员无形资产的摊销则从上一赛季的 2900 万英镑增加至 3670 万英镑;球员工资占营业收入比从上一赛季的 61% 增长为 74%。此外,俱乐部在处置球员无形资产上的利润相比上一赛季增加了近 2600 万英镑,其中仅维吉尔·范戴克转会至利物浦的交易就为俱乐部带来 7500 万英镑的收入。

在跨国并购后的第一赛季(2018—2019 赛季),南安普敦排名英超第 16 名,仅高于降级区 5 个积分。俱乐部的营业收入为 1.45 亿英镑,相比上一赛季减少 300 万英镑,主要是电视转播权收入的下跌。在运营成本上,球员无形资产的摊销高达 5098 万英镑,球员工资依然居高不下。

综上所述,南安普敦足球俱乐部因营业收入减少和成本提高导致增长因子和偿债因子得分下降,但球员转会的可观收入一定程度上维持了俱乐部的财务均衡,因此俱乐部的综合财务得分相较于跨国并购前保持稳定。

二、财务综合得分波动的俱乐部分析

(一)狼队足球俱乐部

狼队足球俱乐部在跨国并购当年赛季(2016—2017 赛季)的营业收入为 2374 万英镑,其中门票收入、赞助广告收入和商业收入等相比上一赛季增加了 260 万英镑。其中,场均上座人数出现 1415 人的小幅增长,达到 21572 人,使得门票收入总体上涨 120 万英镑。在营业成本方面,球员无形资产的摊销费用为 760 万英镑,使得球员交易的净亏损为 540 万英镑。

在跨国并购后的第一赛季(2017—2018 赛季),狼队足球俱乐部的营业收入为 2640 万英镑,相比上一赛季增加了 266 万英镑。该赛季,狼队拥有出色战绩,以 99 个积分位居英冠首位成功晋级英超联赛,使得上座率出现大幅提升,季票持有者上升为 21233 人,场均上座人数也增长为 28298 人。因此,门票收入相比上一赛季出现 130 万英镑的增幅。此外,衍生品销售额增长了 60 万英镑,接待收入增长了 40 万英镑。球员的转会收入为 810 万英镑,但球员摊销则高达 1610 万英镑,相比上赛季增长了 118%,主要为夯实一线队阵容的转会支出,包括鲁本·内维斯(Rúben Neves,1610 万英镑)、罗德里克·米兰达(Roderick Miranda,270 万英镑)、拉法·米尔(Rafa Mir,180 万英镑)、巴里·道格拉斯(Barry Douglas,100 万英镑)、本·斯蒂文森(Ben Stevenson,50 万英镑),使得球员交易的净亏损为 800 万英镑。球员工资也从上赛季的 2823 万英镑增长为 5071 万英镑,增长率为 80%。仅工资这一单项支出就几乎是俱乐部营业收入的 2 倍,意味着俱乐部面临着较大的财政风险。

在跨国并购后的第二赛季(2018—2019 赛季),狼队足球俱乐部的营业收入为 1.72 亿英镑,是上一赛季的 6.53 倍,俱乐部由亏损转为盈利,利润为 1224 万英镑。该赛季,狼队作为升班马排名联赛第 7 名,获得欧联杯附加赛资格,这是俱乐部自 1979—1980 赛季以来取得的最高联赛排名,也是 2000—2001 赛季以来升班马俱乐部取得的最好成绩。优异的竞技成绩带来营业收入的大幅提升,其中赞助收入是上一赛季的 5.87 倍,联盟分成为 16.6 倍,电视转播收入更是高达 17.4 倍,门票收入相比上一赛季增幅为 47%,商业收入的增幅为 69%。在营业成本方面,球员无形资产摊销是上一赛季的 2.34 倍,球员工资为上一赛季的 1.82 倍,俱乐部总运营支出是上一赛季的 1.8 倍。

综上所述,狼队足球俱乐部在跨国并购后实现升级并获得英超联赛第 7 名的优秀战绩,俱乐部的各项收入呈现快速增长,但是与此同时俱乐部的支出也成倍增长,使得财务综合得分呈现波动趋势。

(二)西布朗维奇足球俱乐部

西布朗维奇足球俱乐部在跨国并购当年赛季(2016—2017 赛季)位列联赛积分榜第 10 名,带来营业收入 1.38 亿英镑,税前利润达到 3980 万英镑,相比上一赛季增加了 3860 万英镑。这主要来自电视转播权收入的增长,在新的英超转播合同中,每家俱乐部的分红得到大幅提升;相比上一赛季的第 14 名,该赛季由于排名提升也获得更多转播分成;本赛季俱乐部共有 11 场比赛得到直播,超出以往任何一个赛季的转播场数,因此也获得更多分成。此外,俱乐部获得亚洲娱乐品牌"凯发娱乐"作为官方主赞助商的巨额赞助。处置球员无形资产的收益为 1390 万英镑,相比上一赛季增长了 1110 万英镑,其中包括出身于西布朗维奇青训的塞多·贝拉希诺(Saido Berahino)转会至斯托克城俱乐部的交易。该增强球队阵容,该赛季球员无形资产摊销达到 1810 万英镑,相比上一赛季增加了 390 万英镑,球员工资相比上一赛季增加 760 万英镑。

在跨国并购后的第一赛季(2017—2018 赛季),西布朗维奇足球俱乐部在联赛中只获得 6 胜 13 平的战绩,最终以 31 分的总积分位列第 20 名,降级至英冠联赛。该赛季俱乐部的营业收入下降为 1.25 亿英镑,这主要是由于排名降低带来的电视转播权分成减少。而俱乐部在转会上的投入进一步加大,使得球员无形资产摊销高达 2540 万英镑,球员工资也比上一赛季增加 1320 万英镑。

在跨国并购后的第二赛季(2018—2019 赛季),西布朗维奇足球俱乐部在英冠联赛中以 80 分的总积分位列第 4 名。俱乐部的营业收入仍呈下降趋势,仅为 708 万英镑,主要是由于电视转播权分成、其他商业收入、门票收入的减少。而在运营成本方面,球员无形资产摊销依然高达 2271 万英镑,球员工资缩减为上一赛季的一半,为 418 万英镑。

综上所述,西布朗维奇足球俱乐部由于联赛排名的起伏引起营业收入和利润的巨大起伏,使得俱乐部的财务综合得分呈现先升后降的波动趋势。

三、财务综合得分下降的俱乐部分析

阿斯顿维拉足球俱乐部在跨国并购当年赛季(2016—2017 赛季)的营业收入为 7112 万英镑,相比上一赛季减少了 3560 万英镑,这主要是因为俱乐部于上赛季末从英超联赛降级,使得电视转播收入、赞助收入、商业开发收入以及门票收入大幅减少。但是,根据英超的"降落伞"政策,阿斯顿维拉俱乐部在降级第一年将获得英超转播费平均分成的 55%,即 4125 万英镑。此外,俱乐部进入英冠附加赛,但因负于富勒姆而未能晋级英超联赛。

跨国并购后的第一赛季(2017—2018 赛季),阿斯顿维拉足球俱乐部的营业收入相比上一赛季减少了 9.1%,为 6460 万英镑。其中,俱乐部的电视转播权收入相比上赛季减少了 16%;来自"降落伞"政策的分成下降为 3400 万英镑;而门票收入相比上一赛季增长了 10%,达到 1180 万英镑,表明俱乐部在门票价格调整以及季票和零售票组合销售方面取得成功;赞助收入相比上一赛季增长了 75.6%,攀升至 476 万英镑,其中与并购方企业联合睿康

达成的训练场和装备赞助协议就达到 190 万英镑；球员转会收入，包括若尔丹·韦勒图(Jordan Veretout，630 万英镑)、内森·贝克(Nathan Baker，390 万英镑)、卡洛斯·桑切斯(Carlos Sánchez，270 万英镑)、若尔丹·阿马维(Jordan Amavi，180 万英镑)和莱安德罗·巴库纳(Leandro Bacuna，140 万英镑)，总计 1610 万英镑。在运营支出方面，俱乐部的运营成本相比上赛季增加了 7%，达到 1.226 亿英镑。其中，球员摊销相比上一赛季保持稳定，为 2380 万英镑；球员工资相比上一赛季增长了 19%，达到 7310 万英镑。

跨国并购后的第二赛季(2018—2019 赛季)，阿斯顿维拉足球俱乐部的营业收入相比上一赛季增加 11.7 万英镑，但营业支出增加了 165.5 万英镑，俱乐部的负债总额依然高达 7755 万英镑，是上一赛季的 3.98 倍。为改善俱乐部的经营状况，联合睿康集团向埃及投资人纳瑟夫·萨维里斯和韦斯·埃登斯出售了 55% 股权并获得 3000 万英镑的投入。

综上所述，阿斯顿维拉足球俱乐部在降级后营业收入大幅减少，随着"降落伞"政策的扶持资金减少，俱乐部的利润因子得分逐渐下降；虽然俱乐部在跨国并购后第二赛季冲超成功，但为此付出的高额投入使得俱乐部的财务综合得分急剧下滑。

四、经营绩效与竞技成绩的相关性分析

职业足球俱乐部既是一个营利性的商业组织，又是一个体育竞技团体，因此在财务和竞技两个层面上都极度渴望获得成功。[1] 但已有研究发现，球队的竞技成绩与利润不存在直接的线性关系，与营业收入则存在正相关关系。而作为俱乐部综合表现的经营绩效与竞技成绩是否相关，是值得探讨的问题。

竞技成绩通常以联赛排名、积分、场均积分等方式来表示。[2] 本书采用场均积分来控制因俱乐部所在联赛级别不同带来的比赛场次差异的问题

---

① 成惜今，成琦，王玉瑾. 对英国职业足球联赛俱乐部比赛成绩与利润、营业收入和球员总工资之间关系的分析[J].广州体育学院学报，2004(3)：15-17.

② Rohde M, Breuer C. The financial impact of (foreign) private investors on team investments and profits in professional football：Empirical evidence from the Premier League [J]. Applied Economics & Finance，2016(2)：243-255.

（英冠和英甲联赛为 46 轮，英超为 38 轮）。通过考察六家样本俱乐部的经营绩效与竞技成绩相关性（见表 6.20），可以发现西布朗维奇足球俱乐部的经营绩效与竞技成绩呈显著正相关（$p < 0.05$），阿斯顿维拉、雷丁和南安普敦足球俱乐部的经营绩效与竞技成绩呈显著负相关（$p < 0.05$），而曼城与狼队足球俱乐部的经营绩效与竞技成绩则无明显相关性（$p > 0.05$）。

表 6.20 俱乐部经营绩效与竞技成绩的相关性

俱乐部	R 值	p 值
曼城	0.579	0.113
阿斯顿维拉	−0.678	0.039
狼队	−0.475	0.227
西布朗维奇	0.706	0.046
雷丁	−0.996	0.000
南安普敦	−0.994	0.000

进一步分析发现，西布朗维奇足球俱乐部在跨国并购后经历英超联赛排名上升与次年降级的竞技成绩变化，使得与排名密切相关的电视转播收入、门票收入和赞助收入也出现一起一伏，因此俱乐部的经营绩效与竞技成绩呈显著正相关。阿斯顿维拉足球俱乐部在跨国并购当年赛季降级至英冠联赛，使得俱乐部的营业收入大幅下跌，随后一直通过高额投入的方式希望早日重返英超，并终于在并购后第二赛季实现冲超目标，因此出现竞技成绩提升与经营绩效剧烈下降并存的现象，俱乐部的经营绩效与竞技成绩呈显著负相关。雷丁与南安普敦足球俱乐部在跨国并购后的联赛排名均有下滑甚至陷入保级困境，但前者依靠投资人的资金扶持、后者依靠球员转会收入来维持俱乐部的经营绩效水平，使得俱乐部的经营绩效与竞技成绩呈显著负相关。曼城足球俱乐部在跨国并购前后五个赛季一直位列英超联赛前四名，属于高投入高产出的类型，但从生产效率（每积分花费的转会费和工资）来说，低于小投入小产出的中下游俱乐部。[1] 也就是说，位于联赛中游的俱

---

[1]　Jones A, Cook M. The spillover effect from FDI in the English Premier League[J]. Soccer & Society, 2015(1): 116-139.

乐部通过增加投入能够明显带来竞技成绩的上升,使得俱乐部的综合经营绩效得到改善,而曼城足球俱乐部为了保持在联赛的前列则需要花费更多的成本,却不一定带来竞技成绩的提升,因此曼城足球俱乐部的经营绩效与竞技成绩无明显相关性。狼队足球俱乐部在跨国并购前后五个赛季内实现从英甲联赛到英超联赛的两级跳,尤其是在从英冠到英超的过程中俱乐部进行了巨额投入,使得俱乐部的经营绩效出现波动,从而与竞技成绩无明显相关性。

第五节　小　结

本章运用会计指标法分析了六家被并购俱乐部在跨国并购前后的经营绩效变化趋势。从被并购俱乐部的整体经营绩效来看,综合得分在跨国并购后呈现下降趋势;俱乐部之间的综合得分差距呈现先缩小后扩大的趋势。从被并购俱乐部的个体经营绩效来看,曼城、雷丁和南安普敦足球俱乐部的财务综合得分较为稳健;狼队和西布朗维奇足球俱乐部的财务综合得分则呈现波动状态;阿斯顿维拉足球俱乐部的财务综合得分则呈现下降趋势。结合被并购俱乐部的竞技成绩进行实证分析发现:经历降级的俱乐部,其经营绩效与竞技成绩呈正相关;经历升级的俱乐部中,其经营绩效与竞技成绩呈负相关或不相关;联赛排名前列的俱乐部,其经营绩效与竞技成绩无明显相关性。竞技成绩与经营绩效两者之间的相关性反映了不同水平俱乐部之间投入产出比的差异,与实际情况有着较高的一致性。

第七章　中国企业跨国并购职业足球俱乐部的逆向知识溢出效应研究

第一节　逆向知识溢出的类型

跳板理论指出,新兴经济体企业为了弥补竞争劣势而进行跨国并购,扮演的是知识接收者的角色,从分散的国际子公司获取知识。由于知识的溢出方向与传统对外直接投资中知识从母国向东道国的溢出方向正好相反,因而被称为逆向知识溢出。本书中的逆向知识溢出效应是指中国企业通过跨国并购获得东道国先进的技术水平和管理知识,再通过各种渠道扩散回母国,提升母国整体的足球发展水平。

知识基础观认为,知识存在于无固定边界的社区合作成员之间的社会关系之中,跨国企业就是这样的一个社会社区(social community),它能生产作为竞争优势的知识。正是由于跨国企业能够更好地转移那些复杂的、难以编码的和难以传授的隐性知识,它才会作为一种组织形态存在并不断演进。跨国并购的跳板作用使中国企业实现边界跨越,对人力资源和市场渠道两大类资源进行重新整合,打开了从国际环境中获取隐性知识的通道,为知识的逆向溢出奠定基础。根据第四章节的分析可以发现,中国企业主要寻求有关俱乐部管理与经营的知识、青训体系建设的知识以及球员留洋的知识。[①] 因此,本节将主要分析上述三大类知识的逆向溢出情况。

---

① 陈莺莺,郑芳,杨铄. 中国企业跨国并购职业足球俱乐部的整合行为与绩效研究[C]. 中国体育科学学会.第八届中国体育博士高层论坛论文汇编(专题报告),2022:23-24.

一、职业足球俱乐部管理与经营的知识溢出

(一)有关组织结构调整的知识

中国的职业足球俱乐部一般采取总经理主管,副总经理分管,部门经理具体实施的管理格局,其中副总经理作为"参谋"的角色被弱化,而作为业务领导的角色被强化,不仅延长了职权链、隔断了总经理与部门经理之间的联系,还可能导致部门经理虚位或双头管理。① 此外,中超联赛俱乐部聘请了大量的外教,为了更好地服务于外教团队,俱乐部普遍采用中外结合的教练团队,设置中方助教或中方教练组。

苏宁集团入主国际米兰足球俱乐部后采用联席首席执行官的模式,任命朱塞佩·马洛塔为体育竞技首席执行官,负责整体俱乐部体育竞技领域工作;亚历山德罗·安东内洛任运营首席执行官,负责各项俱乐部管理运营工作,两人均向俱乐部主席张康阳直接汇报。扁平化的组织结构能够提高管理效率,扩大管理幅度,增强组织快速反应能力。陈雁升将西班牙人足球俱乐部的商务和竞技分开,各自任命一个CEO,他本人则主要对一线队球员做垂直管理;另外,专门成立执行委员会,用来监督各项事宜推进。

中方助教或中方教练组应协助外教快速熟悉并融入中超联赛,帮助外教及时掌握球员性格及身体情况、各俱乐部的技战术特点以及中国国情等各方面的信息,而不是自立山头、处处约束外教团队。蒋立章发现重庆当代力帆足球俱乐部内部中方教练组团队与外教团队之间的冲突与矛盾,为提高球队管理的科学性和一致性,蒋立章果断撤销了中方教练组,并强调"以后球队只有一个声音,那就是小克鲁伊夫"。

除了职业足球俱乐部内部组织结构的改进,俱乐部之间的联结也是体育管理的重要内容。阿布扎比财团建立了城市足球集团,它的核心竞争优势在于全球化布局,有利于集团抓住新市场、球迷和全球赞助商。截至2017年底,城市足球集团旗下拥有六家男足俱乐部:英国的曼城足球俱乐部、西班牙的赫罗纳足球俱乐部、美国的纽约城足球俱乐部、澳大利亚的墨尔本城足球俱乐部、日本的横滨水手足球俱乐部和乌拉圭的托奎竞技足球俱乐部。

---

① 游茂林.中外职业足球俱乐部的组织结构设计比较[J].体育学刊,2012(1):69-73.

参照城市足球集团,蒋立章创建了 Hope Group 足球管理平台,寓意永存希望。Hope Group 包含五个会员俱乐部,分别为格拉纳达足球俱乐部、帕尔马足球俱乐部、通德拉足球俱乐部、重庆当代力帆足球俱乐部和苏州东吴足球俱乐部。集团为俱乐部提供技术、战术指导服务以及运营管理服务。Hope Group 的组织架构为董事会—总经理—各部门总监:前塞维利亚足球俱乐部的技术总监安东尼奥·费尔南德斯担任总经理;前比利亚雷亚尔足球俱乐部的安东尼奥·科尔登则负责技术系统的管理,技术系统涵盖球探系统、技战术系统和青训系统;前马德里竞技足球俱乐部的执行董事伊格纳西奥·阿奎洛则掌管俱乐部的管理系统,管理系统包括俱乐部的商务开发以及管理层的选拔。

(二)有关经营理念改进的知识

受制于欧足联财政公平政策,俱乐部无法通过金元足球实现快速发展,而必须通过科学的经营来保持财务健康。

狼队足球俱乐部的执行主席施瑜表示:"我们希望用自己团队的能力去建设一支强队,而不是购买一支强队,靠智慧和努力来击败金钱。"因此,狼队以热刺足球俱乐部、莱斯特城足球俱乐部和莱比锡足球俱乐部等为学习目标,通过科学的经营来获得成功。首先,狼队足球俱乐部非常注重青训营的发展,9 岁就加入狼队青训的吉布斯-怀特是 2018—2019 赛季英超表现出色的年轻球员之一,狼队是英超一线队中球员平均年龄最小的球队。其次,复星国际对俱乐部制定了清晰的发展规划,早早确立了升级成功后保持阵容的建队理念,使得狼队作为升班马取得英超联赛第七名的优异成绩。与此相反的是,升超成功的富勒姆花费 1 亿英镑对球队阵容进行大换血,最终却深陷降级区。最后,复星国际为狼队找到属于自己的技战术风格,即走技术路线而非传统的英式打法。俱乐部严格按照教练的思路引进球员,通过内部挖掘和有效引援逐步打造球队。

蒋立章在经营格拉纳达足球俱乐部时坚持打造长期、健康的品牌资产思路。虽然金钱可以买来大牌球星,吸引短期的注意力,但从长远来看这类巨大的投资对俱乐部的财务健康埋下隐患。因此,首先,蒋立章强调转会市场上"只买对的,不买贵的",要求转会总监挑选更适合俱乐部、性价比更高的球员。其次,蒋立章通过建设专业的技战术团队来保障球队的成绩。俱乐部国际竞争的日益激烈和大数据技术的快速发展,对于俱乐部数据管理和分析能力提出了更高要求。蒋立章在 Hope Group 建立了以技术代表安东尼奥·科尔登为首的 20 人专业团队,为旗下俱乐部量身打造战术体系,对于每场比赛都进行非常细致、深入的分析。其中,重庆当代力帆俱乐部在中超保级的过程中就获得 Hope Group 的技战术指导,为球队保级成功奠定了坚实的基础。Hope Group 技战术团队还为教练员与球员的招募提供支持。例如,Hope Group 为格拉纳达足球俱乐部选择主教练迭戈·马丁内斯,后者成功带领俱乐部实现升级。在球员方面,Hope Group 拥有超过 1000 名球员的数据库,为俱乐部招募和挖掘球员提供支持。例如,1994 年出生的葡萄牙门将鲁伊·席尔瓦在 2017—2018 赛季加入俱乐部后虽未参加比赛,但在对他的能力进行了全面评估之后,Hope Group 决定在新赛季为他提供球队主力门将的位置,而他稳定的表现是俱乐部重返西甲的重要因素。席尔瓦在 40 场比赛中仅丢掉 26 个进球,并被西班牙足球协会评为西班牙乙级联赛最佳门将。最后,蒋立章提出"谦逊、拼搏、奉献、团结"的俱乐部价值观,强调球队内部的团结是建立在球员与教练相互信任的基础之上。虽然时隔两年再次重返顶级足球联赛,但俱乐部并没有在升级后招兵买马扩充实力,而是保留了球队原有的核心阵容和教练团队。

二、青训体系建设的知识溢出

(一)后备人才培养体系的多元化

青训体系建设的知识溢出主要表现为后备人才培养方式、途径的多元化,助力中国形成以"职业俱乐部青训体系、省市体育局青训体系、城市青训体系、体教结合校园青训体系、社会俱乐部青训体系"为一体的中国特色足球青训体系。

首先,中国企业充分利用被并购职业足球俱乐部的网络资源和硬件条件,为国内俱乐部、省队的青少年提供在海外俱乐部集训的机会、与高水平队伍进行友谊赛的机会。其中,苏宁 U19 梯队前往米兰进行两周的训练和比赛,与包括国际米兰 U19 在内的多支同年龄梯队进行交流比赛。崇明根宝基地球员组成的 2017 全运会男足乙组上海队,前往西班牙进行海外拉练,与穆尔西亚省内同一年龄段球员,包括俱乐部梯队和校园足球球员开展系列热身赛,最终球队取得了三胜一平的佳绩。在 2017 年全运会男子足球 U18 组比赛中,上海队 2∶1 战胜四川队夺冠,这得益于西班牙拉练期间的密集赛事安排和高强度对抗,使得球队快速适应全运会节奏。

其次,中国企业发挥被并购职业足球俱乐部的优质 IP 价值,成立社会俱乐部开展足球培训业务。以郑南雁创立的麦菲足球学院为例,学院以法国尼斯足球俱乐部和美国凤凰鸣扬足球俱乐部等职业足球俱乐部的专业青少年足球训练课程为基础,并结合中国青少年的身心发展特点来设计素质训练体系。学院尤为注重体育教育,培养孩子的团队意识和竞赛意识。

最后,中国企业围绕校园足球开展合作。阿斯顿维拉足球俱乐部与杭州绿城育华小学、杭州乐毅体育文化发展有限公司开展三方战略合作,主打 U9、U12 年龄段的青少年足球培训,由阿斯顿维拉足球俱乐部派遣各级青训教练赴浙江与乐毅体育共同举办青训项目。合力万盛运作八一学校的青少年球员在暑期前往海牙足球俱乐部集训,接受专业足球培训。该次集训整体提升了八一校园足球队的技术水平,帮助八一学校勇夺 2015 年北京市中学生足球联赛冠军。①

(二)国外青训中心

青训体系建设的知识溢出还体现在国外青训中心的成立上。2017 年 11 月,"中国足球欧洲青训中心"在捷克布拉格斯拉维亚足球俱乐部正式揭牌,中国足协各级国家队将定期前往该青训中心训练、比赛。青训中心成为国际交流与借鉴的平台、赛练结合的平台、青少年提升水平进而走向世界的国际舞台,实现国内和国际深度融合发展。除了国家层面的青训中心,省级层面的国外青训中心建设也取得进展。格拉纳达足球俱乐部与湖北省体育局、湖北省足球协会签订框架性合作协议,在格拉纳达足球俱乐部设立湖北省青少年足球格拉纳达足球俱乐部训练基地。湖北省足协选拔省足校系统及荆楚校园的优秀苗子,组队前往格拉纳达足球俱乐部接受欧洲先进的足球系统培训。格拉纳达足球俱乐部为青少年球员提供先进完善的训练设施及场所、成熟的训练内容和足球理念,帮助湖北足球建立青训新模式。

---

① 腾讯体育. 合力万盛海内外双向足球青训计划取得初步成效[EB/OL]. (2016-09-12)[2023-07-05]. https:∥sports.qq.com/a/20160912/054195.htm.

三、球员留洋的知识溢出

在体育发展中,去往高水平联赛的留洋群体,无疑是一国体育人才对外开放理念和落实水平的最佳体现。习近平总书记在多个场合、多次提及了加强足球运动国际合作的愿景,明确指出:"加强国际交流借鉴,通过扎扎实实的努力,久久为功,逐步提高中国足球水平。"[①]人才流动是社会化大生产的必然产物,是人力资源有效配置的必然途径,人才在环境的流转中不断得到发展。[②] 在职业体育全球化发展的背景下,中国球员走向更高水平的联赛,可以接触更高水平的足球理念、管理方式和技战术,并在高水平的竞争环境中通过自身努力获得生存、发展和实力的提升,在"走出去"留洋的同时,为"引进来"相关知识打下基础。

在国家队层面,球员留洋的知识溢出表现为可以带动队伍整体实力的提升。在 2019 年 9—11 月的世界杯预选赛中,武磊贡献 3 个进球。曾留洋于海牙足球俱乐部的张玉宁入选国奥队,在 2019 年 3 月的奥运会预选赛中贡献 3 个进球、3 次助攻,在 2019 年 10 月的重庆万州四国赛中独造 2 球帮助国奥队 2∶0 战胜约旦队。因年少留洋,张玉宁作为中锋的风格与欧洲中锋十分类似,擅长一脚出球且传球质量高,同时还拥有出色的视野和跑位能力,常常能够头球冲顶形成进球。此外,多名留洋的青少年球员也入选国家队,例如冯子豪入选 U19 国青队并参加亚洲 U19 锦标赛;黎腾龙入选国青队并征战"潍坊杯"比赛;王凯冉入选 U14 国青队并征战"武汉杯"比赛。

球员个人留洋生涯的辉煌还可以带动各界对于足球的关注、投入,从而促进足球事业的发展。通过 PP 体育观看武磊在西班牙人足球俱乐部首秀比赛的中国观众约为 2000 万人,远高于西班牙国家德比的观赛人数 1000万。在武磊官宣加盟后,球迷商店里武磊的球衣迅速脱销;西班牙人足球俱乐部的官方推特粉丝数量从 10 万人激增至 40 万人,新浪微博官方账号的粉丝数量从 2 万人上升至 14.6 万人,反映了国内对于武磊留洋的高度关注。

---

① 习近平会见国际足联主席[N].人民日报,2017-06-15.
② 朱跃飞.我国职业男子足球运动员国际流动研究[D].新乡:河南师范大学,2014.

第二节　武磊留洋的跨文化适应与知识溢出效应分析

自20世纪后期以来,运动员的全球流动加速,管理人员、教练员、运动员和相关辅助人员的迁移成为体育全球化的一个显著特征。首要原因是1995年欧洲法院通过的博斯曼裁决。该裁决允许球员在他们的合同到期后,转会到欧盟内的另一家俱乐部,无需支付任何转会费。该裁决进一步禁止了欧盟国家的国内联赛和欧洲足球协会(UEFA)成员强制执行的外国球员配额制度。[①] 此外,在竞争激烈的以结果和绩效为导向的体育世界中,俱乐部为了获得立竿见影的效果和快速成功,调整了球员招募策略,从更大范围内寻求优秀球员加盟。劳动力成本最小化也是推动俱乐部从海外招募人才的重要原因。

首先,已有研究分析了足球劳动力迁移的动因。足球是一份工作、一种职业,球员为了获取更高的经济回报而选择跨国流动;追求职业抱负,欧洲五大联赛特别是英超联赛是每个足球运动员职业生涯的关键目标,体现了竞技水平与职业成就;获取先进的足球经验,出于对足球的热爱和迷恋等。虽然经济在决定足球劳动力迁移方面起着至关重要的作用,但政治、历史、地理和文化都会进一步影响足球劳动力迁移;部分学者还根据动因对足球劳动力进行分类,包括先驱者、定居者、海归、雇佣兵和游牧世界主义者五大类[②],以及定居者、野心家、流亡者、游牧世界主义者、被驱逐者和雇佣兵六大类[③]。

其次,已有研究关注了足球劳动力的迁移方向。Magee 和 Sugden[④] 基于世界足球政治经济学的基本理解,提出足球传播与足球劳动力迁移模型,

① Maguire J, Stead D. Far pavilions? Cricket migrants, foreign sojourns and contested identities[J]. International Review for the Sociology of Sport, 1996(1):1-23.

② Maguire J. Global sport: Identities, societies, civilizations[M]. Cambridge: Polity Press, 1999.

③ Magee J, Sugden J. "The World at their Feet" professional football and international labor migration[J]. Journal of Sport and Social Issues, 2002(4): 421-437.

④ Magee J, Sugden J. "The World at their Feet" professional football and international labor migration[J]. Journal of Sport and Social Issues, 2002(4): 421-437.

其中欧洲作为最强大的经济体处于世界足球的核心,第二层是南美洲和中美洲国家,第三层是非洲国家,最外层是亚洲和北美洲国家,足球劳动力从外围国家不断流向欧洲国家。

再次,已有研究考察了足球劳动力迁移所面临的挑战。为了在国外追求自己的职业生涯,球员们放弃了家庭、文化、个人和社会身份的一部分,他们可能会面临孤独和不安全感。在这些情况下,球员需要改变他们原有的文化模式以适应新的东道国文化,这个学习过程被称为文化适应(acculturation)。文化适应在1880年首次出现在英文文献中,美国民族事务局的鲍威尔(Powell)将其界定为来自外文化者模仿新文化中的行为所导致的心理变化。最经典的定义来自人类学家雷德菲尔德(Redfield)、林顿(Linton)和赫斯科维茨(Herskovits)在1936年给出的界定,即由个体所组成,且具有不同文化的两个群体之间,发生持续的、直接的文化接触,导致一方或双方原有文化模式发生变化的现象。① 布莱克(Black)等认为,跨文化适应可分为三个维度:对工作的适应(同委派工作或任务相关联的舒适)、对同东道国国民交往的适应(同工作内外的东道国国民互动相关的舒适)、对东道国总体环境的适应(同多种非工作因素,如东道国总体生活环境、食物、交通等相关联的舒适)。② 奥伯格(Oberg)的"文化冲击"模型按照文化适应者的生理和心理感受将他们所经历的文化冲击描述为一个过程,包括以下四个阶段:蜜月期(honeymoon)、危机期(crisis)、恢复期(recovery)和适应期(adjustment)。③ 影响跨文化适应的因素有内部因素和外部因素,外部因素包括生活变化、社会支持、旅居时间、文化距离、歧视与偏见等,内部因素包括认知评价方式、应对方式、人格、与文化相关的知识与技能、人口统计学因素。④ 在文化适应的早期阶段,球员们通常会经历乡愁、孤独和语言困难。此外,

---

① 刘纯旺,赵媛媛."一带一路"背景下汉语志愿者跨文化适应对策分析[J].文化产业,2021(25):112-114.

② 王泽宇,王国锋,井润田.基于外派学者的文化智力、文化新颖性与跨文化适应研究[J].管理学报,2013(3):384-389.

③ 董雅琪.在京高校日本留学生跨文化适应调查研究[D].北京:北京外国语大学,2015.

④ 叶小芳,朱晓申.温州外籍教师文化适应状况及影响因素调查[J].温州大学学报(社会科学版),2013(5):90-95.

球员的家庭也会感受到类似的问题,这种感受被称为文化冲击和文化错位①;个人(足球)职业生涯的性质和阶段会影响他们适应(或抵制)新文化的能力和/或敏感性,年轻球员(15—16岁)的文化适应挑战可能会加剧,他们一方面需要应对青春期的复杂性,另一方面还要在竞争激烈的新环境中接触社会、文化和生理发展②;父母、教练、经纪人与同行的社会支持对于促进职业生涯转型至关重要,其中情感支持最为关键③。

最后,学者还探究了劳动力迁移带来的影响。对东道国来说。外国球员的增加一定程度上抑制了本土年轻球员的发展,他们难以获得或保持青训学院的名额,进入一线队并出场更是难上加难,最终导致去技能化。体育劳务移民还在东道国造成围绕文化融合的紧张局势,这些担忧还导致引入"保护主义劳工壁垒,包括配额、居住条款、选择限制和资格门槛",旨在保护当地利益。对流出国来说,短期内导致人力资本的流失(brain drain),长期来看则会带来人力资本收益(brain gain),例如日本国家队中有大量留洋球员效力于英格兰、德国和意大利的职业联赛并积累了更高技能,进而提升日本国家队表现④;运动员个体则由此提升了在国内社会阶层中的地位、经济收入与国际声誉,并在国内形成示范效应,调动大众从事体育行业的热情⑤。

近年来,党和政府高度重视足球发展,在多个文件中明确鼓励人才跨国交流与培养。2015年印发的足改方案就足球专业人才培养发展方式的改进明确指出:鼓励足球俱乐部、企业和其他社会力量选派职业球员、青少年球员到足球发达国家接受培训,并力争跻身国外高水平职业联赛。2016年4

① Lally A, Smith M, Parry K D. Exploring migration experiences of foreign footballers to England through the use of autobiographies[J]. Soccer & Society, 2022(6): 529-544.

② Weedon G. "Glocal boys": Exploring experiences of acculturation amongst migrant youth footballers in Premier League academies[J]. International Review for the Sociology of Sport, 2012(2): 200-216.

③ Pummell B, Harwood C, Lavallee D. Jumping to the next level: A qualitative examination of within-career transition in adolescent event riders[J]. Psychology of Sport and Exercise, 2008(4): 427-447.

④ Sugihara K, Hirata T, Kubotani T. Study on the relationship between the performance of the national team and the national youth team on football in Asia[J]. Journal of Japan Society of Sports Industry, 2014(2): 211-218.

⑤ 曲爱宁,战文腾.运动员跨国流动研究[J].体育文化导刊,2014(3):29-31+35.

月,足球中长期规划拓展了足球对外交流的渠道,鼓励各类主体举办形式多样的国际足球交流活动,鼓励足球各类专业人才赴国外学习、培训,支持更多的优秀专业人才赴国际组织工作。2020年12月,中国足协公布《中国足球协会关于进一步推进足球改革发展的若干措施》,其中第(二十七条)提到:进一步完善球员注册转会制度,确保"谁培养谁受益",落实联合机制补偿和培训补偿相关机制;实施优秀青少年球员海外孵化计划,每年选拔一定数量优秀青少年球员到足球发达国家进行训练和比赛。第(二十八条)则提出:制订和实施优秀足球运动员"走出去"计划,为国内优秀球员进入国外高水平职业联赛创造条件并建立激励和保障机制,积极与海外高等专业院校及足球先进国家合作,培养各类足球专项人才。然而,中国球员成功留洋的案例较少,其中武磊在西甲联赛西班牙人足球俱乐部三年半的留洋生涯具有典型代表意义。武磊于2019年1月加盟西班牙人足球俱乐部,共出场126次,贡献16个进球和5次助攻,于2022年8月转会回归上海海港足球俱乐部。

一、武磊周记概述

武磊在2019年5月22日—2021年12月15日通过个人微信公众号共发布了113篇周记,真实详细地记录了留洋心路历程。Sparkes和Stewart[①]认为自传可以作为访谈的替代分析资源,访谈精英运动员很困难,而自传可以轻松地接触到优秀的被访谈者,成本低廉,而且自传可以提供深入的洞察力。自传被定义为一个人关于他或她自己生活的书面故事,在他们生活的社会背景下,对运动员自己生活中发生的突出方面进行书面叙述,使他们能够分享个人和社会经验。自传也具有主流吸引力,通过讲故事传达人类社会建构的经验,主导当代出版业并允许人们消费和传播信息。自传在多项体育研究中已被用作分析资源,重点调查疾病和伤害、心理健康问题以及酒精带来的困难。

然而,也有学者呼吁研究人员应该考虑自传文本的真实性,强调自传的读者应该考虑虽然此类写作可能包含"事实",但它们不是关于特定时间、人

---

① Sparkes A C , Stewart C . Taking sporting autobiographies seriously as an analytical and pedagogical resource in sport, exercise and health[J]. Qualitative Research in Sport Exercise & Health, 2016(2):113-130.

物或事件的事实历史,相反,它们提供的是主观事实。自传体叙述受到一系列因素的影响,例如作者自己的动机和偏见,以及他们准确回忆事件和经历的能力。[1] 因此,自传体文本可能被视为"商业承诺",外部因素可能会影响叙述的风格(例如内容的长度和深度)以及"社会心理相关内容的包容性和相关性"。读者在阅读此类文本时需要采取批判性分析立场。本书采取武磊周记进行分析,是因为它阐明了职业足球运动员留洋的真实经历。

开放式编码是指在没有既定编码表的情况下,通过通读原始资料,在对数据深度和广度全面了解的基础上,找出潜藏在数据中的重要主题和概念,主要涉及原始资料的收缩、合并、概念化以及范畴化,该阶段所得到的各个范畴之间的关系不明确。[2] 本书围绕研究主题确定了基本编码规则。经过初步编码,得到语言适应、比赛训练节奏适应等 45 个概念。由于本书主要探究武磊留洋所面临的挑战与收获,重点在于分析武磊跨文化适应的内容、阶段、影响因素,以及知识溢出效应,因此剔除掉 12 个无关概念,并对部分内容类似的概念进行合并,最终保留了 30 个相关概念。

二、武磊留洋的跨文化适应内容

根据布莱克(Black)等所提出的三大跨文化适应维度,本书识别出武磊留洋所面临的 10 项跨文化适应内容(见表 7.1)。

表 7.1　跨文化适应维度及内容

跨文化适应维度	跨文化适应内容
总体环境适应	语言、饮食、气候、生活习俗
工作适应	比赛训练节奏、交通工具、伤病、换帅
人际适应	俱乐部相关人员的互动、球迷的互动

---

[1]　Howells K, Fletcher D. Adversarial growth in Olympic swimmers: Constructive reality or illusoryself-deception? [J]. Journal of Sport and Exercise Psychology, 2016(2): 173-186.

[2]　邢小强,周平录,张竹,等.数字技术、BOP 商业模式创新与包容性市场构建[J].管理世界,2019(12):116-136.

(一)总体环境适应

总体环境适应包括语言、饮食、气候、生活习俗四项内容。语言障碍可能会导致误解、交流失败或无法达成合作,因此语言是留洋球员必须跨越的障碍之一。武磊表示:"俱乐部虽然为我配了翻译,但按照俱乐部的规定,每天训练前教练会拉着翻译和我大致解释一下当天的训练内容和目标。训练正式开始后,翻译便不能再踏入训练场了。无论在场上还是场下,如果无法和教练或队友流畅沟通,那就永远不能很好融入球队。""记得第一次去超市买鱼,在摊位前站了半天也没人搭理,后来才发现原来买海鲜需要先在自助机器上取号排队。好不容易轮到了我,费了浑身解数尝试着解释'请把内脏掏干净并刮去鱼鳞'这件事。"[①]武磊参加西班牙语课程学习频率为一周两次,西班牙语老师安妮认为"武磊在西班牙生活,每天和你的队友交流,就会在这个语言环境中迅速提高"。语言的学习虽然很重要,但不能一蹴而就,因此不断保持沟通,甚至使用肢体语言来达到沟通目标就显得尤为必要。"我始终认为,学习语言能更快地融入球队,但释放主动与教练队友沟通的信号更为重要,如果你想解释一件事情,无论肢体语言还是连写带画,总能找到办法。"

欧洲的饮食文化和国内有所不同,例如欧洲的米饭偏生硬;欧洲的早餐品种相对固定,大多为面包、奶酪和咖啡;西班牙晚餐时间偏晚,许多餐厅一般在晚上8点以后开始营业。因此,武磊会选择光顾巴塞罗那的中国餐厅,带上俱乐部队友品尝上海小笼包、红烧排骨、走油蹄髈等特色食物;或是在家下厨,制作大闸蟹、芋艿头和海蜇头等菜品;在除夕的中午吃饺子;还去新开的奶茶店解乡愁。

巴塞罗那属于地中海式气候,夏季炎热干旱,冬季温和多雨,夏天的平均气温为24℃,冬天的平均温度为11℃。"入冬的巴塞罗那,气候依然是很舒服的","听家人说上海最近特别热,天天都是高温。巴塞罗那也差不多,又热又干燥","在照片发出后很多朋友说我黑了不少,自己看看好像也是,

---

① 武磊.武磊周记(七)[EB/OL].(2019-07-03)[2023-08-07]. https://mp.weixin.qq.com/s/2sxyYg4cPg_cu1LD8eNDtA.后文中引用的武磊话语均来自微信公众号"武磊周记"。

今年夏天也真是见识到了巴塞罗那的太阳紫外线的威力"。

相对于球场上的"快节奏",巴塞罗那当地人过着"慢生活"。"欧洲的餐厅里很少会看到玩手机的'低头族',哪怕一道菜等待时间再久,食客们也不太会产生焦虑情绪,大家就这样不紧不慢地享受生活赋予的一切。"此外,当地的节日习俗颇具特色。在西班牙的情人节圣乔治节当天,男孩子要向自己妻子或女友送上鲜花,而女士应该回赠一本书;西班牙的儿童节——三王节,很多城市都会有规模庞大的巡游表演,三王会在巡游彩车上向人们撒糖果;圣母节,人们以音乐会、叠罗汉、街舞等活动表演来纪念圣母,迎接秋天这个收获的季节。

总体来说,武磊对巴塞罗那的环境较为适应,他认为"自己还算是比较幸运,巴塞罗那无论是气候、饮食,还是当地人的开放程度,都很完美"。

(二)工作适应

工作适应包括比赛训练节奏适应、交通工具适应、伤病适应与换帅适应四大方面。相对于中超联赛,西甲联赛的比赛强度更高、节奏更快,给武磊带来不小的挑战。联赛竞争与俱乐部内部竞争也很激烈,这要求武磊必须时刻保持紧迫感,通过训练中的积极努力赢得出场机会,通过赛季前的夏训储备体能。俱乐部上午的训练课10点开始,队员们最晚在9点半之前进入更衣室,迟到会被罚款;训练不仅包含两小时的场地练习,还强调预防性热身和训练后的恢复。

"来西班牙之前,有过西甲经历的张呈栋告诉我,这里的训练节奏比国内快很多,而且只有自己亲身经历过才能感同身受。经过第一天的训练,我对这番话有了更真切的体会。'留洋'二字之于我曾是梦想与远方,今天开始更意味着汗水与成长。"

"经历连续的一周双赛,我觉得自己越来越适应高强度的比赛节奏,体能状况得到了逐步的提升。"

"从中超来到西班牙,训练比赛的节奏有了一个明显的变化,有一些伤病发生在我身上,我觉得是太正常不过的现象,我的身体机能也在经历着负荷。"

"由于球队双线作战,这堂训练课的强度不算很大,也没有太多的技战术内容。尽管如此,由于在亚洲杯结束后已经有七八天没有系统训练,身体上的疲惫还是让我有些不适应。而队友们的全情投入和积极拼抢,让我真正感受到了欧洲的节奏。"

"新教练会特别注重训练前的预防性热身和训练后的恢复,他认为训练不光要全身心专注于两小时的场地训练,还得有训练前的准备与训练后的调整,甚至是饮食,为此还制定了一些新的规定来保证一天训练的完整性,这些新规会让我们更专注于当下每天的训练和比赛,也让我们队友互相之间的交流更频繁。"

"在这种高压力高强度的竞争下,会让所有人每天都保持上进心和紧迫感,因为一不小心别人就会抢了你的位置,这是国内足球不可能有的。这两周的训练我很努力,重新赢得了两场重要联赛首发的机会,而且在比赛过程中的感觉也比之前好了不少。"

"尤其是到了马贝拉后,每个人都被教练们'虐'得酸爽。"

在西班牙打客场比赛相比中超而言,城市之间距离都不算太远,根据客场城市的远近主要采取大巴、火车、飞机三种交通工具。其中最普遍的还是大巴,球队里有一辆属于一线队的大巴,这辆大巴会在比赛前几天带上几乎所有的出行器械和行李,直接开去西甲客场所在城市。2019—2020赛季由于增加了欧联的比赛,俱乐部队员需要多次在欧洲各国之间往返,就会选择包机出行,机型也相对较大,包机的最大优势就是节省了很多排队以及等待的时间,让球员和工作人员能够最大限度降低旅途疲劳,让有限的精力都集中在比赛上,且包机费用比国内便宜很多。

武磊是带着亚洲杯留下的肩伤踏上留洋之路的,因此,在留洋过渡的初期适应阶段,伤病使得武磊的加盟遭到质疑。为了尽快获得俱乐部的信任,武磊考虑再三,选择在2018—2019赛季结束后接受手术,为俱乐部进入欧联杯比赛做出重要贡献。由于受伤时间和手术时间间隔过长,做完手术后武磊的左边肩膀很难和右边百分百一样平行。在术后恢复期,俱乐部专门指派医疗总监马洛诺和武磊一起飞回上海,每天进行两个小时系统的肌肉恢复训练和一个多小时的按摩治疗。

"发布会持续了很久,西班牙记者们与体育总监鲁菲特互相之间热烈争论的语气让空气中弥漫着许多质疑和不解。通过翻译我了解到,有记者提问:武磊在受伤之后俱乐部仍然与他签约,可能之后他就要马上面临手术,几个月无法训练和比赛,这样的转会在冬季窗口是有意义的吗? 鲁菲特非常职业地回答道:'为了与武磊签约我们付出了很多,我们和许多大俱乐部竞争过。我们也感谢他付出的努力,和他想成为西班牙人球员的意愿。球员为国家队效力在比赛中受伤是我们任何人无法预料的事情,在这次受伤之前我们已经对他进行了长期的观察与分析,做出了签约的决定。'"

"原本在与皇家贝蒂斯的比赛后我就要接受肩膀手术,但当时的积分形势我们理论上还有机会进入欧联杯。队医和教练组经过讨论之后,决定将我的手术时间推迟到联赛结束。这样的决定意味着教练组对我的肯定与认可,对我来说是一种极大的鼓励和鞭策。"

此后,武磊遭受了韧带与膝盖的伤病,尽管武磊积极配合恢复治疗并尝试在训练中尽快找回身体状态和比赛感觉,但伤病还是大大压缩了武磊的上场时间。

"受伤恢复到现在差不多三个星期了,已经有很久没有和球队一起合练,所以,这次在马拉加的客场能够入选大名单并且上场,我还是很开心的。重返球场虽然短暂,但让我感到了我对球场是多么的渴望。"

"目睹他的治疗水平后,我被惊呆了,仅仅是摸了两下就知道我膝盖的两处伤势,完全不用看核磁共振! 他给我的治疗方案是血浆注射治疗法,先抽自己身体上的血液,然后从中提取血浆,并注射到膝盖受伤处。前几周我一直在健身房进行单独康复训练,这周稍微合练了几天,教练最后时间派我上场也是让我再找回一些比赛的感觉吧。我想我还需要一些时间才能彻底从伤病中恢复!"

"虽然还处于治疗后的恢复期,伤后到目前为止还是一直在调整身体状态和找回比赛的感觉,每次训练和比赛热身前都要多花半个多小时去激活腿部肌肉和韧带,并且给膝盖打上绷带,虽然我非常渴望回到赛场,但还是需要慢慢去适应康复的过程。"

"有好多球迷关心我这场比赛和对方门将的那次冲撞,当时的确是有点蒙,下场后这几天感觉就像是脖子扭到了,类似落枕的感觉。队友们这几天碰到我也都会过来问两句脖子情况怎样。其实没什么大问题,第二天训练完之后,队医还帮我掰了脖子做矫正治疗和按摩,现在已经明显感觉好多了。"

换帅是武磊在西班牙人足球俱乐部面临的另一大挑战。"每一次换教练对我来说都是一次新的开始,我需要重新努力地去适应教练的战术。"在效力的三年半中,武磊共事了鲁比、加耶戈、马钦、阿维拉多、鲁菲特、比森特-莫雷诺、路易斯-布兰科、迭戈-马丁内斯八位主教练,甚至在一年里换了四位主教练,这是武磊职业生涯里从来没有遇到过的局面。尽管武磊经历了多次换帅并有心理准备,但每个教练都有自己擅长的技战术打法和适合的球队类型,更重要的是每个教练都有自己独特的个性,因此对武磊来说这又是一次新的开始。

(三)人际适应

人际适应包括俱乐部相关人员的互动以及球迷的互动。通过俱乐部的聚餐传统,武磊与队友、工作人员拉近了距离,俱乐部工作人员照顾武磊的米饭口感和使用筷子的习惯,武磊则回报大家以地道的中餐体验。

"每个月一两次的聚餐,是我们球队的传统。这一次正好是守门员迭戈洛佩斯过生日,他和队里几个阿根廷队友为我们全队准备了地道的阿根廷烤肉大餐。我不止一次说过,这支西班牙人队的队内氛围是我最为享受的,队里的老队员无论在多么困难的时刻,总能在更衣室给大家鼓舞,而年轻队员无论取得了什么样的成就,始终保持着谦虚上进的心态。没有人埋怨,永远都是向前看。"

"平日里我的队友们对中餐其实充满着好奇,尤其是对那些比较地道的很感兴趣,所以趁着上周过生日的时候,我邀请了全队一起吃了一顿中餐,希望能把好吃的中国美食推荐给队友一起分享,他们也能体验到中餐的文化。等菜上桌后,大家都拿起筷子,争先恐后地品尝着来自我家乡的味道,看得出队友们吃得很开心,饭后我们还喝了地道的中国龙井,很多人都称这是人生第一次真正的中餐。"

"球队和基地的工作人员也特别照顾我,尤里经常会私下给我多准备一份番茄酱意面,还有球队吃米饭,他也会特意给我把饭弄得软一些,他知道欧洲的米饭都是生硬的,而亚洲人的口味是偏软的。此外,基地餐厅的抽屉里一直备着很多一次性筷子。"

由于俱乐部队友来自多个国家,俱乐部有意识地提供机会帮助球员增进对彼此文化习俗的了解。

"虽然在西班牙没有过春节的氛围,但队友们都很好奇中国春节是怎样的,有问我中国十二生肖的,也有问春节传统食物、过新年文化习俗、中国阴历阳历等等的。或许在他们眼里,中国是个既遥远又陌生的国度,而因为我在这里踢球的关系,让大家或多或少更愿意了解中国文化,也更关心中国正在发生的事情。"

"为了庆祝中秋,俱乐部在前几天还特意请球队里不同国家的球员用中文讲了祝福,我们球队其实是比较多文化的一支球队,球员来自欧洲、南美洲、亚洲和非洲。能在这种环境下踢球,还能了解彼此的文化和习俗,是件非常有意思的事情,我也借队友迪马塔的祝福,祝大家中秋团圆。"

武磊在转会初期和面临巨大压力的时候,都得到了俱乐部队友的鼓励和帮助;在表现突出带领球队获胜时,也得到了队友毫不吝啬的赞扬。

"3月2日与巴拉多利德的比赛,我迎来了自己的西甲首球。赛后在更衣室里每一名球员都来向我表示了祝贺,手机也收到了无数的短信。"

"这次格拉内罗的离队有一点突然……他作为老队员,经常主动和我交流,在训练场上和比赛中都会给我很多建议和鼓励,积极帮我融入球队,丝毫没有任何架子,很平易近人。"

"说实话最近一段时间是我压力比较大的一段时间,但是教练和队友给了我很多的帮助,劳尔在最近的训练中一直不断地给我鼓励。赛后第一时间大卫等队友也都特意跑来祝贺。能够为这个集体带来贡献当然是值得高兴的,我也要努力尽快让自己回到最佳的状态。"

巴塞罗那当地的球迷给武磊留下了深刻的印象。刚落地巴塞罗那机场时,武磊便受到西班牙人足球俱乐部球迷的热烈欢迎,在日常生活中也经常被球迷认出并愉快合影,尤其是在俱乐部面临联赛排名下降和新冠疫情等巨大危机的时刻,球迷们依然不离不弃,坚守在最需要支持的球员身边。正是因为这种良性的共存关系,西班牙人足球俱乐部仅在降级一年后便迎来来之不易的升级。

"在抵达巴塞罗那机场等候行李的时候,一位穿着制服的机场工作人员突然走上前来用英语问我:'你是武磊吗? 欢迎来到巴塞罗那! 可以和你合个影吗?'我很惊讶来到这里的第一天居然就有球迷认出我,要知道此时我甚至都还没有穿上过西班牙人的队服。他笑着露出了手臂上西班牙人队徽的文身'在我们这儿,择一队,终一生'。"

"我们是在朋友家的阳台上观看整个巡游的,很高兴的是楼下还有当地球迷认出了我,能被这个城市以这样的方式记住,也是足球给我的一份骄傲。"

"有趣的是,我出门去丢垃圾,还被球迷认出来要合影,依旧是那样主动、热情、毫不避讳。"

"最可贵的还是球迷,虽然现在的比赛都是空场,严格限制球迷靠近,但是在球场外,在我们行动途中,我仍然可以看到在相隔很远的位置,有坚守的球迷挥舞着围巾给我们鼓劲。"

"球队现在差不多到了最为关键的时候,最近的每个主场比赛前,越来越多的球迷会来到球场外为我们唱歌和助威,这次赛前我又用自己的手机拍下了进入球场前的场景,后来当地的记者也发给我一些,我相信无论是在车内还是车外,我们的感受是相通的。"

"球迷是俱乐部绝对不可或缺的一部分,也体现了球员和球迷才是俱乐部最重要的财富。我们在萨拉戈萨的当天巴塞罗那市中心已经有球迷在一起庆祝。这种良性的共存关系,才是整个俱乐部得以立足并长久发展的根本。"

除了巴塞罗那当地球迷,中国球迷也给予武磊许多支持与感动。正因为武磊是征战欧洲五大联赛唯一的中国男子球员,他的比赛吸引了中国球迷与海外华人纷纷前往。球迷们不仅抵达西班牙人主场进行呐喊助威,还在客场比赛时到场支持,甚至在一些小城市(如萨瓦德尔、卡塔赫纳、索拉雷斯)都能看到中国球迷的身影与飘扬的五星红旗。

"看台上的中国球迷举着硕大的塑料板'武磊,全村的希望'。看台上有数不清的中国人,这里面也许有当地的企业家,有留学生,有从国内专程赶来的游客,事后得知还有中国驻巴塞罗那总领事馆的领事等。"

"几天前与谢菲尔德的热身赛是我第一次去英国参加比赛。虽然是友谊赛,来去匆匆,但能在球场里看到那么多祖国同胞为我支持呐喊,真的让我非常感动和自豪。在异国他乡邂逅祖国同胞的亲切,看到五星红旗的飘扬,这份感动往往只有留过洋的人才能感同身受。"

"在巴塞罗那机场候机的时候,迎面跑来一位十多岁的中国小男孩,身后是气喘吁吁追赶孩子的母亲。孩子万分激动地要求合影，而一旁的队友们都忍俊不禁。感到万分亲切的同时，觉得更多的是担起的那份责任。有了中国球员的加盟，欧洲五大联赛对于许多球迷又多了一份认同感和关注的理由。"

"我们迎来了2019—2020赛季西甲联赛的第一场比赛。联赛揭幕战能在RCDE球场首发出战，自然是令人兴奋的。我能感觉到球场里来了许多的中国球迷，无处不在的五星红旗让我觉得今天来到现场的中国球迷比之前都要多。"

"当一个球迷从中国转了两三次飞机来到巴塞罗那，特意跑去俱乐部球迷商店购买了我的球衣和围巾，然后驱车数小时抵达瓦伦西亚，经历几十个小时后终于抵达球场，遗憾地没有等到我出场却依然不停高呼我的名字，除了感谢，我的脑子里只有'Trabajo! Trabajo! Trabajo! Mas fuerte! Mas fuerte! Mas fuerte!（努力训练！训练！训练！变得更强！更强！更强!)'。"

"在我们入住当地酒店的时候，酒店门口有一些球迷自发前来迎接，其中有个当地球迷居然还拿出了上港的球衣，因为新冠疫情，今年其实很少能看到国内来的球迷，在这么个小城市，小地方，还有球迷的支持，真的让我有些意外和感动，大家的支持真的给了我很大的动力，谢谢你们。"

"令我十分感动的是在新冠疫情当下，在这样的城市依然有几位中国球迷来到球场，因为防疫的关系他们不能进场看球，一直在球场外等到比赛结束。为我加油打气!"

"还有一件让我特别感动的事情。我们在跟加的斯踢热身赛后，球队工作人员告诉我，有来自中国的一家三口在场外等了整整三个小时，为的是给我送来他们亲手做的牛肉包子。"

总体来说，武磊在人际适应方面较为满意，他表示："来到这里之后，所有的工作人员，所有的队友，还有很多的当地球迷都给我很多的帮助和鼓励！我们就像一个大家庭一样！我非常荣幸是这个大家庭里的一分子!"

三、武磊留洋的文化适应阶段

对武磊周记进行情感编码，发现武磊经历了初到巴塞罗那的蜜月期、俱乐部降级的危机期、西乙打拼的恢复期与升级后的适应期四个阶段。

(一)蜜月期

蜜月期为2019年1月至2019年8月,武磊加盟第一阶段正向情感占比为55%。在2019年1月末转会官宣当天,武磊感慨道:"此刻我的心情就像是16年前离开家去到崇明的时候,有对未来的憧憬期许,更多的却是对家里的留恋和不舍;俱乐部是我的家,球迷是我的亲人。现在,是再一次到了需要短暂告别,去追逐更大梦想的时候了。"温暖、热情、感动是出现频次较高的词汇,表达了武磊对于巴塞罗那的美好印象;宝贵财富、向往的经历与初心,更是体现了武磊对于留洋机会的珍惜与把握。

"足球在这里不仅有嬉笑与谩骂,还有温暖与尊重。"

"这些所有的顺境与逆境都将是我留洋道路上的宝贵财富。"

"能在万人空巷的诺坎普球场比赛,的确是每个球员向往的经历。"

"我感激大家对我越来越多的关注,也理解大家对我越来越高的期待,但我也告诉自己不能被外界的各种信息所干扰,正确地定位自己。"

"这是我在西甲收获的第三粒进球,我再也抑制不住自己内心的激动,脱掉了球衣狂奔到场边尽情地发泄和庆祝。"

"有过初来乍到的新鲜,也有万众瞩目的期待;有过彷徨无措的低谷,更有风雨兼程的初心。"

(二)危机期

危机期从2019年9月持续到2020年8月,俱乐部在联赛与欧联杯双线作战背景下不幸降级。遗憾、忧愁/失落/悲伤、困难/危险/艰辛、质疑是这个阶段出现的高频词汇,流露出武磊对于俱乐部战绩的消极情绪;勇气/勇敢、努力/拼尽全力、信心、成长则表达了武磊的坚持与韧性。

"虽然欧联杯赢球了但大家都没有松懈,我们都知道联赛更加重要,现在的形势也是非常危险的。结果非常遗憾,我们又一次在联赛上输掉了比赛。"

"球队现在确实到了最为困难的时候,需要我们每个人咬牙去拼的时候,为了这个团队,没有时间软弱或怀疑。"

"我曾享受过被球迷扛在肩膀上的振臂欢呼,那么我应该同样和他们一起承担失利的悲伤。"

"一路走来，不论是高峰还是逆境，被吹捧还是被指责，我都坚信，只要我保持信心、耐心和恒心，就没有战胜不了的困难。"

（三）恢复期

恢复期以 2020 年 9 月征战西乙联赛为开端，持续到 2021 年 5 月，俱乐部在西乙第 38 轮比赛中战平萨拉戈萨，提前四轮锁定升级资格。心态、高兴、信心/自信等词汇频繁出现，反映出西班牙人足球俱乐部吸取降级的教训，在西乙联赛中积极调整心态，认真对待每一位对手，通过一场一场的奋力拼搏拿下积分、积累自信，并最终凭借俱乐部的实力成功升级。

"教练在赛前一直给我们减压，反复强调要调整好心态，要求我们第一场比赛要打好过程，思想包袱不能有，更不能过于束手束脚，能力水平在这儿，只要发挥出正常的水平，结果肯定是水到渠成。"

"说实话，从整体实力上，在西乙我们是绝对占优的，这个时候，就更要求全队要有一个好的心态。"

"第一个训练日的时候，感觉也没有了往日那些嬉笑打闹的场景，教练也理解大家的心情，告诉我们需要放平心态，过去的事尽快抛到脑后，后面还有三分之二的比赛，现在需要马上把关注度放到下一场对莱加内斯这个关键的冲甲对手身上，这个客场作战，需要我们打起十二分的精神。"

"很高兴赢下了第一场联赛，当然也很高兴自己可以进球，就像我在赛后采访里说的，球队找回了原来的感觉，大家每一个人踢得都很舒服，球队又找回了自信，这才是最重要的！"

"战胜了这支本赛季势头正猛的对手，终于再次取得三连胜，最重要的是赢了一支排名前六的队伍，对全队而言是士气和信心上的增长，更是在积分榜上能够稳固我们位置的一场战斗。"

"或许，国内的球迷对我的关心一直是有没有机会上场，什么时候再能进球，但是对我们全队来讲，什么时候能找回踢球的乐趣，找回球场上的自信，这才是最重要的。"

（四）适应期

适应期为 2021 年 6 月到 2021 年 12 月，武磊在休赛期代表国家队参加 40 强赛，随后回到巴塞罗那备战新赛季。在过去的一个赛季，武磊"体验不一样的足球世界,充满竞争的这一年半我明白每个阶段都有当时的目标和追求,当你坚持了就会有不同的感悟和成长"。面对新赛季的到来,武磊称呼自己为"新人老球员",要像新人一样充满动力,同时又要像老球员一样放平心态。

"心里感觉到各种巧合,我又回到了这里,球队又回到了西甲赛场。现在我已经和球队再次来到了马拉加开始近两周的封闭集训了,所以,对我而言,我还是那个做好各种准备的新人老球员。"

"可以预料新赛季遇到的挑战会是西乙的几倍,但已经历了这么多,所有难题都已经不算新鲜。"

"同样亲切的还有我们重启的主场比赛,在足足一年半后我们终于迎回了现场球迷,当入场音乐和队歌响起时,我仿佛回到了自己刚到西班牙的时候,像一个新人一样,整个人充满了动力,又回到了那种血脉偾张的感觉!赛前俱乐部就通知我会有个简短的仪式,CEO何塞先生将赠给我 100 场比赛的纪念球衣。"

"都说百尺竿头,这一轮当我替补登场的时候,看台上的欢呼,球迷们的呐喊,这种感受既熟悉又陌生,甚至让我产生了一种才刚加盟球队的错觉,我又来到这里,回到西甲了,在这个舞台上,我并没有比别人差很多,我同样有很强的竞争力!我想我也应该期待更多的机会为球队做出贡献!"

"这几天也有过一些反思,反思自己的表现,也想过自己哪里还没有做好,能不能做到更好,这一个月里,从国家队到俱乐部的起伏跌宕,差不多也就是一个球员能够经历的所有酸甜苦辣。"

四、影响武磊跨文化适应的因素

(一)家庭支持

家庭支持是帮助武磊实现跨文化适应的重要因素。在武磊转会后,妻子便陪伴他来到巴塞罗那,处理租房、购置家具等生活事务,随后将一儿一女接到巴塞罗那上学。正是家人的陪伴使得武磊在当地安居乐业,孩子们的快速融入也鼓励着武磊尽快适应当地文化。相较于张奥凯与张玉宁等年轻球员,武磊觉得自己拥有年龄优势,尤其是拥有自己的小家庭,不必独立承受留洋的艰辛和不易。在新冠疫情期间,武磊终于有机会在家里陪伴孩子,家人的支持使得武磊感到安心。

"来西班牙后,我的太太为这个家庭付出了许多,牺牲了许多。我们一起经历了很多,也成长了很多。在海外踢球如果没有家庭的帮助的确非常困难,谢谢你始终陪伴左右,分享我所有的快乐,分担我所有的忧愁。"

"对幼小的孩子们来说,父母的陪伴就是一切。出国踢球对我来说不仅是竞技方面的学习,也是对生活对家庭的重新感悟。"

"有时候我在想,从孩子们身上我可以找到一些触动。我们都在努力融入这个社会。从语言学习到文化适应,从心理认同到价值观念,他们给予我动力,还有更多的鼓励。"

"庆幸的是,在我这个年纪已经有了家人的陪伴,已经有了自我调节的能力,甚至我过去曾经历过的在国家队比赛时遇到的那些质疑和压力,也已经帮助我可以更快地去消化这些负面情绪,更快地走出阴影!"

"最近欧洲的疫情又反弹得厉害,公共场所基本处于封闭状态。可能是伤病的原因,加上万圣节不出门,在家里更有感触,有时候不光是孩子会依赖大人,家长更是需要孩子在身边才能安心。在这样的特殊时期,他们在身边的支持和陪伴对我真是最大的礼物。"

"这周最开心的是我的老婆和孩子回到巴塞罗那了,说实话有两个月没见到他们了,还是很想念的。当天为了迎接他们,我还特意把家里里里外外都收拾了一遍。"

(二)国家队征召

正常参加西甲联赛抑或是响应国家队征召,是摆在武磊面前的难题,也是无数留洋球员不得不面临的两难选择。武磊毫不犹豫地选择代表国家队出征,不惜旅途奔波劳累,也宁可错过西乙联赛的冠军捧杯时刻。武磊希望能够继续保持这样的节奏,因为这意味着他将一直在欧洲联赛效力,那么多在欧洲效力的亚洲球员能做到,武磊相信自己一样没有问题。但代表国家队征战亚洲杯期间,武磊遭受了较为严重的肩伤,给武磊的留洋道路带来不少争议。国家队的失利也让武磊心情低落,面临巨大的舆论压力,回到俱乐部还要面对艰难的保级困境。

"周末联赛结束后,我就直接飞回了国内和国家队会合。之前网上有许多关于我是否回国家队的炒作和传闻。对我而言,能代表中国国家队比赛永远是义不容辞的使命。只要竞技状态能达到国家队的要求,无论身在何方我都是中国国家队的一员。"

"这一周,经历了很多,国家队的失利,让我们再次成为舆论声讨的对象。但我认为,进入 12 强是我们必须要完成的目标! 最近这段时间对我来讲,可能是职业生涯以来最为忙碌的几个月,从 8 月到现在持续的一周双赛。"

"其实作为运动员谁都想经历捧起奖杯的那个瞬间,上赛季因为提前回国参加国家队的比赛,我其实错过了当时的捧杯。"

(三)文化适应经历

2013 年,武磊作为上海东亚足球俱乐部的一员前往巴塞罗那进行冬训,并参加"太阳杯"国际足球邀请赛,对巴塞罗那有一定了解和体验。武磊出自崇明岛青训,师从徐根宝。基地里有两条徐根宝的爱犬——曼联和巴萨,可见徐根宝对于这两家俱乐部的欣赏。2013 年,武磊跟随球队前往巴塞罗那,他在诺坎普球场观看了巴塞罗那的比赛,并与西班牙人 B 队进行友谊赛,这次经历让武磊等队员受益匪浅,也在武磊心中埋下了留洋的种子。徐根宝曾鼓励武磊:"挪威联赛不适合你,注重技术的西甲联赛更适合你,你未来的目标应该是巴萨。"7 年后,武磊加盟了巴萨的同城对手西班牙人足球俱乐部,更是在诺坎普球场迎来自己的进球,这也是巴萨 1899 年成立以来,中国球员第一次攻破巴萨球门,刷新了中国足球的历史。武磊在赛后第一时间回复恩师:"比赛结束后第一时间想到徐导(徐根宝),我觉得这个进球相比其他进球更特殊一些! 2013 年看巴萨,7 年后,打进巴萨的球。感谢徐导!"

"其实想想真的也挺有缘的,徐导那时候第一次带我们来欧洲冬训就是巴塞罗那,还和西班牙人 B 队踢了场比赛! 现场看了巴塞罗那的联赛! 就是那次冬训让我们初识了真正的高水平足球,也算是在我心里埋下了出国踢球的种子。"

"第一次来巴塞罗那的时候,我们在诺坎普看了巴萨的比赛,在我现在每天训练的地方和西班牙人 B 队打了一场比赛! 当时绝对想不到几年后我也成了这里的一分子。"

五、武磊留洋的知识溢出效应

(一)个人的二次成长

相对于本土文化影响下的"首次成长",主体进入另一种全新文化后的调整、适应、接受与融入的过程被称为"二次成长"①。"二次成长"具有以下几个特点:一是"二次成长"的目的更加明确,进入第二种文化通常有更为直接的原因,因此对于要接受的新文化与自己所熟知的文化之间的差异有所了解和心理准备。二是"二次成长"的接受完全是被动的,"首次成长"中本土文化对主体的影响是潜移默化的,而面对全新文化时第一反应是抑制自己在本土文化中的做法,下意识地将两种文化加以比较,再绞尽脑汁地设想如何去应对。三是犯错误时,"二次成长"过程中对主体的宽容度更高,当主体进入另一种文化中时,该文化群体中的人们大多将他看成是一个外来学习者,因此会宽容地接纳他所犯的错误。② 武磊在中超联赛赢得冠军并收获最佳射手后,为了实现留洋梦想而转会到西班牙人足球俱乐部。他对即将面临的困难和挑战做了充分的心理准备,并积极努力地适应球场内外的节奏。随着首次出场、首次进球、进入欧战,他变得更自信,他证明了中国人也能够在五大联赛站稳脚跟。

"在来到欧洲以后,我最大的收获应该就是更自信了,证明中国人也是完全可以在五大联赛踢球的自信,所以我希望球迷们也可以和我一同成长,用大度和自信来让世界了解中国的足球。"

"如果我们从小就能够适应这里的节奏,我相信会有更高的提升空间!希望将来会有更多的小球员超越我!"

(二)对国家队的提升

留洋之前,武磊的特点在于较快的速度和无球跑动,缺点则是身体对抗能力太差。在上港效力时,前面有"浩克"给他吸引火力,再加上中超很多球

---

① 董萃.跨文化适应:异域文化中的"二次成长"[J].社会科学辑刊,2005(3):191-193.

② 董萃.跨文化适应:异域文化中的"二次成长"[J].社会科学辑刊,2005(3):191-193.

队的防守水平较差,武磊无需过多进行身体对抗。但在国家队里,武磊是被重点盯防的对象,对手又是各个国家最强的后卫,所以他的缺点就被无限放大。而这一缺点,则在其为西班牙人效力后被倒逼着慢慢克服。因为对阵的每一支球队都要远远强于武磊以前的对手,要想获得机会,就得不断克服困难。更重要的是,身边都是更高水平的运动员,武磊也可以学习到很多。因此在40强赛中,武磊不仅跑位和射术更加强大,也不害怕身体对抗,有了质的改变。武磊的表现也得到严苛的徐根宝的肯定:"世预赛,武磊你的进球、罚球,都起到关键先生的作用,也是球星左右一个队的体现。"作为留洋独苗,武磊十分羡慕日本国家队的大规模留洋——24人大名单中有17名留洋球员,其中更是有8人效力于五大联赛。

"我希望自己的留洋经历能帮助中国足球,因为足球不仅仅是在球场上训练、比赛这么简单。更衣室文化、球队管理、俱乐部运营等,太多太多的元素!"

"比赛结束后领队和球队的工作人员送我到机场回巴塞罗那,碰巧就在我的旁边,我们目睹了几乎一整支日本队的球员,他们却是在领队的带领下集体回到欧洲,然后再各自回到俱乐部。看到这一幕,作为亲身经历的人一下子五味杂陈。之前就听说过日本队在欧洲有大本营这个说法,去年底虽然有新冠疫情,但是日本的海外球员照样组成了一支完整的球队在欧洲踢了国际友谊赛。甚至他们的领队都是常驻欧洲的,可以随时帮助球员处理各种事务。"

(三)对中国球员留洋的引领

虽然留洋给武磊带来巨大改变,但他也叹息在这个年龄出国已经很难实现质的飞跃。因此,他由衷地希望有更多的年轻球员实现留洋梦想,即使在低级别联赛历练都会受益匪浅。他以身作则,不顾外界的猜测与质疑留在西甲甚至西乙联赛,也是希望带给中国球员信心和勇气,鼓励他们勇敢追求自己的梦想。只有越来越多的中国球员走出去、在国外立足,中国足球实力才能真正得到提高。

"我由衷地希望有更多的中国球员能出来踢球。特别是年轻球员,哪怕从低级别联赛开始,都将是无比宝贵的人生财富。希望能有这么一天,我们不再讨论留洋球员是否应该长途飞行得到国家队征召,我们不再为了某个留洋的纪录等待许多年,因为这些都将成为中国留洋军团的日常,而只有这样,我们中国足球的整体实力才会越来越强。"

"现在,对于中国年轻球员来说,出来感受一下欧洲的氛围,哪怕是一些二三级别的欧洲联赛,都会受益匪浅。或许当下会面对更多的困难和压力,但是当越来越多的人一起面对这个困难的时候,那么可能所有的困难都会被解决。一根筷子容易折断,但你没法轻易折断一把筷子。在这样的逆境中,我们一定会有所成长,得到提升。"

"我希望能够通过我的经历,去给更多的年轻球员们信心,让他们也有这样的梦想,也有这样的追求。我也希望把我看到的,学到的,感受到的跟大家分享,将来把这些理念带回国内,帮助中国足球,让留洋踢球这个学习进步的过程变得更加有意义。"

"我很喜欢在训练之余到现场看青年队的比赛,或许曾经的我对中国足球行业的发展还是过于乐观,直到在国外看到了从上到下的足球体系、俱乐部运营、足球氛围、普通民众对足球的热爱等等,收获是全方位的,但心情是更加复杂的,我们还有很长的路。无论什么级别的联赛,只有大批中国球员愿意走出来,能在国外立足,中国足球才真正有可能提高。"

第三节 日韩足球运动员留洋的群体特征及知识溢出效应分析

20 世纪 90 年代以来,伴随着足球运动发展全球化水平的不断提升,各国球员去往海外参加青训或效力职业联赛的留洋现象日益普遍。从历史实践来看,中国足球每一次的留洋都带来过里程碑式的提高和跨越。中国足球最早的留洋实践可追溯至 1954 年国家队赴匈牙利学习,曾雪麟、年维泗、张宏根等多名对中国足球发展做出重要贡献的运动员,都曾参与到当时的交流学习中,而匈牙利教练约瑟夫·阿姆别尔(József Ember)也成为中国足球历史上的第一位外籍教练。改革开放以后,中外体育交流合作的大门逐渐打开,中国球员赴海外工作、交流和学习日益频繁。贾秀全、柳海光等球员曾通过中国与南斯拉夫的体育交流计划加盟贝尔格莱德游击队俱乐部,成为中国首批赴欧洲俱乐部效力的球员。20 世纪 90 年代,足球职业化改革之后,社会资本与足球的结合带来了一系列新的留洋实践。在海外资本德国大众公司的协助下,施拉普纳成为国家队主教练,并帮助杨晨、谢晖、邵佳一等球员转会至德国联赛俱乐部。国内资本广东健力宝公司则与中国足协合作,选拔国内优秀青少年球员组成"健力宝队"前往巴西进行集训比赛。在打入 2002 世界杯决赛圈的国家队中,既有李玮锋等入选过"健力宝队"而留学巴西的球员,也有范志毅、杨晨、孙继海等在 2000 年前后便效力欧洲高水平联赛的球员。此外,中国足协也先后通过与万达集团、500.com 集团、阿迪达斯等企业,以及德国巴特基辛根等城市的合作,开展过"500.com 星"计划、"中德 08 之星"计划、"中国足球希望之星赴欧洲留学"计划、"2024 奥运希望之星"计划、"留葡希望队"等海外青少年人才培养项目,培养出了徐新、韦世豪、刘奕鸣、何超、邓涵文、刘洋等先后入选国家队的球员。这一现象充分说明,与欧美先进足球文化的交流,既是运动员个体竞技水平发展的必然选择,也是"以点带面"促进国家队竞技水平提升的重要途径。①

　　总体来看,中国足球过往数十年中通过留洋的方式学习海外先进足球文化的若干实践,对国家队、联赛和青训的发展等都产生过重要的影响。然而,在发展规划的延续性、项目布局的合理性、顶层推进的持续性和底层落实的一致性等方面都有欠缺,尤其是在职业化改革之后,留洋实践往往是大赛导向的"短平快"模式,而忽视了高水平足球竞技人才培养的规律性、长期性和复杂性。受困于足球改革与发展中的波折,中国球员的留洋之路在 2010 年之后出现断层,国家队的竞技水平也受到了显著影响。与此同时,曾经在竞技层面与中国接近的日本和韩国,在发展国内青训与职业联赛的同时,循序渐进地推进留洋战略,实现了各个年龄段留洋球员人数的大幅提升,不仅在国家队竞技水平上取得长足进步,也促进了足球人才培养模式的完善,激励了更多青少年投身足球,进而实现了本国足球运动水平的跨越式发展。2010 年以来,两国国家队在 FIFA 排名上长期保持在亚洲前列,在连续进入世界杯决赛圈的同时,也多次在世界杯上实现了小组出线的目标,并涌现出孙兴慜、朴智星、香川真司等具有全球影响力的运动员。在此背景

---

　　①　陈叙南,杨铄,冷唐苴,等.日韩足球运动员留洋现象研究:群体特征、动力机制与镜鉴启示[J].成都体育学院学报,2023(1):127-134.

下,日韩两国的实践无疑为中国提供了可参考的范本。日韩留洋球员在青训出身、留洋年龄、留洋方式、留洋选择上有着怎样的特点?其国内体育管理部门、俱乐部、学校等主体在这一过程中又扮演了怎样的角色?这些留洋过程中的细节问题尚未得到中国体育学研究者的充分关注。基于此,本书以2010年以来94名效力过欧洲高水平联赛的日韩球员为例,深入探究这些球员的群体特征和留洋行为的时空格局演变情况,并对其背后的动力机制进行分析,力求为中国足球人才留洋发展提供有价值的建议。

一、日韩足球运动员留洋的群体特征

(一)研究对象

留洋并非只是简单的球员转会,而是一个具有连续性的动态过程,涉及球员从参加青训到成为职业运动员的多个环节。据此,在充分考虑时效性和时间跨度的基础上,本书选取了2010—2019年,在西班牙、英国、德国、意大利、法国、葡萄牙、比利时、荷兰八个欧洲足球发达国家顶级联赛俱乐部一线队有过出场记录的日本和韩国职业足球运动员(以下简称留洋球员)为主要研究样本,搜集和整理所有运动员在两个方面的重要信息:一是年龄要素信息,主要包括球员的出生时间、首次国家队出场时间、首次加盟欧洲联赛时间、后续转会节点时间等。二是空间要素信息,主要包括球员青训所在地信息、本国或亚洲联赛效力经历、欧洲联赛效力经历等。研究数据主要源于已有文献资料、各国足协、联赛及俱乐部官方网站(如日本足协官网、韩国足协官网、英超联赛及部分俱乐部官网等),以及德国转会市场网站(https://www.transfermarkt.com/)等。

研究共涉及68名日本留洋球员与26名韩国留洋球员、56个球员相关的校园青训单位(以高中和大学为主)、117家亚洲足球俱乐部、262家欧洲足球俱乐部,以及463次球员迁移空间信息和1152项年龄节点数据。在此基础上,研究基于经济地理学的视角,综合数理统计、历史推演、时空轨迹演化等方法,刻画出2010—2019年日韩留洋球员的群体特征以及留洋行为的时空与空间格局演化情况,并归纳日韩高水平球员留洋的动力机制,力求为未来中国球员留洋计划的实施提供具有实践参考价值的建议。

(二)日韩留洋球员的年龄特征

1. 总体年龄特征

研究首先对 2010—2019 年日韩留洋球员的基本年龄特征进行分析。总体来看,研究涉及的球员大多出生于 1991 年前后(见表 7.2)。年龄最大的日本球员是松井大辅和相马崇人(均出生于 1981 年),年龄最大的韩国球员是车杜里(出生于 1980 年),而两国中年龄最小的球员均出生于 2001 年,分别为久保健英和李康仁;从出生月份来看,出生在上半年的球员分别占比 60.3%(日本)和 57.7%(韩国)。结合已有文献研究,表明日韩高水平球员也会因相对年龄优势(在活动年同日历年龄组中,距选择日近比距选择日远的个体更具优势)的存在,引致在竞技人才选拔机制中上半年出生球员更"优秀"的现象。①

表 7.2　日韩留洋球员的人口统计数据

类目		日本球员	韩国球员	总计
人数/人		68	26	94
出生年份	中位数年份	1991	1991	1991
	最大出生年份	1981	1980	1980
	最小出生年份	2001	2001	2001
国家队经历	有	52(76.5%)	21(80.8%)	73(77.7%)
	无	16(23.5%)	5(19.2%)	21(22.3%)
首次国家队出场年龄	平均数±标准差	22.2±1.6	20.4±1.5	21.7±1.8
	≤20岁	8(11.8%)	11(42.3%)	19(20.2%)
	21—23岁	35(51.5%)	10(38.5%)	45(47.9%)
	≥24岁	9(13.2%)	0(0.0%)	9(9.6%)
首次留洋年龄	平均数±标准差	22.5±3.2	20.0±4.2	21.8±3.7
	≤20岁	17(25.0%)	11(42.3%)	28(29.8%)
	21—23岁	22(32.4%)	11(42.3%)	33(35.1%)
	≥24岁	29(42.7%)	4(15.4%)	33(35.1%)
校园青训经历	高中	31(45.6%)	14(53.9%)	45(47.9%)
	大学	8(11.8%)	9(34.6%)	17(18.1%)
	无	34(50.0%)	11(42.3%)	45(47.9%)
五大联赛经历	有	42(61.8%)	25(96.2%)	67(71.3%)
	无	26(38.2%)	1(3.9%)	27(28.7%)

---

① 刘卫民,刘俊梅,蒋元中.世界优秀青少年男子足球运动员相对年龄效应研究[J].天津体育学院学报,2013(1):16-19+30.

在国家队经历上，共有73名留洋球员有国家队出场经历，占比77.7%。但这部分球员中分别有20人（日本）和15人（韩国）是在加盟欧洲的当赛季或之后入选国家队的。一方面，日韩留洋球员的数量基础较大，留洋球员之间的竞争使得"加盟欧洲俱乐部"并不意味着就能进入国家队；另一方面，受益于国家层面的青少年留洋计划，很多日韩球员较早加入了欧洲俱乐部的青训体系。而随着两国职业足球青训水平的提高，欧洲俱乐部在引入日韩球员时，也不再仅仅聚焦于已经表现出较高水准的成熟球员，同样也会关注具有长期培养价值和发展潜力，以及能够给俱乐部带来场外商业价值和未来转会费收益的年轻运动员。从2010年以来日韩国家队出场次数最多的20名球员名单来看，日本留洋球员占85%，而韩国留洋球员占45%。综上，日韩留洋球员群体在竞技水平上显然超过了无留洋经历的球员群体，且成为日韩国家队近10年来最为倚重的群体。

在首次国家队出场年龄上，如图7.1和图7.2所示，除了21名未代表国家队出场的球员（16名日本球员及5名韩国球员），有国家队出场经历的日韩留洋球员在首次代表国家队出场时，基本在23岁以下，其中，日本球员集中在21—23岁，韩国集中在19—21岁，且都有多位球员在20岁之前便代表国家队出场。根据已有文献研究结果，两国国家队球员平均首次出场年龄分别为23.8岁（日本）和23.1岁（韩国）。由此可见，相较于无留洋经历的国家队球员，日韩留洋球员更早地达到了代表国家队出场的竞技水平。

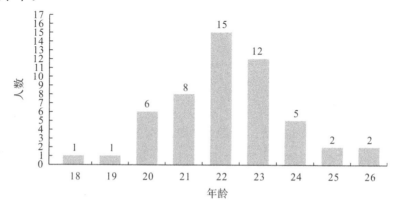

图7.1　日本留洋球员的首次国家队出场年龄分布

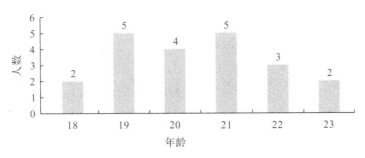

图 7.2 韩国留洋球员的首次国家队出场年龄分布

2.留洋期间的年龄特征

在分析基本年龄特征的基础上,研究进一步探究日韩留洋球员群体效力欧洲期间的年龄特征。如图 7.3 和图 7.4 所示呈现了 2010—2019 年,日韩留洋球员的转会人次和在欧人数。总体来看,日本留洋球员数量经历了大幅增长,从 12 人跃升至 40 人,而韩国在欧人数总体波动较小。在加盟欧洲联赛的年份上,日本在 2011 年和 2019 年及韩国在 2010 年和 2011 年时加盟欧洲联赛的数量显著多于其他年份,结合两国国家队在 2010—2018 年三届世界杯的表现可以看出(日本在 2010 与 2018 世界杯进入 16 强,韩国在 2010 世界杯进入 16 强),国家队在世界杯上的优异表现会显著影响次年的留洋人数。正如高桥义雄指出,日本国家队在世界杯上的优异发挥,使得日本球员的竞技水平得到世界瞩目,并带动了越来越多的日本球员加盟欧洲联赛。①

此外,在首次加盟欧洲联赛俱乐部的年龄方面,日本球员的平均年龄为 22.5 岁,包括 6 名未成年球员。2019 年底仍在欧洲联赛效力的日本球员平均年龄为 27.2 岁,其中,年龄最大的门将川岛永嗣为 37 岁,而最小的久保建英为 19 岁。在离开欧洲联赛时,日本球员的平均年龄为 26.6 岁,所有留洋球员的平均效力时间为 3.7 年。② 其中,效力年限最长的是 10 年(松井大辅),最短的则仅有半年(3 名)。韩国球员首次加盟欧洲联赛的平均年龄为

---

① 高桥義雄. 日本人 J リーグ選手の国際移籍の要因に関する研究[J]. スポーツ産業学研究,2004(1):13-22.

② 以国际足联及多国联赛规定的冬季转会窗口(1 月至 3 月)和夏季转会窗口(6 月至 9 月)之间的效力时间计为半年。

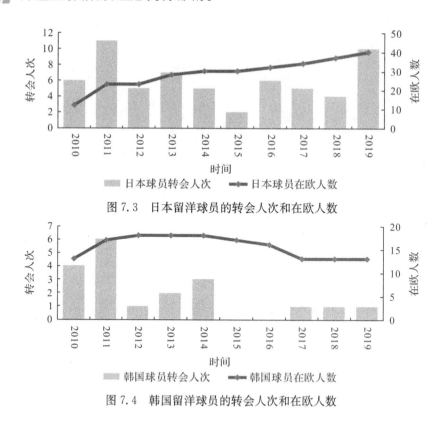

图 7.3 日本留洋球员的转会人次和在欧人数

图 7.4 韩国留洋球员的转会人次和在欧人数

20 岁,包括 9 名未成年球员。2019 年底仍效力欧洲联赛的韩国球员平均年龄为 26 岁,其中,年龄最大的李青龙为 32 岁,最小的李康仁为 19 岁。离开欧洲联赛的韩国球员平均年龄为 27.8 岁,平均效力欧洲联赛 5.4 年。[①] 其中,效力年限最长的朴智星为 11.5 年,最短的郑助国则是 1.5 年。

综上,日韩留洋球员的效力年限普遍在 3—6 年,球员的流动性较大且多数在 28 岁以后逐渐淡出欧洲顶级联赛。已有研究结果表明,优秀运动员的竞技水平巅峰期普遍在 24—28 岁,日韩球员在社会融入、身体条件等方面的先天差异,在一定程度上造成了其效力年限偏短、离开欧洲联赛年龄偏

---

① 日韩留洋球员中离开欧洲的球员的年龄及其效力年限,仅以 2010—2019 年离开欧洲地区效力的球员作为统计对象。

低的特征。日本研究者浅川裕纪和大江秋津[1]区别了足球运动员中的"通才(ゼネラリスト)"与"专才(スペシャリスト)",并指出具备较高跨领域决策沟通能力的"通才"更适合在年轻时留洋,而竞技能力相对单一的"专才"则反之,应先在国内积累经验再出国。如果想将年轻球员送出国,就应该有意识地培养球员相应的能力,以适应国际化的工作需求。此外,年龄并非决定性因素,两类人才都有可能获得成功。目前,相较于 2010 年时,已有越来越多的 30 岁以上日韩留洋球员效力于欧洲顶级联赛。这在一定程度上可以说明,日韩两国对于留洋过程中各类问题的充分重视,促进了留洋球员这一群体的职业生涯周期的延长,保证了留洋战略发展的可持续性。

(三)日韩留洋球员的空间特征

在分析日韩留洋球员群体年龄特征的基础上,进一步探究日韩球员在留洋过程中的空间特征,具体来说,包括但不限于球员的青训所在地、职业初期所在地以及欧洲迁入地(包括二次转会地)等的空间特征。

1. 青训地空间特征

相较于中国早期的专业足球学校培养体系和欧洲的职业俱乐部青训体系,日韩足协建立了俱乐部青年队和校园足球培养并行的双轨制青训体系。以日本为例,自 2003 年起,日本足协开始在国内全面推进全方位覆盖 6—18 岁青少年儿童的 TC(training center)青训育成改革,并基于国际通行 2 岁的区分段,实行 U—12/14/16 年龄分级青训和赛事体系。12 岁以下的青少年(儿童)球员则细分为 6 岁、8 岁、10 岁三个年龄段,依托各都道府县展开活动。[2]

完善的校园训练和赛事体系为日韩青少年球员提供了合适的发展平台,职业俱乐部球探也会通过校园赛事来选拔有潜力的球员。在研究涉及的 94 名日韩留洋球员中,共有 49 人有过校园足球的青训经历(日本 34 名,韩国 15 名)。在 34 名经历过校园青训的日本球员中,有多达 26 名具有高中校园足球背景,其中包括多次代表日本国家队出场的柴崎岳、大迫勇也等球

① 浅川裕紀,大江秋津. ゼネラリストとスペシャリストのためのチャンスと時機 日本人サッカー選手の海外進出データによる実証研究[C]. 経営情報学会全国研究発表大会要旨集 2015 年秋季全国研究発表大会. 一般社団法人経営情報学会,2015:228-231.
② 符金宇. 日本足球史[M]. 北京:新华出版社,2018.

员,这些球员一般毕业于青森山田高中、鹿儿岛城西高中等传统足球名校,并在拥有近百年历史的日本高中足球选手权大会(全国高等学校サッカー選手権大会)中有着优异发挥,进而走上职业足球道路。此外,也有一些球员是从职业俱乐部的青训体系返回学校青训体系,如,曾效力于 AC 米兰的本田圭佑,就是从大阪钢巴青年队回到星稜高中后,通过在全国比赛中的出色表现再次走上职业道路。不同于日本常见的"高中到职业"道路,韩国足协一直致力于打造高水平的大学足球赛事体系,并建立"大学到职业"的人才流动渠道。韩国大学生足球联赛(U-League)和 K 联赛面向大学球员的选秀制度等,都是韩国足协在构建大学青训培养体系中的重点工作。在 26 名韩国留洋球员中,有 9 名球员曾有参加大学足球联赛的经历,其中包括曾经就读于韩国明知大学的著名球员朴智星。

除校园足球和本国职业青训体系外,日韩两国也积极与海外高水平足球青训机构合作。如,巴塞罗那俱乐部在日本多地展开了足球培养机构合作项目和足球人才选拔项目,包括建立巴萨宫城 FC 俱乐部,培养出了曾效力于多特蒙德和曼联的香川真司等球员,挖掘出了天才球员久保健英。久保健英 10 岁时被招入西班牙拉玛西亚青训营,并在 15 岁时成为日本职业联赛中最年轻的出场球员。韩国则以足协主导的海外留洋计划为主要模式,其留洋球员群体中有多达 9 名球员曾拥有海外青训体系的经历(见表 7.3)。其中,韩国足协推动的优秀运动员留学项目培养出了池东沅、南泰熙、孙兴慜等近年来韩国国家队的主力球员。

表 7.3　具有海外青训经历的韩国球员

姓名	出生年月	青训地所在国家	青训俱乐部(基地)	效力年份
奇诚庸	1991年5月	澳大利亚	约翰保罗学院	2001—2005
池东沅	1985年7月	英国	雷丁	2007—2009
南泰熙	1991年7月	英国	雷丁	2007—2009
孙兴慜	1992年7月	德国	汉堡	2008—2013
朴正彬	1994年2月	德国	沃尔夫斯堡	2010—2013
金永圭	1995年1月	西班牙	皇家马德里、阿尔梅里亚	2010—2017
白昇浩	1997年5月	西班牙	巴塞罗那	2010—2017
李昇祐	1998年1月	西班牙	巴塞罗那	2011—2017
李康仁	2001年2月	西班牙	瓦伦西亚	2011—2021

数据来源:韩国足协官网、德国转会市场网站、维基百科等。

2. 迁出地空间特征

在分析球员青训所在地的基础上,进一步考察球员在职业生涯初期效力联赛的情况。在日本留洋球员中,仅有伊藤翔和宫市亮两名球员在登陆欧洲联赛前未在本国或其他亚洲国家的职业联赛效力过。前者因未达到英国的劳工证要求而无法加盟英国联赛,于 2007 年签约法国乙级联赛的格勒诺布尔(Grenoble Foot 38,2004 年被日资的 Index Holdings 公司收购),成为自 J 联赛成立以来第一位未参加本国联赛而直接与海外俱乐部签订职业合同的球员。其他 66 名日本留洋球员都有效力本国联赛的经历,其中 22 名球员有效力日本次级别的 J2 联赛的经历。如,香川真司就是在 2010 年从 J2 联赛的大阪樱花俱乐部直接转会至多特蒙德俱乐部,并在随后的赛季中以主力身份随队获得德甲联赛冠军。

在 26 名韩国留洋球员中,共有 9 名球员在留洋前没有本国或其他亚洲国家职业联赛的效力经历。在有亚洲职业联赛效力经历的 17 名球员中,有 5 名球员曾在日本国内联赛效力,如大学毕业后签约 J2 联赛球队的朴智星和朴柱昊,以及从韩国联赛加盟 J 联赛的黄义助等。从韩国联赛直接转会欧洲的球员主要来自首尔 FC(4 名)、济州联(3 名)和全南天龙(2 名)。

总体来看,日韩留洋球员主要通过稳定的本国职业联赛出场表现获得去欧洲联赛的机会,两国职业联赛竞技和训练水平较高,使得顶级联赛的中下游和次级别联赛俱乐部的球员都能够获得欧洲俱乐部的关注,也使得球员迁出地的空间分布较为多样化。

3. 迁入地空间特征

图 7.5 呈现了日韩留洋球员去往欧洲联赛时的迁入地分布。在迁入国家和俱乐部方面,日韩球员的选择都有一定的倾向性和集中度。其中,德国作为欧洲最早废除非欧球员限制的国家,成为大多数日韩留洋球员登陆欧洲的第一站。早在 20 世纪 70 年代,日本球员奥寺康彦便加盟德甲科隆俱乐部,此后车范根、高原直泰等日韩球员在德国联赛都有着较为突出的竞技表现。除德国以外,日韩球员对于迁入地的选择存在较大差异。日本球员更倾向于选择欧洲中游水平联赛作为登陆欧洲的迁入地,如荷甲、比甲和葡超等联赛。球员在这些国家的联赛中可以获得较多的机会,进而吸引五大联赛俱乐部的关注。

如,本田圭佑和富安健洋分别在俄罗斯和比利时的联赛中取得优异表现后,加盟五大联赛的球队。而很多韩国球员则受益于韩国足协主导的政策性留洋项目,可以从法国、英格兰和西班牙等国家的青训系统中直接加盟该国或其他国家的高水平联赛,此外,近年来朴智星、孙兴慜、奇诚庸等韩国球员在高水平联赛的出色表现,也使得欧洲球队有意识地关注韩国优秀青年球员。总体来看,日韩留洋球员在迁入地选择上,会受到青训出身、迁入国的职业足球发展情况、外援配额制度,以及当地留洋群体等因素的影响。

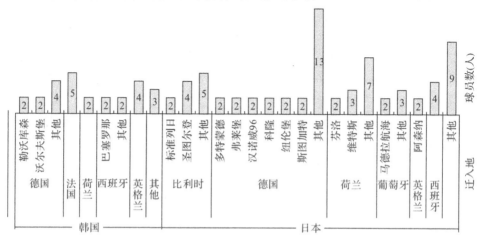

图 7.5　日韩留洋球员的欧洲迁入地分布

4.欧洲效力期间的空间特征

图 7.6 和图 7.7 分别呈现了日本和韩国球员在欧洲效力国家(地区)的分布情况和转会次数。如图 7.6 所示,在日本留洋球员中,接近半数的人(32 名)曾效力于德国联赛,其次是地理位置和联赛水平与五大联赛较为接近的比利时和荷兰联赛,分别有 18 名和 17 名的日本球员曾选择以上两个国家的联赛作为登陆欧洲的首站。此外,因为严苛的外援配额制度,去往法国和意大利的日本球员较少。在效力不同国家联赛方面,超过半数的日本球员仅参加过一个国家的联赛,而有 10 名球员效力过 3 个及以上国家的联赛。图 7.7 呈现了韩国留洋球员的效力选择。与日本类似,在 26 名韩国留洋球员中,有 13 人曾参加过德国联赛,但不同于日本球员,在英格兰、法国和西班牙等欧洲职业足球水平较高国家效力过的韩国球员数量较多,这也

和前文述及的韩国足协的留洋项目和政策有关。此外,与日本球员类似的是,多数韩国球员依然以效力一国或者两国联赛为主,仅有 5 名球员曾效力于 3 个及以上国家,其中,石现俊为近 10 年里效力不同欧洲国家联赛最多的日韩球员,共效力过荷兰、葡萄牙、土耳其、匈牙利和法国 5 个国家。

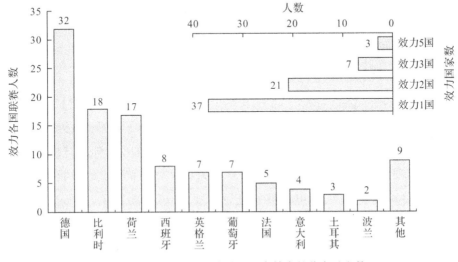

图 7.6　日本留洋球员在欧洲国家效力的分布及人数

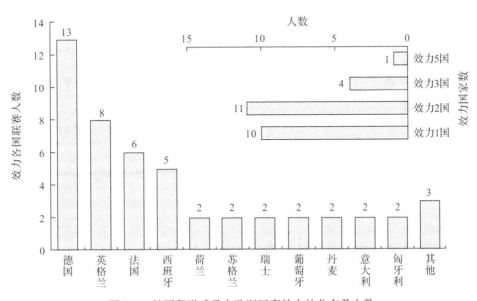

图 7.7　韩国留洋球员在欧洲国家效力的分布及人数

二、日韩留洋球员的阶段性特征及其动力机制分析

在分析日韩留洋球员的青训地、迁出地、迁入地和效力国家(地区)的基础上,本书进一步运用历史推演方法,结合时间、空间、人数等维度的信息,综合呈现日韩留洋球员群体的阶段性特征。日韩球员在其运动生涯中,一般会经历校园足球、职业青训和职业联赛三个主要阶段,但球员在这三个阶段中并没有固定的发展路径,而是会根据具体情况进行动态选择。

(一)青训阶段

在未成年的青训阶段,日韩留洋球员大多具有校园足球的背景。其中,日本青训中的双轨培养路径明显,中学阶段的青训水平已经能够对接职业俱乐部的要求,未成年球员在学校体系和职业体系中可以自由转换身份而不影响其训练水平。此外,近些年来日本青训主体与海外球队的合作愈加密切,一些球员在青训培养过程中便已受到欧洲球队的关注,进而在成年后直接去往欧洲。韩国青训中,高中青训与海外职业青训则是球员成长的主要途径。除了前文提及的韩国足协主导的留洋项目外,韩国校园青训体系的完善还得益于韩国足协参与建立的各级足球学校联盟,以及由此构建的覆盖小学到大学的纵向培养体系。在此体系的影响下,学校足球运动员人数占到了韩国足协球员总人数的近80%,保证了韩国竞技足球后备人才的坚实塔基,带动了韩国足球的可持续性发展。[①]

(二)青训向职业转变阶段

在运动员成年后从青训向职业的转变中,日本球员主要以效力本国职业联赛为起点,而韩国球员在经历高中青训后,除了少数天才球员被职业队选中,或从海外青训直接转为职业外,大多会进入大学深造。在大学就读期间,韩国大学球队会以接近职业队的高强度训练帮助大学生球员维持高水平状态。韩国大学生联赛的高质量发展也吸引了海外职业足球俱乐部的关注,尤其是日本联赛的球队。诸如朴智星、金珍洙等球员都是从大学球队加盟日本联赛,并且在取得优异表现后加盟欧洲联赛球队。值得注意的是,近

---

① 孙一,梁永桥,毕海波.中、日、韩三国青少年足球培养体系比较研究[J].中国体育科技,2008(4):60-65.

年来,越来越多的日本球员也开始选择大学联赛球队作为成年后的发展渠道。舟桥弘晃[1]与饭田义明[2]指出,日本大学联赛竞技水平的快速发展,可以为现阶段水平普通但梦想成为职业球员的高中生或职业青训球员提供一个维持状态与展示能力的平台。具有足球特长的学生可以通过足球技能获得被推荐进入大学深造的机会,在完成学业的同时,也保留了晋级职业联赛的可能性。日本大学球员的代表是曾效力国际米兰的长友佑都,他曾就读于明治大学,通过在大学联赛的优秀表现获得了加盟 J 联赛东京 FC 俱乐部的机会。

(三)留洋初期

在欧洲地区的选择上,非五大联赛球队与五大联赛球队都是日本留洋球员的主要流向地,也有部分选择加盟五大联赛的次级别联赛球队,而韩国留洋球员更倾向于直接加盟五大联赛。非五大联赛的竞争环境宽松可以有助于日本球员获得较多出场机会,以此作为跳板进而加盟五大联赛球队。而加盟五大联赛的次级别联赛球队则有助于球员适应本地的社会文化和生活环境,同时有机会争取高级别联赛俱乐部的关注。有别于日本球员的选择,只有少数韩国球员将非五大联赛作为登陆欧洲的迁入地。一方面,韩国足协的留洋计划培养了白昇浩、李昇祐、李康仁等海外青训球员,他们可以通过青训梯队的优秀表现直接进入俱乐部一线队;另一方面,近年来韩国球员在英超联赛和德甲联赛的优异表现,也使得五大联赛中一些球队对韩国球员产生了特别关注,包括德国的弗赖堡、奥格斯堡等球队都曾有过多名韩国球员效力。

(四)留洋中后期

在欧洲地区效力期间的选择上,日本球员则倾向于长期留在欧洲地区或返回日本联赛效力,而部分韩国球员则会在职业巅峰期选择薪资更高的

---

① 舟橋弘晃. 日本のエリートスポーツシステムの成功要因:エリートアスリートのエリートスポーツ環境の評価による検討[D]. 東京都:早稲田大学大学院スポーツ科学研究科, 2011.

② 飯田義明. Jクラブに所属するユース選手における進路決定プロセスに関する一考察[J]. 専修大学体育研究紀要, 2012(36): 17-28.

非本国亚洲联赛。近年来,伴随着卡塔尔、沙特、中国等职业联赛的高速发展,对亚洲籍高水平球员的需求不断提升,相应的薪酬水平也逐渐提高。在此背景下,朴主永、具滋哲和南泰熙等韩国球员选择了在职业生涯末期加盟西亚地区球队,而洪正好则是在职业生涯巅峰期从德甲联赛转会到中超联赛。相比之下,大部分日本留洋球员并没有选择直接返回亚洲地区,而是加盟欧洲其他联赛球队,延续其在欧洲的职业生涯。如,香川真司、冈崎慎司和柴崎岳等日本球员就选择了西班牙乙级联赛,其中,冈崎慎司在韦斯卡获得西乙联赛冠军并随队征战西甲联赛。

(五)日韩留洋球员的动力机制分析

2010—2019 年的 10 年,是日韩足球竞技水平快速提升、人才培养机制逐步完善的重要时期,而日韩留洋球员则是两国在运动人才培养、教育体制改革、体育产业发展等多领域、多尺度相互交织和作用下的产物。[1] 据此,结合前文的分析,以及劳动力迁移、人口流动等理论,本书从宏观、中观和微观三个层面剖析日韩留洋球员群体特征与时空格局形成的动力机制。

1. 宏观层面:日韩与欧洲足球文化的融合

在宏观层面上,欧洲与日韩两国在体育全球化的背景下,在过去 10 多年间逐步建立起联赛间高质量球员的流动渠道。由于国际足球综合水平的提高以及足球运动影响力的进一步扩大,欧洲足球作为国际足坛商业化发展的主导者,也一直在寻求着新的发展空间和方式。因此,在人才培养、商业开发等方面,欧洲主流联赛和俱乐部都不再局限于欧洲地区,而是将目光转向亚洲、北美洲等足球新兴地区,这一发展选择也促使了各地区间的足球人才的跨地区(国)流动,顶尖足球运动员越发集聚在欧洲各国联赛中。

此外,伴随着 20 世纪中期东亚各国在经济、文化等方面的快速崛起,日韩政府均将足球水平的提高视为国家文化复兴和民族情绪塑造的重要推手。20 世纪 50 年代开始,日本文部省提出"强化国民体质,发展大众体育和竞技体育,提升日本国民的民族自豪感和日本的国际影响力"的全新体育发展理念。此后,日本奥委会聘请德特马·克拉默(Dettmar Cramer,日本足

---

[1] 陈叙南,杨铄,冷唐薀,等.日韩足球运动员留洋现象研究:群体特征、动力机制与镜鉴启示[J].成都体育学院学报,2023(1):127-134.

球界的第一位外籍教练,日本职业足球联赛的奠基人)担任足球运动发展顾问,通过制定政策、加大人力和物力的投入,全面改组日本足球单项体育组织管理结构。"以足球运动推进日本国家复兴"成为这一阶段日本足球项目的发展理念。从具体实践来看,日本发展足球的国家战略执行时间更长、覆盖面更广、影响也更为全面,各级职业联赛、基层青训体系以及庞大的校园足球赛事体系都得到了重构和完善,加上日本较为庞大的人口基数,为留洋球员的大幅增长打下了坚实的基础。①

在韩国,足球也同样被政府赋予了浓厚的政治色彩和激进的民族感情。韩国政府甚至不惜通过各类方式来发展足球。如,为了避免输给朝鲜队,主动退出 1966 年世界杯资格赛,以及 2002 年世界杯的裁判争议与贿赂丑闻等。这种民族主义的"强心剂"在一定程度上促进了韩国足球的普及、发展和提高。最终将韩国足球的发展与韩国国家实力腾飞及民族自信提升深度绑定在一起。在日韩将国家形象的塑造寄托于体育运动发展的背景下,留洋球员便成为两国谋求国际影响力和提升软实力的重要手段。

2. 中观层面:足协间与俱乐部间所形成的流通渠道

介于宏观足球文化与微观个人之间的是俱乐部、联赛以及相关管理机构在推动和发展球员跨国流动方面的制度安排和组织行为。其中,各足协间的相关政策制定与俱乐部的意愿需求等因素上的契合,是促成球员流通渠道实际形成的关键。在足球发展过程中,日本更加重视在本国职业联赛发展中,教练员、运动员、训练、转会渠道等方面的国际化带来的"覆盖面",韩国则以足协主导的海外留洋计划为"突出点"。以日本为例,J 联赛于 2009年废除了海外转会的国内限制,引入国际足联通行的转会条例,打开了欧洲俱乐部介入日本市场的大门。以此为契机,日本足球在 2010 年以后开始出现海外留洋热潮。此外,在体育劳动力全球流动背景下,职业体育组织更倾向于通过挖掘全球高水平运动员来降低成本。日韩球员前往欧洲供职的现象已成为常态。此外,引入日韩球员不仅可以为俱乐部带来亚洲市场的商业收入,也可以直接给俱乐部带来竞技水平和转会收入方面的提升。如表

---

① 陈叙南,杨铄,冷唐菡,等.日韩足球运动员留洋现象研究:群体特征、动力机制与镜鉴启示[J].成都体育学院学报,2023(1):127-134.

7.4 所示,日韩球员在加盟欧洲联赛时的转会费普遍较低,而一旦这些球员能够有较好的竞技表现,在后续转会时可以带来数百万甚至上千万欧元的收益,香川真司、孙兴慜等日韩球员都为俱乐部带来了超过 1000 万欧元的转会收益。此外,通过国际足联的联合机制补偿(solidarity mechanism),球员过往的本国青训俱乐部也可以获得相应的收益。

表 7.4　部分日韩留洋球员的转会信息

国家	球员	迁入地	俱乐部	转会费/百万欧元	二次转会俱乐部	二次转会费/百万欧元	净收益/百万欧元
日本	香川真司	德国	多特蒙德	0.35	曼联(英超)	16	15.65
	武藤嘉纪	德国	美因茨	2.8	纽卡斯尔(英超)	10.7	7.9
	富安健洋	比利时	圣图尔登	0.6	博洛尼亚(意甲)	8	7.4
韩国	孙兴慜	德国	汉堡	(青训)	勒沃库森(德甲)	10	10
	奇诚庸	苏格兰	凯尔特人	2.4	斯旺西(英超)	7	4.6
	朴主永	法国	摩纳哥	2	阿森纳(英超)	6.5	4.5
	洪正好	德国	奥格斯堡	2	江苏苏宁(中超)	6	4

数据来源:转会费数据来源为德国转会市场网站、维基百科等。

3. 微观层面:球员个体决策

球员作为留洋的最终决策者,其在竞技生涯发展和经济利益方面的诉求必定是其选择留洋的关键因素。高桥义雄[1]在其研究中指出,有 71% 的受访日本球员希望效力于国外联赛,而 21 岁以下的球员更是接近 85%。球员普遍认为,欧洲高水平赛事可以促进其技战术水平的提高,同时也可以提升其进入日本国家队的机会。近 10 年来,日韩共有 42 名球员在加盟欧洲联赛前没有国家队的效力经历,其中 35 名球员在欧洲联赛的优异表现帮助其在国家队中获得了出场机会。此外,欧洲职业联赛作为当今全球足坛商业化发展最好的地区,也可以促使日韩球员在职业薪资和商业价值上有更大的晋升空间。在日本,根据日本足协的规定,职业球员初始年薪仅有 460万日元,与普通工薪阶层的收入水平相当,远低于欧洲主流联赛的球员薪酬水平。因此,很多日韩球员在转会欧洲联赛之后,都实现了自身薪资水平和商业价值的巨大提升。同时,也有越来越多的日韩球员将欧洲联赛的经历

---

① 高桥义雄. 日本人 J リーグ選手の国際移籍の要因に関する研究[J]. スポーツ産業学研究,2004(1):13-22.

作为其人生阅历与职业规划的一部分。竞技水平得到欧洲国家认可之后，国内地位与知名度也会相应提升，在球员退役后的人生发展中能起到一定的作用。①

值得注意的是，韩国兵役制度与亚洲金元足球模式等因素也影响到了球员的个体决策。欧洲俱乐部在转会决策中，更倾向于选择日本球员，而不敢贸然签下未获兵役豁免的韩国球员，而韩国球员也会充分考虑兵役制度对职业生涯发展的影响。相比日本球员倾向于长期效力欧洲地区联赛的职业选择，南泰熙、具滋哲、洪正好等韩国留洋球员在丰厚薪资的吸引下，选择职业生涯巅峰期回流到亚洲地区联赛，而金英权、郑又荣、张贤秀等具有实力的韩国球员也选择了西亚、中超等联赛的高额合同而非留洋欧洲，这也在一定程度上造成了日韩留洋球员在群体数量、集聚模式、职业规划等方面的差异。

三、日韩球员留洋的知识溢出效应对中国留洋问题的经验启示

日韩两国与中国在地理环境、文化氛围、人种特征等方面有着一定的相似性，但在青少年成长环境、球员培养体系、经济发展水平等方面，却又存在着较大的现实差异。根据前文的分析，本书认为，中国足球运动管理者应当综合借鉴以成熟联赛体系构建起庞大球员群体基数的日本模式，以及通过足协统筹主导高水平青少年留洋计划的韩国模式，探索适应中国足球事业现状的中国球员留洋模式。

（一）中国球员留洋的现实问题

1."不出去"：足球生态的欠缺与人才观念的制约

目前，中国足球整体发展生态呈现出极端化、负面化和情绪化的特征，足球运动员的社会形象、职业认同度、群众支持度等带有明显的负面性。各类媒体屡次杜撰、传播、鼓吹国内球员的虚假消息、大肆渲染负面情绪，引导舆论向足球从业人员施压，使得足球运动和球员的发展无法获得足够的宽容度与耐心度。在此背景下，赛会制赛事与职业联赛的冲突频发，既有在

---

① 高橋義雄，佐々木康. 日本人スポーツ選手の海外移動とキャリア形成に関する一考察[J]. 生涯学習・キャリア教育研究，2012(8)：71-78.

2002年国家队备战世界杯期间,为了防止球员遭受伤病并增加合练机会,而禁止球员转会海外球队的先例,也有因全运会赛事与国家队备战,而强行征调运动员回国参赛或暂停国内比赛的现状,导致了部分球员"不能出去"的情况。此外,多数"走出去"项目缺乏政策与舆论支持,民营资本无法长期为竞技人才培养的不稳定性买单,因而极易滋生投机行为,稍遇挫折便草草收场,又使得一些球员产生了"不敢出去"的思想。同时,相较于日韩"走出去"群体中大量效力于欧洲普通水平联赛的球员,一些具有留洋能力的中国球员在过往数年间一直处于金元足球带来的高薪待遇环境中,产生了"不想出去"的观念,在商讨留洋问题时,因薪资问题言必称"五大联赛",从而错失了留洋的时机。

2."出不去":培养体系的桎梏与竞技能力的困境

除了主观上的"不出去",现行青少年培养体制带来竞技人才匮乏、竞技水平不足,同样映射出目前国内足球运动员"出不去"的真实困境。日韩两国在早期的职业化改革后,通过各级部门相互协同以及足协层面统一部署覆盖全国的多级人才选拔与训练中心,消除了科层、地域、环境等带来的培养体系桎梏。反观国内,在体制创新方面,各级职能部门机械地执行足改方案,校园足球流于形式,人才培养急功近利,体育部门与教育部门的协调配合明显脱节。由此,导致了很多具有发展潜力的青少年球员难以获得较好的训练资源和发展机会,进而使得各个层面的高水平球员供给不足、选材范围狭窄,间接引致具备留洋能力的球员数量逐年减少。因此,"出不去"的本质就是在全球职业足球市场中,球员竞争力不足,难以获得欧美职业俱乐部的价值认可。

3."送出去":人才培养的异化与"短平快"模式的泛滥

无论是日韩两国足协层面统筹规划的海外集训计划、职业经纪人运作的俱乐部球员转会,还是资本收购海外俱乐部的"借壳"模式,都不乏成功案例。在中国足球过往若干"走出去"的实践中,以上几类培养模式上的尝试也都有先例。但受制于竞技水平低下,诸如"500.com星"计划、"中国足球希望之星赴欧洲留学"计划等海外青少年人才培养项目的实施,演化为了流于表面的"花钱送出去"的"镀金"行为,甚至成为不法经纪公司的牟利工具。

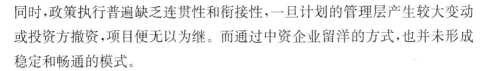

同时,政策执行普遍缺乏连贯性和衔接性,一旦计划的管理层产生较大变动或投资方撤资,项目便无以为继。而通过中资企业留洋的方式,也并未形成稳定和畅通的模式。

(二)日韩球员留洋的知识溢出效应对中国球员留洋的启示

1. 确立留洋的人才发展理念

伴随着体育全球化的高速发展,职业足球人才培养体系的国家边界日益淡化,各个年龄段高水平竞技人才的全球流动越发普遍,借助海外青训和赛事体系培养本国高水平足球人才,已成为很多国家发展足球时的重要理念和共识。欧洲的比利时、丹麦、波兰等国家,都通过本土与海外青训及联赛的结合,培养出了大量高水平足球竞技人才。日本与韩国在推进足球发展的整个过程中,也都贯彻了留洋的人才发展理念,并在实践中不断落实,进而逐步获得了与世界足球发展高水平国家竞争的能力。

鉴于中国足球在青训体系和职业联赛发展方面的欠缺,推动足球人才去往高水平国家与地区发展更应成为促进足球整体发展的重要理念。然而,目前在我国足球发展的顶层战略中,留洋的理念尚未得到足够重视。无论是在足改方案还是在中长期规划中,提及人才赴国外学习发展的内容都相对偏少。而在中国足协发布的《进一步推进足球改革发展的若干措施》中,尽管明确提出了"制订和实施优秀足球运动员'走出去'计划"的任务,但并未给出具体的发展理念和相应措施。据此,借鉴日韩两国留洋战略的经验,本书认为应当从以下两个方面着手,确立留洋的人才发展理念。

第一,应当提出符合中国足球发展状态的、能够体现对接国际先进水平的人才培养理念。培养理念的确立是构建整个培养体系的起点,也是反映人才培养思路的关键。从日韩足球发展经验来看,两国都曾经历过效仿某一个或多个国家足球理念的阶段,但两国足球的管理者都在一段时期的摸索后,提出了具有本国特色的足球人才培养理念。韩国足协提出的人才培养理念是"立足基础的创造力和挑战欲",旨在通过坚实地加强球员的基本技能和培养他们的创造力来挑战世界足球舞台。同样,日本足协也立足球员能力长远发展的宗旨,提出了"Player First!"(球员第一!)这一以球员为本的指导理念,并在日本足协官网上明确标注。目前,提出足球人才培养的

"中国理念"已是当务之急,只有在合适理念的引导下,青少年和成年足球训练发展的思路、规划方案、具体细则等才能具备一致性和连贯性。

第二,人才培养的理念应当能够落实到操作层面,且能够做到科学化、手册化、全链化和动态化。日本与韩国足协都根据各自的培养理念,在其官网上公布了覆盖各个年龄段的青训培养大纲、技术手册和赛事组织手册等。同时,日本的 TSG(技术研究组)与韩国的青年发展政策案例研究组,还会通过对海外足球发达国家的足协、职业联赛、青训基地等人才培养系统的实地考察与访问,掌握和研判全球足球人才培养理念的发展趋势,创建技术报告,并通过定期会议与本国各级教练员进行交流沟通。2020 年,中国足协在借鉴国际足联青少年训练手册以及一些足球发达国家的青少年训练大纲的基础上,发布了《中国足球协会青少年训练大纲》,迈出了落实人才培养理念的关键一步。在此基础上,中国足协、各地区足协应当持续关注国内青训工作的开展及国外青少年足球发展的趋势,成立专项研究小组及时跟进和动态调整青少年训练理念和具体方案,并通过公开的方式接受社会舆论、足球从业人员、国内球迷的监督与建议,确保理念的与时俱进和落到实处。

2. 构建留洋的人才培养机制

高水平足球人才的培养起步于理念的确立和落实,依赖于培养体制的建立和完善。相较于日韩两国已构建起的多元化人才培养和流通体系,目前中国尚未形成稳定且贯通的足球人才培养机制,也导致了很多具有发展潜力的青少年球员难以获得较好的训练资源和发展机会,进而使得各个层面的高水平球员供给不足、选材范围狭窄,间接导致了具备留洋能力的球员数量逐年减少。据此,本书认为,要提升留洋球员的数量和质量,需要管理层在宏观层面优化资源配置,实现跨部门、跨地区的协同联动机制,既要发挥制度优势,打造面向精英青少年足球天才的选拔机制,拉高"金字塔尖",也要运用好"体教融合"模式,培育校园足球发展的土壤,早日实现校园与职业的对接,夯实"金字塔基"。

具体来说,在青年精英人才选拔机制方面,可以参考的措施主要包括日韩两国的精英人才选拔机制,如,日本的特雷森系统与韩国的黄金时代计划等。这些举措的关键都在于通过足协层面统一部署覆盖全国的多级人才选拔与训练中心,其目标不仅在于自上而下推广青训理念和提升团队训练水平,更可以给予更多青少年精英球员更好的发展环境和专业指导,消除地域人才成长的瓶颈期和天花板。在此基础上,日韩两国足协还通过长期沟通交流,组建了多年龄段国家队间的日韩联合训练营和跨国比赛。据此,本书认为,中国足协应当重点统筹和推进定期举办的短期精英足球青少年训练营,在普及理念、加强训练和选拔人才的同时,也可以通过此举规避当前青少年培养中因过分追求短期效益而导致的地方球队培养人才的短视性、局限性和一些不良竞争行为。同时,可以基于训练营建立实时、动态和公开的人才数据库,在全国范围内传达"专业、公平、公开"的足球人才培养愿景。

在促进校园足球融入高水平运动员培养层面,应在现有的校园足球人才培养机制基础上,着力推进学校对接职业俱乐部的渠道建设,创新人才流动的机制。从日韩两国的发展经验来看,职业运动员在俱乐部梯队和学校之间的双向流动,使得各级学校都可以成为高水平足球人才的"蓄水池"。其中,韩国大学通过高水平的训练使得大学生球员具备了参加职业联赛的竞技水平,而日本足协推出的JFA/J联赛特别指定球员系统,更是让具有高中或大学身份的学生球员能够在校园赛事和职业赛事之间实现流动。

本书认为,在当前中国校园大力推进"体教融合"的背景下,完善大学的高水平运动队与竞赛体系的建设,借助高校体育工作开展高水平足球人才培养,无疑可以成为扩大足球人才基础的重要方式。在此基础上,可以借鉴日韩高校和职业联赛中的制度安排,打通两者之间的人才流动渠道。此外,还可以通过现有的高校联合办学条件,积极与海外足球发达国家的高等专业院校开展合作,培养各类足球专项人才,反哺校园足球生态,从而形成校园足球人才培养体系的正向反馈机制。

3. 丰富留洋的人才输出途径

从日韩两国足球留洋的实践经验来看,在实现国内足球人才稳定产出的基础上,打造多样化的人才输出途径,是全面推进留洋战略的重要抓手。无论是两国足协层面统筹规划的海外集训计划、职业经纪人运作的俱乐部球员转会,还是资本收购海外俱乐部的"借壳"模式,都不乏成功案例。因此,在未来落实留洋战略的过程中,应当充分利用协会、俱乐部、企业和高校等主体,借鉴日韩两国人才输出的模式,丰富我国留洋战略中的人才输出途径。

第一，应当科学推进足协主导的青少年留洋项目与国际青少年赛事。在竞技足球水平发展的早期进程中，日韩两国都通过国家层面的经济补贴，资助国内球员进入海外青训，并与各类型团体组织海外青少年培训项目。如，日本与巴西济科足球中心共同举办的 U15"日巴友好杯"赛事、与食品企业卡乐 B 公司合作的"J 联盟学院卡乐 B 全球挑战"项目，都为青少年球员提供了竞赛平台，而日本女子海外强化指定球员制度、日韩两国青少年球队的海外赛事集训等方式，也全方面促进了两国青少年球员水平对接国际。基于此，一方面，中国足协可以面向 2024 年奥运会和 2026 年世界杯等近期重大赛事的适龄球员，选拔并资助部分球员赴欧美俱乐部进行训练和比赛，以提高其自身竞技水平，带动国家队成绩的提升；另一方面，积极筹措与海内外各类机构的中外青少年赛事与联合训练营，扶持类似"2034 杯"等国际化的青少年足球比赛，以更为常态化和持续化的方式，全面拓展国内青少年儿童的国际视野与培养途径。

第二，通过合适的方式，依托中国企业的海外发展和布局，推进企业参与球员留洋的行为。过往十余年中，复星国际、星辉互动娱乐、合力万盛、苏宁体育、南京钱宝等中国企业先后收购或注资了狼队、西班牙人、海牙、国际米兰和巴列卡诺等欧洲俱乐部，但仅有武磊、张玉宁、张呈栋等少数球员在以上俱乐部中获得了少量出场机会。除了球员自身能力的欠缺之外，中国企业在俱乐部运营方面的介入较少、俱乐部竞技目标与国内球员水平无法匹配、外援配额要求较高等原因也阻碍了国内球员获得机会。相比之下，日韩企业收购海外俱乐部的运作模式可操作性更强。如，日本 DMM 公司在收购比利时圣图尔登俱乐部之后，邀请前东京 FC 总经理立石敬之出任CEO，从俱乐部层面与多家日本俱乐部达成合作协议，进而引入了多位日本球员，并通过竞争出场、对外租借等方式，促成了多位日本球员加盟欧洲高水平俱乐部。相较于中国企业收购的球队，比利时联赛等非主流国家联赛或部分二级联赛的球队对球员竞技水平要求相对偏低，且外援数量限制较松，适合作为国内球员适应欧洲联赛并寻求进一步发展的跳板，因此，促进企业与此类俱乐部的合作，无疑是更适合中国足球发展现状的人才输出模式。

第三，在各级俱乐部层面推动海外合作共营项目。日韩两国都在青训层面积极引入欧洲优秀的人才培养体系，以求在本土让更多国内球员感受到先进足球文化和训练水平。韩国足协为了建立系统化管理本土人才的数据体系，与德国足协基地的技术和运动能力测试平台合作，建立起黄金通行证球员能力系统。此外，日本也与巴塞罗那俱乐部共建了四座本土训练营，并积极参加拉玛西亚青年世界杯和亚太杯，以培养本土精英青年球员。总体而言，国内在与海外共建合作项目上，已涌现出恒大足校、富力足校等典型案例。但在平台构建和政策支持上，仍需要足协管理层的统一部署和监督，并做好职业青训培养的兜底功能。以防在足校管理层产生较大变动或投资方撤资后，青少年球员无法得到妥善安置而无球可踢。

第四，积极吸引高校参与足球人才培养和国际交流。近年来，日韩两国积极创新校园足球人才留洋的培养途径。在高校层面，东京大学足球俱乐部就与奥地利的因斯布鲁克队建立合作伙伴关系，成为第一支与海外职业球队结盟合作的日本大学。在中小学层面，日本足协也通过积极设立海外训练营为青少年儿童提供跨文化交流的平台，2011—2019 年，共举办 28 次海外考察。据此，本书认为，国内教育主管部门和各级学校需要在"体教融合"和"双减"政策的双重背景下，开展多渠道、多方式的国际交流项目，努力提升学生群体的海外足球经历、拓展其足球文化视野，使其对足球运动产生真正的兴趣，从而稳步提升青少年足球参与者的数量。

4. 落实留洋的保障激励措施

在留洋发展的战略框架内，建立与完善中国球员在海外效力过程中的保障和激励措施，是战略最终得到落实的关键所在。对中国球员来说，去往海外国家工作，在社会、文化、气候等客观因素上的差异，以及球员本身在年龄、性格、身体状态等主观因素上的顾虑，使得他们需要在经济收入、职业发展、文化融入等多个方面的综合考虑下慎重权衡留洋的利弊。如果相关主体不能够提供充分的制度性保障和激励，国内适龄高水平球员很难有信心和决心做出留洋的选择。因此，中国足球管理者应当充分考虑各方利益，构建起可以统筹兼顾国家队、俱乐部和球员三方利益的保障和激励体系。

具体来说，在国家队层面，因各类赛事集训进行人员调动时，应当充分协调到球员转会或留洋球员所在俱乐部赛事的相关安排。在 2002 年国家队备战世界杯期间，为了防止球员遭受伤病并增加合练机会，中国足协曾禁止球员转会海外球队,由此导致张恩华、李明、吴承瑛等一批优秀球员从海外俱乐部返回国内,或无缘加盟海外俱乐部。当前,球员的跨国参赛和训练就更需要各利益相关方的充分协调。在俱乐部层面,足协和俱乐部需要疏通转会壁垒,主动帮助建立起与海外俱乐部的联系与沟通渠道,积极促进球员转会相关事项的推进,保障球员在留洋过程中的合法权益不受侵害,以防"出口转内销""天价转会费"等问题的再次出现。在球员层面,可以参考日韩两国的实践,为球员留洋提供帮助与指导。以日本为例,为了帮助日本球员积极去往欧洲发展,日本足协计划在德国等欧洲国家设立起足协办事处并派驻人员,从而建立起日本本土足球俱乐部和欧洲足球俱乐部的沟通与谈判渠道,为日本球员在欧洲地区效力过程中的身心健康、竞技状态等做到实时监控与保障。此外,在目前国内职业足球投资方意愿不清、球员收入水平普遍下降的背景下,更需要职业足球管理者及时给出具有针对性的制度安排,既要保障俱乐部在人力资源投入方面的积极性和可持续性,也要基于球员利益给出相关激励,创造出国内优秀球员进入国外高水平职业联赛的可能性。

5. 营造留洋的足球文化氛围

足球改革与发展是一个复杂的大系统,其高效运转需要足球自身各子系统有效衔接、相互协同、交互赋能,并形成一个组织与个体高度协同的有机生态,支撑改革与发展目标的达成。[①] 因此,推进足球人才留洋战略的发展,不仅需要落实一系列有针对性的政策,更需要营造出足球人才产生和成长的环境。

从中国足球发展历程来看,过往 20 多年间,尽管在联赛职业化和市场化改革方面取得了一些进展,但国家队竞技水平和青少年人才培养的停滞不前,致使足球事业和产业的整体发展不尽如人意。伴随着 2015 年足改方案与中长期规划的发布,中国教育部门、体育管理部门高度重视足球后备人才培养,开展了全国范围内的校园足球活动,并在儿童青少年中积极推广足

---

① 鲍明晓.足球改革进程中深层次制约因素及化解策略[J].北京体育大学学报,2019(11):10-22.

球运动且取得了明显成效①,开始逐渐形成良好的足球文化氛围和发展环境。

在推进人才留洋战略的执行过程中,各主体应当积极地将留洋的理念融入足球文化的发展和建设中,进而营造出留洋群体产生和成长的足球文化氛围。参照日韩足球文化的发展经验,在青少年层面,将培养"世界通用的选手"作为目标,在人才培养中不仅重视足球技艺的发展,也对运动营养知识、语言交流能力、海外生活常识,甚至心理抗压能力等各个方面的综合能力进行培养,打造适应全球化体育竞争的选手;在成年球员层面,将社会贡献活动作为全体注册球员所必须承担的责任与义务,将自律性、责任感以及去往欧洲高水平联赛效力等作为职业足球更高的内在追求。有意识地宣传留洋球员的案例,尤其是中国球员在面对留洋的种种困难时,如何通过个人的努力来实现职业生涯的突破,从而"以点带面"形成示范效应。通过留洋成功案例,帮助青少年球员和职业球员形成留洋的意愿和决心,促进中国足球留洋群体的不断扩大,为中国足球运动的发展提供人才支撑。

第四节　小　结

中国企业跨国并购职业足球俱乐部的逆向知识溢出效应表现为三方面:一是职业足球俱乐部管理与经营的知识溢出,二是青训体系建设的知识溢出,三是球员留洋的知识溢出。基于武磊周记的文本分析,本书发现武磊面临总体环境适应、工作适应与人际适应的挑战,并经历了蜜月期、危机期、恢复期与适应期四个阶段,其中家庭支持对于武磊的跨文化适应发挥重要作用;武磊在留洋中经历了"二次成长",知识溢出效应还主要表现为对国家队水平的提升与对中国球员留洋的引领。从日韩两国球员留洋实践来看,留洋成功不仅仅是球员个体层面的选择与决策,更是两国校园足球和联赛体系长期科学发展的结果,其背后离不开政府、协会、俱乐部、学校等多个主体在各个维度和层面上的统筹协调与贯彻执行。从当前中国足球

---

① 田慧,王敏,亓顺红,等.欧洲优秀足球后备人才培养模式与启示[J].体育科学,2020(6):16-23＋48.

事业发展的现实来看,人才发展理念、人才培养机制、人才输出途径、保障激励措施与足球文化氛围等方面应是实现中国足球人才"走出去"目标的重要抓手,也是中国足球走出一条适应中国国情和足球运动发展规律之路的必然选择。

第八章　中国企业跨国并购职业
足球俱乐部的风险研究

第一节　跨国并购的风险概述

　　跨国并购相比于国内并购,实务操作程序更复杂,而且受不确定性因素的干扰也更大,因而并购失败的可能性也更大。根据风险来源的不同,可将跨国并购风险分为外部环境风险和企业内部风险,外部环境风险包括政治法律风险、经济风险和文化风险,企业内部风险则包括战略决策风险、财务风险和整合风险。[①]

一、外部环境风险

(一)政治法律风险

　　政治风险是指由东道国政治环境的不确定性造成企业资产损失。这种不确定性与东道国政治制度、宗教、文化、社会力量、经济发展水平、东道国与其他国的关系等多种因素密切相关。政治风险表现:一是战争风险,东道国国内党派斗争、政权发生更替或与其他国家发生利益冲突导致政局不稳,引发暴乱或战争,对跨国公司员工的人身安全及财产安全造成破坏。二是限制性政策,包括外汇管制、歧视性税收政策、财产政策、投融资政策以及特殊的环保法和排污法等。三是政府效力障碍,包括政府腐败、政府违规以及领导人非正常变更等。

　　法律风险是指由东道国相关法律造成的较大资本损失,主要包括:一是

---

①　闵剑. 企业跨国并购风险动态监测研究[D]. 武汉:武汉理工大学,2013.

立法权无效性。东道国政府没有针对跨国并购进行立法,法律依据缺位。二是法律不一致。东道国的法律与国际经济惯例存在冲突,东道国与投资母国的法律存在冲突,或两国间的投资活动违背了第三国法律等。三是与母国法律不适配。东道国与投资母国的法律虽然不冲突,但是由于不同的政治、经济和文化影响,相关规定无法相互适用。

(二)经济风险

经济风险包括国家经济风险、金融风险和市场风险,主要表现:一是国家经济风险。从 GDP、通货膨胀率、失业率、居民收入基尼系数等指标考察东道国的宏观经济状况。二是金融风险。东道国利率的变动直接影响企业的资本成本,给投资者带来额外的融资负担。三是市场风险。市场需求和产品价格波动带来不确定性,影响企业对未来收益的预测。

(三)文化风险

文化风险包含民族文化和企业文化的双重文化差异。一是民族文化整合风险。荷兰文化协会研究所所长霍夫斯坦德认为民族文化差异可以通过权力距离、不确定性规避、个体主义与集体主义以及男性度与女性度四个指标进行描述。二是企业文化整合风险。企业文化的差异表现在三个维度:管理风格、领导行为和企业战略。[①]

二、企业内部风险

(一)战略决策风险

企业战略定位的好坏深刻影响着企业经营的成败,战略决策风险是由企业缺乏发展规划导致的并购动机偏离长远战略的情况。[②] 由于战略的制定发生在并购交易的最开始,若战略制定不当,其诱发的风险会直接影响并购各环节,使并购失败的概率大大提高。[③]

---

① 唐炎钊,张丽明.中国企业跨国并购文化整合关键影响因素的理论模型探讨[J].管理学家(学术版),2010 (1):41-52.

② THONGCHAISIRISAKUL P. 电商企业海外并购的动因和风险分析——以阿里巴巴收购 LAZADA 为例[D].杭州:浙江大学,2017.

③ 徐振东.跨国并购的风险及其控制的主要途径[J].中国工业经济,2000(5):16-19.

战略风险主要包括：一是战略目标不明。决策层出于机会主义和盲目跟风而进行跨国并购。二是企业定位不当。企业过高估计自身实力，并购后无力整合而导致并购失败。三是战略规划失误。企业未综合考量环境、能力与资源等因素，使规划缺乏可行性。

决策失误是并购失败的关键原因，主要包括：一是区位选择。对投资地的宏观和微观区域特点分析不足引起区位选择出现失误。二是行业选择。当前跨国并购存量集中在商业存在式投资，而技术获取型投资比例较低，企业对产业选择需明确定位，否则会带来巨大损失。三是目标企业选择。企业过高估计并购未来收益或未充分考虑并购成本，导致目标企业选择出现失误。四是信息不对称。尽职调查不力、调查工作存在的局限性、虚假信息以及信息传递不及时等问题，造成决策失误。

(二)财务风险

1. 定价风险

跨国并购的定价风险来源于并购方对于目标企业的利润预测与其真实价值存在偏差。若并购方高估目标公司，就会支付较高的并购价格；若低估其价值，则容易错失并购机会。

2. 融资风险

企业跨国并购的完成无法脱离资金的支持，需要通过外部筹资来获得所需要的资金，因此可能引发与融资有关的财务风险。一般来说，融资方式包括发行股票、债券和银行贷款三种。任何一种融资方式都会带来一定程度的财务风险，选择通过股票进行融资容易造成企业股权被分散；采用发行债券的方式，若债券的价格较高、利率较低，难以吸引投资者，若债券的发行价格低、利率高则很难满足企业的资金需要；银行贷款耗费时间短、效率高，但限制了企业使用资金的灵活性。

3. 汇率风险

跨国并购过程涉及国际交易，因此会受多种货币汇率的影响，若处理不当就会引发与汇率相关的财务风险。当用外币进行并购交易时，本币与外币之间的汇率波动将对并购的交易成本有影响。若外币相比于并购方使用的本币升值时，对于并购方来说，此次的交易成本就会增加，产生汇兑风险损失,从而引发跨国并购的汇率风险。①

(三)整合风险

1.资源整合风险

企业资源的整合是跨国并购整合最基础的工作,包括物质资源整合、人力资源整合、技术资源整合以及品牌资源整合。人力资源整合风险是指由人力资源这种资源本身特性和对其管理不善等原因引起的资源未能最优配置,或人员流失的可能性风险。品牌资源整合风险是指跨国并购后如何管理多品牌的问题,是保留、放弃,抑或是创立新品牌。

2.经营整合风险

经营整合包括业务整合、组织机构整合和制度整合三大内容,具体表现:一是业务整合风险。企业在业务重组过程中需要对哪一部分业务进入上市公司业务进行选择,若出现重组失误就会影响企业整体业务的开展。二是组织机构整合风险。跨国并购后出现机构臃肿、职责不清以及部门间协调能力不强,导致企业效率低下。三是制度整合风险。跨国并购后并购双方的各项制度未能统一,制度规范化和标准化程度较低。

第二节　退出跨国并购的风险分析

一、合力万盛并购海牙足球俱乐部的案例分析

(一)主并企业发展概况

北京合力万盛国际体育发展有限公司于 2008 年 4 月 16 日成立,法定代表人为王辉,公司经营范围包括体育运动项目经营、赛事活动策划、体育用品及器材服装销售、体育投资管理咨询以及组织文化艺术交流等。王辉喜爱足球,曾是北京大学的校队成员,并于 1999 年成立了万思恒足球俱乐部征战国内和国际的业余比赛。王辉曾在 2008 年获得北京大学生足球联赛 5年经营权,也曾成功运作 2009—2012 年意大利超级杯、2009 年英超亚洲杯

---

① 韩烁. 三元食品跨国并购的财务风险及对策研究[D].北京:北京印刷学院,2019.

以及 2014 年法国超级杯,其中 2011 年的米兰德比创造了单场 9000 万元的营收纪录。在社会职务方面,王辉作为法律代表于 2012 年 3 月出任中国足协职业联赛理事会专家代表和执委会委员;同年,王辉还当选北京市足协副主席并成功连任。

(二)目标俱乐部概况

海牙足球俱乐部成立于 1905 年,位于荷兰第三大城市海牙。海牙足球俱乐部曾获得 1941—1942 赛季、1942—1943 赛季的荷兰甲组足球联赛冠军,以及 1967—1968 赛季、1974—1975 赛季的荷兰杯冠军。海牙在欧洲范围内的最好成绩是 1976 年闯入欧洲优胜者杯 8 强。海牙俱乐部于 2008 年重返荷甲联赛,并保持中游行列,2013—2014 赛季排名为第 9 名,2014—2015 赛季排名为第 13 名。

(三)并购过程与结果

2014 年 7 月,合力万盛与海牙足球俱乐部达成收购协议,收购俱乐部 98% 的股份,收购资金为 800 万欧元,剩余的 2% 为不可转让股份,其中 1% 为海牙市政府持有,另外 1% 为海牙球迷团队持有。2015 年 1 月 15 日,合力万盛在支付了全部股权转让款后,正式完成了对海牙俱乐部的收购,海牙俱乐部成为中国企业控股的第一家欧洲主流联赛的顶级足球俱乐部。

2016 年,海牙足球俱乐部起诉合力万盛未履行财务方面的承诺,导致俱乐部被荷兰足协列为财政困难俱乐部。经法院裁决,王辉被暂时剥夺了俱乐部监管层主席的职位,其所持股份也被转移给独立管理人,合力万盛需要支付欠款 247 万欧元。

磨合期之后的海牙足球俱乐部战绩稳中有升,2017—2018 赛季和 2018—2019 赛季的排名分别为第 7 名、第 9 名,相比收购当赛季的第 13 名有所提升。海牙足球俱乐部的一个赛季的运营成本大致为 1500 万欧元,收支相抵后呈现略亏的状态。2021 年 11 月,深陷财务困境的海牙足球俱乐部被美国公司 Globalon Football Holdings 收购。该公司实际控制人为美国亿万富翁大卫·布利策(David Blitzer),他还拥有 NBA 费城 76 人、NHL 新泽西魔鬼、MLS 皇家盐湖城、MLB 克利夫兰守护者、NFL 匹兹堡钢人,以及水晶宫(英超)、奥格斯堡(德甲)、埃斯托里尔(葡萄牙)、阿尔科孔(西协甲)等足球俱乐部。

(四)政治法律风险与文化风险

2014年7月,合力万盛与海牙足球俱乐部正式签署了股权购买协议,但是海牙足球俱乐部在八九月更改了俱乐部章程,以此来限制股东的管理权限。由于当时还未完成股权交割,合力万盛无权干涉俱乐部章程的改变。[①]王辉承认,由于当时签署协议的经验不够,未能提前防范其中的规章制度漏洞以及可能带来的法律风险。

2015年9月,合力万盛签署了一封表达投资意向的信函,金额为370万欧元。这封信函的签署目的是表明合力万盛将会一如既往地支持海牙足球俱乐部发展,其在中国的法律环境里并不属于正式的合同。但是,正是这封信函,成为海牙足球俱乐部起诉合力万盛未履行财务方面承诺的关键证据,最终海牙足球俱乐部胜诉,合力万盛则依据信函里承诺的金额补缴全部欠款。

合力万盛上述两次法律风险的遭遇,均是由于前期准备不足,未能在并购前对东道国的相关法律以及足球行业的相关规章制度进行深入研究,最终出现风险防范不足、落入制度陷阱的情况,使企业蒙受损失。

跨国并购过程中,企业必须面对母国和东道国的文化差异,其中包括价值观和管理风格的差异,这会阻碍并购双方在战略和管理方式上的统一,增加并购后企业的运行困难。

生长在中国企业文化中的王辉,一直遵循着"谁出资、谁决策"的商业原则,即公司章程里规定由出资比例来决定决策权。因此,收购海牙足球俱乐部98%股份之后,王辉认为自己拥有绝对的决策权,能够自主决定俱乐部的资金投入、教练员任免以及中国球员的加盟。于是,王辉开始着手运作高洪波前往海牙足球俱乐部担任球队助理教练,输送中国球员进入一线队等预期设想。然而,上述计划均遭受到了俱乐部教练组和管理层的强烈反对。王辉虽为大股东,对俱乐部负有出资义务,却在管理上处处没有话语权,这让他完全不能接受。具体来说,王辉的计划受到俱乐部监事会的阻挠,这些

---

① 郑玲玲,崔国文.中国资本海外足坛并购的环境、风险与对策[J].西安体育学院学报,2020(5):583-587.

外聘的顾问专员有权利参与俱乐部日常事务的运营管理,却没有受到相应的制约。当监事会将王辉当作"外人"来看待时,王辉的计划都受到极大的阻力。

此外,中西方对于足球俱乐部性质的认识也存在巨大差异。在中国,足球俱乐部在 1994 年实现职业化,各地足球文化较为薄弱,足球俱乐部的商业属性较为突出。而在荷兰,足球俱乐部已有百年历史,其根植于当地社区、城市,与当地的政治、经济发展密切相关,具有突出的社会属性、公众属性。其中,海牙足球俱乐部的股份中有 2‰为不可转让股份,其中 1‰为海牙市政府持有,另外 1‰为海牙球迷团队持有,就是其社会属性的展现。因此,海牙足球俱乐部的健康发展才是海牙各界人士和社会舆论的关注焦点,他们不愿意俱乐部成为中国投资者反哺中国足球发展的工具。此外,引入中国球员是与当地球员争夺工作机会,除非球员的竞技能力达到"优秀人才优先引进"的标准,否则会被视为侵占本地人工作机会的外来者。

由于合力万盛与海牙足球俱乐部在管理决策和俱乐部认知两大方面的差异,并购双方经历了长达两年的冲突与磨合期。随着俱乐部管理体系的不断完善,中西方团队确立了共同目标:希望俱乐部越来越好。随后,海牙足球俱乐部与中国的交流与合作也不断加深。在中国球员培养方面,张玉宁租借加盟球队,他是国家队中唯一的留洋球员。此外,俱乐部还引进了三名中国球员,分别是冯子豪(U19 梯队)、李嗣镕(U16 梯队)和王凯冉(U14梯队)。在引进海牙足球青训体系方面,2017 年 10 月,海牙足球俱乐部中国青训中心落户广西南宁。在与地方政府合作方面,合力万盛、海牙足球俱乐部与海牙市政府三方于 2018 年 12 月签订合作意向书,三方将共同在海牙市举办国际青少年足球赛事,并邀请中国职业足球俱乐部梯队参加。

二、品怡股权并购帕维亚足球俱乐部的案例分析

(一)主并企业发展概况

上海品怡股权投资基金管理中心成立于 2011 年 12 月 30 日,实际控制人为朱晓冬和上海年余投资管理有限公司。

(二)目标俱乐部概况

帕维亚足球俱乐部成立于 1911 年,位于米兰城南部 35 公里的小城帕

维亚。20 世纪 50 年代,帕维亚曾在意甲短暂亮相,此后长期征战于意乙、意丙联赛。2013—2014 赛季,战绩不佳的帕维亚在意丙联赛中垫底,由于下赛季意丙实行扩军,俱乐部能够继续在职业联赛中征战。

(三)并购过程与结果

2014 年 7 月,上海品怡股权投资基金管理中心收购了帕维亚 100% 的股份,这是意大利足坛首家被中资收购的俱乐部。当年 10 月,朱晓冬签约意大利影星玛莉亚·嘉西亚·古欣娜塔,后者成为帕维亚足球俱乐部代言人。12 月,朱晓冬通过帕维亚足球俱乐部发起意大利中国青少年足球"伯乐"培养计划。

并购后的第一赛季(2014—2015 赛季),帕维亚以联赛第三的身份进入升乙附加赛,但因临阵换帅无缘升级。

2015—2016 赛季,球队排名联赛第九,再次与升级无缘。而在此时,俱乐部管理层之间的矛盾越发激化,朱晓冬曾经许诺的球场扩建、为小镇带来中国游客的计划未能实现,更是传出了俱乐部欠薪、资金周转不畅的现象。

在 2017—2018 新赛季开始前,朱晓冬宣布将帕维亚足球俱乐部转让给罗马尼亚建筑商亚历山德罗·努切利,然而后者无法承担帕维亚足球俱乐部的债务。2016 年 10 月 6 日,帕维亚当地法院宣布帕维亚足球俱乐部破产,共拖欠球员、教练员薪水 250 万欧元以及俱乐部工作人员薪水 10 万欧元。帕维亚失去了意丙联赛注册的资格,俱乐部的球员们自行组建了名为帕维亚 1911 的球队,征战意大利的业余联赛。

(四)战略决策风险

战略决策是关系企业全局和长远发展的重大问题的决策,带有风险性。在进行跨国并购决策时,决策者需要对本公司战略保持清楚的认识,了解自己现有的资源和竞争优势,同时对整个行业环境有一个良好的把控。在确定了并购的基本战略之后,下一步需要谨慎选择具体的目标企业,目标企业能否与收购企业产生协同效应直接影响并购效果。

从跨国并购与公司发展战略的契合度来看,品怡股权并购帕维亚属于跨行业并购,品怡股权此前的经营范围不包括足球抑或是体育产业领域,无法与已有业务形成协同。此次并购使品怡股权实现多元化投资并捆绑了

"足球概念",但足球并不是一门好生意。俱乐部的发展欲速则不达,很难在短期内通过运营获取可观的经济效益,品怡股权的投机型动机为并购后的整合埋下巨大隐患。

从并购目标的选择来看,帕维亚俱乐部虽有百年历史,但其长期征战于意大利第三级别联赛,俱乐部整体价值不高,且难以在短期内完成升级。俱乐部所在城市帕维亚,人口仅有 7 万多人,其城市规模不足以支撑一家大市场俱乐部。此外,帕维亚缺乏优质的旅游资源,且距离米兰仅 40 公里,旅游经济的发展也缺少相应条件。因而,帕维亚足球俱乐部不是一个理想的标的。

三、罗森内里并购 AC 米兰足球俱乐部的案例分析

(一)主并企业发展概况

罗森内里体育投资公司(Rossoneri Sport Investment Lux)成立于 2017 年 1 月 6 日,于卢森堡注册,法人为李勇鸿。李勇鸿出生于 1969 年,祖籍是广东茂名,1994 年移居香港。1994—1997 年,任香港安顺企业有限公司董事兼总经理;1997—2005 年,任重庆爱普科技有限公司董事兼总经理;2005 年至今,任龙浩国际集团有限公司董事局主席。[①] 2004 年,化州绿色山河庄园非法集资案中,李勇鸿及其父亲、兄弟因"非法吸收公众存款罪"被立案处理。2011 年,李勇鸿曾因将多伦股份出售给鲜言时信息披露违规,被罚 60 万元。2013 年,因李勇鸿出售价值 5110 万美元的房产公司股票而未进行通报,被证监会处以 9 万美元的罚款。

(二)目标俱乐部概况

AC 米兰足球俱乐部成立于 1899 年,位于意大利第二大城市米兰。在意大利层面,AC 米兰曾获得 18 次意甲联赛冠军、5 次意大利杯冠军和 7 次意大利超级杯冠军。在欧洲层面,AC 米兰曾获得 7 次欧冠冠军、5 次欧洲超级杯冠军、2 次欧洲优胜者杯冠军及 4 次洲际杯和世俱杯冠军。1986 年,西尔维奥·贝卢斯科尼成为 AC 米兰的俱乐部主席,其旗下的菲宁韦斯特集

---

① 李小平. 多伦股份前东家李勇鸿失踪一年后再现身[EB/OL]. (2013-07-29)[2023-07-05]. https://company.cnstock.com/company/scp_dsy/tcsy_gszx/201307/2675538.htm.

团(Fininvest Group)成为 AC 米兰的母公司。根据福布斯公布的"全球最具价值的足球俱乐部排行榜(2017)",AC 米兰的俱乐部价值为 8.02 亿美元。

(三)并购过程与结果

2016 年 5 月 26 日,中欧体育注册成立;6 月 7 日,其子公司罗森内里体育投资管理长兴有限公司注册成立,与海峡汇富产业投资基金以及其他投资者组成财团开始实施对于 AC 米兰俱乐部的收购。由于 2016 年底央行、国家外汇管理局等四部门加强了中资出海的管控,中欧体育发表声明称,因收购涉及的条件和手续复杂,股权交割需要延期完成。其间,中国投资者三次共支付 2.5 亿欧元定金,若交易失败,菲宁韦斯特将不予退还。

2017 年 4 月 13 日,李勇鸿以罗森内里体育投资公司正式完成对 AC 米兰足球俱乐部的并购交易,以 7.4 亿欧元收购 99.93% 股份,其中包含 2.2 亿欧元债务。为完成这笔收购,李勇鸿与美国埃利奥特基金(Elliott Management)达成了借款协议:借款总额为 3.03 亿欧元,1.8 亿欧元用于收购行为,7300 万欧元用于 AC 米兰足球俱乐部短期应急开支,另有 5000 万欧元用于足球俱乐部运营,抵押品为 AC 米兰足球俱乐部。这笔钱要在 18 个月之内分期偿还,利息总额约为 5500 万欧元,如果这些利息不能及时偿还,AC 米兰足球俱乐部将被埃利奥特接管。

2017—2018 赛季,李勇鸿在夏季转会窗口期投入高达 2.28 亿欧元的转会费来增强球队阵容,出售球员的收入为 5850 万欧元,该赛季净投入 1.695 亿欧元。

2018 年 7 月,因无力偿还埃利奥特基金出借的 3200 万欧元,李勇鸿被迫退出 AC 米兰。2017—2018 赛季,AC 米兰最终排名联赛第 6 名,与上赛季持平。由于被欧足联认定违反了财政公平法案,AC 米兰被取消参加欧足联赛事的资格,后经申诉成功,恢复了下赛季欧联杯参赛资格。

(四)财务风险

由于并购交易金额庞大,企业难以通过现有资金进行支付,往往需要通过外部筹资,从而引发与融资有关的财务风险。回顾李勇鸿并购 AC 米兰的交易过程可以发现,在 2016 年 8 月至 2017 年 3 月之间,李勇鸿共三次支付定金 2.5 亿欧元,若交易失败,这些定金将不予退还。贝卢斯科尼采用的"定金+尾款"的还款方式,通过一个个截止日期的催促,迫使李勇鸿在沉没成本和更高风险的融资之间做出选择,最终李勇鸿为了避免前期投资的亏损而选择向埃利奥特基金进行7%—11%利率的大额借款,为后期的巨大还款压力埋下了伏笔。2017年7月10日,李勇鸿仍无法偿还协议中规定的3200万欧元欠款,埃利奥特正式启动接管AC米兰足球俱乐部的程序。可见,融资风险是李勇鸿退出AC米兰的直接原因。

第三节　存续跨国并购案例的风险应对分析

一、奥瑞金并购欧塞尔足球俱乐部的案例分析

(一)主并企业发展概况

奥瑞金科技股份有限公司是一家以品牌策划、包装设计与制造、灌装服务、信息化辅助营销为核心的综合包装解决方案提供商。公司于1994年创立于海南文昌,长期致力于食品饮料金属包装产品的研发、设计、生产和销售。长期服务的快消品品牌有红牛、战马、东鹏特饮、乐虎、安利、体质能量、百威啤酒、青岛啤酒、燕京啤酒、雪花啤酒、加多宝、可口可乐、百事可乐、健力宝、元气森林、北冰洋、冰峰、飞鹤、伊利、露露、旺旺等。作为推动中国冰球运动与国际优质冰球资源接轨的践行者,奥瑞金采用"引进来"和"走出去"相结合的发展模式,积极探索冰球市场化发展的路径。在布局冰球领域的同时,奥瑞金对于足球领域的布局也同步展开,通过投资收购国际优质足球资源和投资青少年球员人才培养及输送型IP创业项目,奥瑞金在中法足球文化交流及青少年球员交流、培养与输送等领域已经展开积极的探索和尝试,积累了一定的实操经验和完善的足球市场化发展战略。

(二)目标俱乐部概况

欧塞尔足球俱乐部是法国老牌足球俱乐部之一,成立于1905年,长期处于法国足球甲级联赛,并在1995—1996赛季夺得法国足球甲级联赛冠军。2011—2012赛季首次降级,目前处于法国足球乙级联赛,它是欧洲少数几支拥有主场固定资产的足球俱乐部之一。俱乐部青训学院8次获得法国最佳青训中心,近40年直接培养了超过200名职业球员。在有着"青年法

国杯"之称的甘贝德拉杯历史上,欧塞尔以 7 冠 2 亚傲视整个法国足坛;而在 U19 到 U15 等不同级别的全国联赛中,欧塞尔各级梯队全部有过夺冠经历。在青少年人才培养层面,欧塞尔蜚声海外,为众多球队提供了标杆与范本。在 2016 年的法国足球队青训排名中,欧塞尔名列法乙第一、全法第六。

（三）并购过程与结果

2016 年 10 月,奥瑞金正式收购法国欧塞尔足球俱乐部,并许下有关未来的两大愿景:一是率领欧塞尔重回法甲、保证财务健康、再现昔日辉煌;二是反哺中国足球,为中国的教练、球员与从业者打造提升自我的平台。俱乐部大力推动青训设施的建设,于 2016 年建设了全新的住宿楼、2018 年对青训学院完成了翻新。每个赛季均有本队青训培养的球员进入一线队,梅尔西耶、若利、德佩尔辛、西纳约科、西尔维斯特、弗雷吉是青训学院的佼佼者,他们多次入选一线队比赛大名单且有过登场经历,其中西纳约科更是入选了马里成年国家队,征战洲际大赛。2019 年法国女足世界杯前夕,欧塞尔足球俱乐部提前为中国女足提供了从训练基地到酒店住宿、交通等全方位的保障,极大地保证了"铿锵玫瑰"在异国他乡安心投入备战。2019 年,俱乐部与上海金山筹建欧塞尔中国青训基地,派遣能力突出、责任心强的青训教练来华执教。通过将青训教练带到中国,欧塞尔不仅为中国青训教练提供了近距离学习、交流的机会,也让中国小队员们可以从小零距离接触先进的青训理念。2020 年新冠疫情之前,欧塞尔青年队每年都会来华参加"金山杯"国际青少年邀请赛,取得了不俗的成绩。在华期间,走进中国校园、与中国文化亲密接触是俱乐部梯队的"必修课",一系列的交流活动进一步拉近了中法两国青少年足球的距离。

2022 年 5 月 30 日,欧塞尔足球俱乐部在法甲升降级附加赛次回合比赛中战胜圣埃蒂安足球俱乐部,时隔 10 年重返法甲舞台。法国《约纳河共和报》评价这场比赛是"一场精彩程度可以被记入法乙升级附加赛史的经典之战"。

（四）财务风险的应对措施

由于此前的财政危机,欧塞尔在降入法乙之后不得不大量出售青训球员维持球队开支。在接手俱乐部之后,周云杰下达的第一条指令就是重塑球队的青训体系,明确表示"所有21岁以下球员的转会事宜必须经过我亲自决定"。从2017年夏天开始,周云杰为欧塞尔重新找回了重视青训的传统,经过五个赛季的努力,欧塞尔也收获颇丰:包括在2021—2022赛季大放异彩的前锋西纳约科、为球队升级立下汗马功劳的门将莱昂在内,2021—2022赛季欧塞尔的主要轮换阵容中共有六名球员出自欧塞尔的青训体系。而恩迪卡、马赛兰等优秀的青训球员更是在过去三个赛季里为欧塞尔带来超过2000万欧元的转会收入。

正式进入中资时代之后,球队并没有盲目"烧钱",而是通过科学化的管理和运营,将清上上下下的关系。在帮助球队减少负债的情况下改善俱乐部的硬件设施,在引援方面学习美国人的"魔球理论",通过科学论断去引入性价比高的球员,比如这两年从法甲、法乙球队低价购买的高中锋沙博尼耶和海因,二人很快融入球队,前者还打入17球,成为2021—2022赛季法乙银靴。

法国足球跟国内最大的不同点就在于它的预算管理。当今世界足坛独一无二的DNCG(法国职业联盟财务控制委员会),在周云杰刚刚接手俱乐部的时候就给他上了一课,DNCG会在赛季前审核法甲、法乙全部40支球队的预算,由它来审核判定股东的投资是否有利于球队、有利于整个联盟的发展。即使股东再有钱,这个钱也是要经过DNCG的审核才可以投入球队的管理体系当中。DNCG对于俱乐部的财务监控非常严格,比如在赛季开始前要确认俱乐部有足够的资源来应对新赛季的成本和风险,俱乐部的年度盈亏和资产负债表必须完全透明,等等。违规的处罚包括限制转会、罚款、扣分直至除名。正因如此,法甲和法乙球队在新冠疫情时也并没有遇到空场、转播费减低带来的财政问题,仍保持在一个相对健康的水平之中。

为了加重球队重返法甲的筹码,周云杰为欧塞尔请来了曾四次带队升级的马克·弗兰出任球队一线队主教练,并且重新修整了球队的主场以及青训学院,从上到下让球队的面貌焕然一新。经过三个赛季的磨合,2021—2022赛季初欧塞尔将目标对准了重返法甲,在名帅与强援的通力合作下,欧塞尔在法乙联赛的发挥令人眼前一亮。

二、复星国际并购狼队足球俱乐部的案例分析

(一)主并企业发展概况

复星国际创立于 1992 年,深耕健康、快乐、富足、智造四大板块,已成为一家创新驱动的全球家庭消费产业集团。2007 年复星国际在香港联交所主板上市(00656.HK)[①],截至 2022 年 12 月 31 日,公司总资产达人民币 8231 亿元,在 2022 福布斯全球上市公司 2000 强榜单中位列第 589 位,MSCI ESG 评级为 AA。复星国际整个集团自 2010 年开始启动了全球化战略,从那时起展开了对海外优质资产或品牌的收购,尤其是在欧洲,覆盖保险、医药、文旅、酒店、时尚等多个领域。

(二)目标俱乐部概况

狼队成立于 1877 年,是英格兰历史最悠久的足球俱乐部之一。20 世纪 30 年代,狼队青训学院创立,至今已拥有成熟完整的青训体系,包括专业教练、医疗、体育科学、心理学、教育、数据分析等方面,梯队从 U8 到 U21,涵盖多个年龄段。在 20 世纪 60 年代一度称霸本土,有广泛的知名度,是英格兰唯一曾在五个不同级别联赛获得冠军的球队。

(三)并购过程与结果

2016 年 7 月,郭广昌的复星国际经过国际足坛的超级足球经纪人豪尔赫·门德斯(Jorge Mendes)的介绍,以 4500 万英镑收购了当时处于英冠联赛的狼队的 100% 股份。2018 年,狼队重回英超。狼队官方披露的截至 2019 年 5 月 31 日的 2018—2019 赛季年度财务数据显示,英超转播分成 1.2 亿英镑和比赛日收入、商业收入等让狼队在这一财年的营业收入达到了 1.725 亿英镑,最终该赛季内共获得 1996 万英镑的税前利润。截至 2019 年,狼队的估值已达 3.5 亿英镑。2020—2021 赛季,狼队的收入约 1.98 亿英镑,主要来自比赛的门票、衍生品销售和球员买卖,而 2016 年时俱乐部年

① 翟丽.复星:利用消博会重要平台 推动自贸港双循环发展[J].中国外资,2021 (11):34-35.

收入只有约 2800 万英镑,意味着年复合增长率超过 100％。[①]

收购以来,复兴国际旗下负责集团快乐业务板块的复星体育一直在探索以狼队品牌为基础的体育 IP 运营、体育营销等商业化之路。传统的体育衍生品模式就是卖球衣、球帽,收入来源比较单一,复星体育希望狼队的品牌可以有更多生活化场景的挖掘渗透,包括便装、手表、钱包等。2019 年,复星体育就以狼队 IP 为基础,创立了"WWFC"潮流运动品牌,推出跨界联名系列,希望狼队的品牌形象不限于足球,而是成为一个泛体育潮流的生活方式品牌。复星体育发现,电竞是体育产业的下一个风口。2018 年,复星体育组建的电竞战队,用的就是狼队的品牌,如今在英国已拥有 FIFA 足球、火箭联盟和勒芒/方程式赛车三个分部;2019 年开始,复星体育又用狼队电竞的品牌布局中国电竞市场。目前复星体育通过足球和电竞两大核心业务触达的全球粉丝已超 3000 万规模。

(四)整合风险的应对措施

施瑜作为复星国际中方管理层的管理哲学就是支持和帮助:一线队老大就是主教练,必须支持主教练工作;同时还需要帮助这些在他看来欧洲最好的团队捏合在一起。"管理不能输出,毕竟中国足球没有东西可以输出。一直去开会讲话,没有意义。我和主教练保持着适可而止的恰当沟通。"每周前几天施瑜会和商务团队、技术团队沟通,比赛前一天会来到训练场看一下球队,同时和主教练以及教练组简单聊几句,"几分钟就结束了"。

施瑜把俱乐部当成生意在做,怎么做到财务平衡,怎么赚钱,怎么省钱,怎么可持续发展,怎么组建专业的国际化管理团队,在这些方面做了大量工作。[②] 狼队并不只是一家足球俱乐部,更是一种泛体育、泛娱乐的概念。以足球俱乐部的名义来走时尚路线,这听上去十分大胆,但对于当下处境的狼队来说,似乎不失为一种有趣的尝试方式。因为尽管在英国,狼队的百年历史已经帮助他们沉淀了大量的粉丝基础,但是在中国,他们的粉丝运营还有

① 陈姗姗. 从英国足球到全球电竞,复星探路体育商业化[EB/OL]. (2021-10-20)[2023-07-05]. https://www.yicai.com/news/101202244.html.

② 陈姗姗. 从英国足球到全球电竞,复星探路体育商业化[EB/OL]. (2021-10-20)[2023-07-05]. https://www.yicai.com/news/101202244.html.

很长的路要走。同时,在诸多欧洲俱乐部发展中国市场的当下,刚刚打入英超不久的狼队很难通过竞技因素吸引粉丝。所以走时尚路线,也是给俱乐部增加了一个维度,给球迷多一个喜欢他们的理由。狼队的天猫店上线3天,粉丝数就已经接近15万。狼队参加英超亚洲杯期间,还参加了EA组织的电竞比赛,与曼城电竞战队和韩国高校代表队开展了"FIFA ONLINE 4"表演赛事。

第四节　小　结

跨国并购风险包含外部环境风险和企业内部风险,退出跨国并购的中国企业主要遭受政治法律风险、文化风险、战略决策风险与财务风险,例如合力万盛在并购前对东道国相关法律与足球行业相关规章制度缺乏研究,与海牙足球俱乐部在管理决策和俱乐部性质认知两方面存在巨大差异,致使并购双方长时间的冲突与最终的分道扬镳。而在存续的跨国并购案例中,中国企业在应对财务风险与整合风险过程中因势利导、统筹谋划,寻找到符合并购双方共同利益的发展路径。

第九章　结论、建议与展望

第一节　结　论

基于跨国并购的跳板理论,本书采纳访谈法和演绎逻辑法解析中国企业跨国并购职业足球俱乐部的驱动因素和并购动机;运用案例分析法对中国企业跨国并购后的整合行为进行分类,并提炼中国企业跨国并购职业足球俱乐部的整合战略;运用事件研究法和会计指标法,对并购方中国企业和被并购方海外职业足球俱乐部的绩效进行实证研究,重点从逆向知识溢出效应角度分析中国企业跨国并购职业足球俱乐部的社会影响力;选取典型的跨国并购退出案例与存续案例,剖析影响跨国并购成败的关键风险及其应对措施。本书主要得出以下结论。

第一,中国企业跨国并购职业足球俱乐部的驱动因素包含国家、产业和企业三个层面。国家层面的驱动因素主要是指东道国的资源禀赋,包括东道国庞大的市场规模、纵向一体化潜力以及先进的技术水平和管理知识;产业层面的驱动因素是指足球产业的战略重要性以及国内的竞争压力;企业层面的驱动因素则是指企业具有的特定竞争优势。所有中国企业均表现出战略资产寻求型动机,旨在寻求体育产业链的向上延伸以及有关俱乐部管理和经营的知识、青训体系建设的知识、中国球员留洋机会等战略资产;45%的中国企业还表现出市场寻求型动机,他们将俱乐部作为宣传企业形象和品牌的工具,借此获得进入东道国市场、提高海外市场占有率的发展机会。

第二,跨国并购的跳板作用使企业实现边界跨越,与国际顶级足球俱乐部、欧洲职业足球核心圈建立联系,使人力资源和市场渠道两大类资源的整合得以实现。在人力资源整合方面,69%的企业选择重新组建管理团队,俱乐部的日常经营与管理均以西方团队为主;中国企业构建了中方教练员"走出去"与国外教练"引进来"的双向流动机制;中国球员通过国际转会进入被并购职业足球俱乐部实现留洋。在市场渠道整合方面,被并购俱乐部通过开展中国行、丰富球迷服务的方式进行市场推广,多家俱乐部获得亚洲地区赞助商的支持,以市场寻求型为动机的中国企业快速进入东道国市场、加速推进海外业务。本书还发现,依据治理共享程度和协调程度的不同,跨国并购整合战略包括隔离型整合战略、合作型整合战略和融合型整合战略,半数以上企业为融合型整合战略。对整合战略的影响因素进行分析发现,组织身份不对称决定了被并购俱乐部拥有较高的自治权,并购双方的运营协调程度则深受跨国并购风险的制约。

第三,跨国并购绩效包含经济绩效和逆向知识溢出效应。其一,股东财富效应反映并购方中国企业的短期绩效,从总体上看,跨国并购职业足球俱乐部事件没有显著影响中国企业的市场价值;从个体来看,德普科技、奥瑞金和莱茵体育三家企业获得了显著为正的累积异常收益,企业的市场价值显著提升。跨国并购成为中国企业的跳板,提高企业的品牌知名度和国际声誉。并购方企业与体育产业的高度相关性是影响股东财富效应的主要因素。其二,经营绩效反映被并购俱乐部的长期绩效,从整体来看,综合得分在跨国并购后呈现下降趋势,俱乐部之间的差距则呈现扩大趋势;从个体来看,曼城、雷丁和南安普敦足球俱乐部的财务综合得分较为稳健;狼队和西布朗维奇足球俱乐部的财务综合得分则呈现波动状态;阿斯顿维拉足球俱乐部的财务综合得分则呈现下降趋势。结合被并购俱乐部的竞技成绩进行实证分析发现,经历降级的俱乐部,其经营绩效与竞技成绩呈正相关;经历升级的俱乐部,其经营绩效与竞技成绩呈负相关或不相关;联赛排名前列的俱乐部,其经营绩效与竞技成绩无明显相关性。其三,边界跨越和资源整合的实现为中国企业打开了从国际环境中获取隐性知识的通道,实现逆向知识溢出效应,表现为俱乐部管理与经营知识、青训体系建设的知识和留洋知识的逆向溢出。基于武磊周记的文本分析,本书发现武磊面临总体环境适应、工作适应与人际适应的挑战,并经历了蜜月期、危机期、恢复期与适应期四个阶段,武磊在留洋中经历了"二次成长"。知识溢出效应还主要表现为对国家队的提升与对中国球员留洋的引领。

第四,跨国并购风险包含外部环境风险和企业内部风险,退出跨国并购的中国企业主要遭受政治法律风险、文化风险、战略决策风险与财务风险。例如合力万盛在并购前对东道国相关法律与足球行业相关规章制度缺乏研究,与海牙足球俱乐部在管理决策和俱乐部性质认知两方面存在巨大差异,致使并购双方长时间的冲突与最终的分道扬镳。而在存续的跨国并购案例中,中国企业在应对财务风险与整合风险过程中因势利导、统筹谋划,寻找到符合并购双方共同利益的发展路径。

第二节　建　议

实现中华民族伟大复兴的中国梦与中国体育强国梦息息相关,振兴足球是建设体育强国的必然要求,也是全国人民的热切期盼。当前中国足球产业处于大发展、大变革的关键时期,针对当前中国企业在跨国并购中遭遇的整体绩效不高、知识转移效率较低,以及深受监管政策制约等问题,本书提出以下三点建议。

一、扩大成功案例示范效应,提升跨国并购整体绩效

总结和推广复星集团、苏宁集团等企业取得跨国并购良好绩效的成功管理经验,扩大典型案例示范效应。委派中方高管常驻俱乐部,主导跨国并购后俱乐部的治理和整合,传达与贯彻中国投资人的发展理念;制定长期的发展规划,在遭遇失败或困境的情况下及时疏导俱乐部全体人员的情绪,以坚定、平静的心态迎接挑战;注重俱乐部青训学院的发展,大力挖掘和培养青少年人才,为一线队源源不断地输送新鲜血液;建立科学理性的引援思路,"只买对的,不买贵的",挑选与俱乐部技战术风格相匹配、性价比高的球员。

提高并购双方的运营协调程度和资源整合效率,强化国内外市场的互补和联动。进一步开发被并购俱乐部的优质 IP 价值,促进并购方企业的全产业链发展;创建或参与亚洲地区高水平的商业赛事来满足消费者日益增长的体育观赛需求;大力开发各具特色的体育旅游业务,为异国观赛的朝圣

者提供具有高度仪式感和超常文化体验的独特经历；在市场调研的基础上，进一步开发出覆盖影视、动漫、电竞游戏、音乐等跨界的创意产品，为球迷提供多元化的体验，实现经济盈利与文化传播的共赢。进一步推进体育经纪业务的发展，为中国球员制定科学的职业生涯规划，帮助球员尽快融入俱乐部与当地环境，实现在顶级联赛中的生存、发展和实力的提升。进一步丰富赞助商与被并购俱乐部的合作形式，通过共同开发联名款产品、组织线下球迷活动等形式提升赞助效益。进一步完善足协之间、国内外俱乐部之间的知识网络构建，共同探讨与制定符合中国国情的教练员培养新课程、青少年选拔与培养标准、竞赛体系建设制度；针对国内俱乐部的自身建设和运营开展深入的调研，提升俱乐部的球队管理和赛事服务水平。

二、完善知识溢出治理机制，提高知识逆向转移效率

逆向知识溢出效应是跨国并购跳板作用的核心，是企业竞争优势的重要来源。建议企业通过提高组织制度化来促进被并购俱乐部向企业的知识溢出，包括建立正式的专职部门或者利用专职人员来推进并购双方的协调与整合。企业应制定相应的激励政策，通过物质奖励的形式提高俱乐部员工知识转移的积极性，激发员工的自我价值和成就感，以"知识贡献者"的组织身份予以激励。企业应建立导师制或专家制，通过现场指导、"传帮带"的方式进行知识转移，明晰知识转移渠道、规范知识传递方法。

此外，知识接收方的吸收能力是后发企业发挥跨国并购跳板作用的能力基础。知识接收方应增强自身的知识吸收能力：中国企业应在俱乐部的关键岗位上委派中方管理人员常驻，帮助其在一线的经营管理实践中快速成长，打造符合现代足球管理需要的国际化、专业化的人才队伍。国内职业足球俱乐部应大力支持球员留洋，鼓励球员在高水平的竞争环境中学习先进的足球理念、技战术，并反哺国家队。国内俱乐部应加强与中资俱乐部的沟通与交流，组织中西方高管成立俱乐部改革领导小组，共同探讨如何优化球队的组织结构、改进俱乐部的经营理念、提高俱乐部服务赞助商和球迷的能力，以及培育俱乐部文化等问题。中国足协应牵头搭建常态化的知识分享平台，邀请国外足协总结和分享教练员培训、青少年培养、竞赛体系建设等知识，并结合中国国情合作开发新课程、新标准，促进中国足球水平的整

体提升。

三、鼓励企业合法合规投资，强化企业风险防范能力

鼓励营造健康有序的投资环境，使跨国并购成为企业参与体育全球化的重要窗口。监管部门在制定跨国并购政策时应避免一刀切的粗放式管理，而应精准施策、细化政策，区分战略资产寻求型投资和投机型投资，鼓励符合条件的企业在合法合规的前提下开展跨国并购，给予专项审核通道或绿色通道，简化审批和备案手续，助力企业竞购优质标的。大力发展跨国并购的中介服务机构，为企业提供国际化的会计、律师和投资银行服务，帮助投资人全面认识跨国并购的风险。完善境外投资保险体系，构建政策性金融和商业性金融相结合的境外投资金融支持体系，进一步拓展海外投资贷款、涉外企业融资担保等业务，加强企业外部环境的风险管控。

在并购前，企业应提高科学决策水平，决策前充分评估目标俱乐部是否与企业发展战略相匹配，是否能够产生协同效应；针对职业足球俱乐部等新兴投资标的，应联合专业的咨询机构进行充分的尽职调查，包括盈利能力、经营情况、发展前景、核心资产、员工素质等。在并购后，企业需时刻关注东道国的政治动态和法律法规的变动，及时评估可能存在的政治法律风险。遵守东道国关于外国投资的法律法规、国际商务行为规范以及体育行业的管理规则，遇到困难时积极寻求国内外法律法规的帮助。企业应以开放的心态进行文化整合，循序渐进推动文化融合：在探索阶段，注重建立起双方的信任，充分尊重被并购俱乐部的原有文化观念和管理决策模式，深入理解俱乐部的社会属性与俱乐部的治理方式。在碰撞阶段，要时刻关注文化冲突的表现并及时调整整合方式。在磨合阶段，进行跨文化的学习和培训，增进中外团队的融合程度。

第三节　展　望

第一，中国企业跨国并购职业足球俱乐部是近年来的新兴现象，跨国并购的牵涉面广、利益相关者众多，且被并购俱乐部分布在英国、西班牙、意大利、法国、葡萄牙和澳大利亚等多个国家，中国企业投资人及管理层也身处

国内外,使得访谈过程面临极大困难。由于时间、渠道的限制,本书掌握的跨国并购进展可能不全面,对个别中国企业和被并购俱乐部的信息搜寻可能不充分。

第二,由于中国企业跨国并购足球俱乐部仍处于尝试与摸索阶段,表现为合作项目刚开始落地或合作洽谈正在进行中;加之2016年底国家加强资金出海的管控,使得许多中国企业的发展计划受到巨大冲击,许多效应尚无法显现。因此,本书在跨国并购的绩效方面考察不足,仅分析了跨国并购的经济绩效和逆向知识溢出效应,而未考察其他绩效指标。

在后续研究中,可以对存续的跨国并购典型案例进行跟踪研究,分析企业跨国并购的演进过程,考察整合行为的阶段性变化及带来的并购双方长期绩效的变动。而对于李勇鸿、郑南雁等退出被并购俱乐部的失败案例,未来的研究也可以进行深入的案例分析来提炼共性与个性的原因。随着时间的推移,跨国并购将对中国的职业足球联赛、体育产业产生更深远的影响,后续研究可以构建出更多元的溢出效应框架并进行测量。

参考文献

[1]鲍明晓. 职业体育是体育强国的核心竞争力[J]. 南京体育学院学报(社会科学版),2011(5):4-6.

[2]鲍明晓.足球改革进程中深层次制约因素及化解策略[J].北京体育大学学报,2019(11):10-22.

[3]毕佐薇.跨国并购的法律制度[D].长春:吉林大学,2004.

[4]陈晨.中、印两国跨国并购短期绩效及影响因素的比较研究[D].济南:山东大学,2013.

[5]陈姗姗.从英国足球到全球电竞,复星探路体育商业化[EB/OL].(2021-01-20)[2023-07-05].https://www.yicai.com/news/101202244.html.

[6]陈叙南,杨铄,冷唐蓝,等.日韩足球运动员留洋现象研究:群体特征,动力机制与镜鉴启示[J].成都体育学院学报,2023(1):127-134.

[7]陈鸯鸯,郑芳,杨铄.中国企业跨国并购职业足球俱乐部的整合行为与绩效研究[C].中国体育科学学会.第八届中国体育博士高层论坛论文汇编(专题报告),2022:23-24.

[8]陈珍波.中国企业跨国并购绩效研究[D].杭州:浙江工业大学,2012.

[9]成惜今,成琦,王玉瑾.对英国职业足球联赛俱乐部比赛成绩与利润、营业收入和球员总工资之间关系的分析[J].广州体育学院学报,2004(3):15-17.

[10]丛湖平,罗建英.体育商业赛事区域核心竞争力——一个假设理论构架的提出[J].体育科学,2007(10):75-79+84.

[11]翟丽.复星:利用消博会重要平台 推动自贸港双循环发展[J].中国外资,2021(11):34-35.

[12]丁斌,唐福,周小刚,等.法国足球青训体系研究[J].贵州体育科技,

2019(4):53-56.

[13]董萃.跨文化适应:异域文化中的"二次成长"[J].社会科学辑刊,2005(3):191-193.

[14]董雅琪.在京高校日本留学生跨文化适应调查研究[D].北京:北京外国语大学,2015.

[15]杜晓君,蔡灵莎,史艳华.外来者劣势与国际并购绩效研究[J].管理科学,2014(2):48-59.

[16]符金宇.日本足球史[M].北京:新华出版社,2018.

[17]付清照.中国企业跨国并购的现状与趋势分析[J].中山大学研究生学刊(社会科学版),2004(1):109-114.

[18]高颖.中国企业跨国并购绩效分析[D].大连:大连理工大学,2009.

[19]耿菁.中国房地产企业的足球战略研究——以恒大、富力和万达为例[D].广州:中山大学,2012.

[20]韩烁.三元食品跨国并购的财务风险及对策研究[D].北京:北京印刷学院,2019.

[21]侯祥芝.中国企业跨国并购的行业内逆向技术溢出效应研究[D].太原:山西财经大学,2019.

[22]胡飞,黄玉霞.我国上市公司跨国并购的经营绩效分析[J].黑龙江对外经贸,2008(9):136-137.

[23]环球体育传媒.2018年足球产业发展现状分析,全球足球产业峰会为中国带来了什么?[EB/OL].(2018-05-11)[2019-08-07].https://www.sohu.com/a/228846259_505667.20180420.

[24]黄道名,郭世晨,杨群茹,等.中国资本并购海外足球俱乐部风险识别研究——基于扎根理论的分析[J].沈阳体育学院学报,2019(6):42-49.

[25]黄晖,张春良.中国资本海外并购职业足球俱乐部协议中解纷条款的考量[J].体育学刊,2017(3):91-95.

[26]江小涓,李姝.数字化、全球化与职业体育的未来[J].上海体育学院学报,2020(3):1-16.

[27]黎平海,李瑶.中国企业跨国并购动机实证研究[J].经济前沿,2009(10):27-38.

[28]李小平.多伦股份前东家李勇鸿失踪一年后再现身[EB/OL].（2013-07-29）[2023-07-05]. https：// company. cnstock. com/company/scp_dsy/tcsy_gszx/201307/2675538. htm.

[29]李燕领，王家宏.基于产业链的我国体育产业整合模式及策略研究[J].武汉体育学院学报,2016(9):27-33＋39.

[30]梁伟,黄盛华.中国足球联赛体系建设的关键问题与优化路径[EB/OL].（2022-04-14）[2022-08-07]. https：// mp. weixin. qq. com/s/Fx9GKUV8mHtHIRsM1ns69A.

[31]梁伟.中国足球职业联赛俱乐部球员技术资产配置的利益逻辑研究[J].体育科学,2018(1):9-17.

[32]梁伟.中国足球职业联赛商业战略联盟稳定性及联盟治理研究[J].成都体育学院学报,2021(4):12-18.

[33]林崇德,杨治良,黄希庭.心理学大辞典[M].上海:上海教育出版社,2003.

[34]林建国.我国上市公司控制权市场的绩效研究[D].杭州:浙江大学,2006.

[35]刘纯旺,赵媛媛."一带一路"背景下汉语志愿者跨文化适应对策分析[J].文化产业,2021(25):112-114.

[36]刘福祥.英超职业足球俱乐部财务报表分析与借鉴——以曼联足球俱乐部为例[J].四川体育科学,2018(6):23-28＋98.

[37]刘亮,万解秋.国外跨国并购理论:从动因论到效应论[J].国外社会科学,2011(6):123-128.

[38]刘明霞,刘林青.人力资本、技术差距与OFDI逆向技术溢出效应[J].中国地质大学学报(社会科学版),2011(5):59-64＋77.

[39]刘明霞.中国跨国公司逆向知识转移研究[M].北京:中国社会科学出版社,2012.

[40]刘卫民,刘俊梅,蒋元中.世界优秀青少年男子足球运动员相对年龄效应研究[J].天津体育学院学报,2013(1):16-19＋30.

[41]卢克飞.跨国并购与中国企业发展[D].北京:对外经济贸易大学,2003.

[42]闵剑.企业跨国并购风险动态监测研究[D].武汉:武汉理工大

学,2013.

[43]潘爱玲.企业跨国并购后的整合管理[M].北京:商务印书馆,2006.

[44]潘丹.企业并购重组中人力资源整合研究[D].南京:东南大学,2016.

[45]彭迪.国有企业并购过程中的财务风险及其防范[D].兰州:兰州理工大学,2009.

[46]浅川裕紀,大江秋津.ゼネラリストとスペシャリストのためのチャンスと時機 日本人サッカー選手の海外進出データによる実証研究[C].経営情報学会全国研究発表大会要旨集 2015 年秋季全国研究発表大会.一般社団法人経営情報学会,2015.

[47]曲爱宁,战文腾.运动员跨国流动研究[J].体育文化导刊,2014(3):29-31+35.

[48]人民网财经频道.夏建统:收购英超球队更像是一块"敲门砖"[EB/OL].(2016-12-27)[2017-08-07].https://news.china.com/finance/11155042/20161227/30119506.html.

[49]商务部.2016 年度中国对外直接投资统计公报[EB/OL].(2017-09-30)[2018-08-07].http://fec.mofcom.gov.cn/article/tjsj/tjgb/201709/20170902653690.shtml.

[50]商务部.2017 年度中国对外直接投资统计公报[EB/OL].(2018-10-23)[2018-08-07].http://www.stats.gov.cn/tjsj/tjcbw/201810/t20181023_1629260.html.

[51]邵新建,巫和懋,肖立晟,等.中国企业跨国并购的战略目标与经营绩效:基于 A 股市场的评价[J].世界经济,2012(5):81-105.

[52]沈姣.中国上市公司跨国并购经营绩效研究[D].杭州:浙江工业大学,2012.

[53]沈敏.制度理论和跳板理论下企业跨国并购的绩效研究——基于企业所有权的调节作用[D].武汉:武汉大学,2018.

[54]宋维佳,乔治.我国资源型企业跨国并购绩效研究——基于短期和中长期视角[J].财经问题研究,2014(7):98-105.

[55]宋扬.IP 热背景下体育版权价值全产业链开发策略[J].中国出版,2017(19):55-58.

[56]孙灵希,储晓茜.跨国并购与绿地投资的逆向技术溢出效应差异研究
[J].宏观经济研究,2018(10):141-153.

[57]孙一,梁永桥,毕海波.中、日、韩三国青少年足球培养体系比较研究
[J].中国体育科技,2008(4):60-65.

[58]汤文仙,朱才斌.国内外企业并购理论比较研究[J].经济经纬,2004
(5):63-67.

[59]唐炎钊,张丽明.中国企业跨国并购文化整合关键影响因素的理论模型
探讨[J].管理学家(学术版),2010(1):41-52.

[60]腾讯体育.合力万盛海内外双向足球青训计划取得初步成效[EB/
OL].(2016-09-12)[2023-07-05].https://sports.qq.com/a/20160912/
054195.htm.

[61]THONGCHAISIRISAKUL P.电商企业海外并购的动因和风险分
析——以阿里巴巴收购 LAZADA 为例[D].杭州:浙江大学,2017.

[62]田慧,王敏,亓顺红,等.欧洲优秀足球后备人才培养模式与启示[J].体
育科学,2020(6):16-23+48.

[63]王芳.知识溢出、吸收能力与创新绩效——来自中国汽车产业的证据
[D].武汉:中南财经政法大学,2019.

[64]王进.跨国并购及我国企业实施跨国并购对策研究[D].大连:东北财经
大学,2005.

[65]王倩.企业跨国并购绩效及其影响因素的研究[D].杭州:浙江工业大
学,2013.

[66]王晓晔.竞争法研究[M].北京:中国法制出版社,1999.

[67]王燕.我国企业并购融资问题研究[D].大连:大连交通大学,2008.

[68]王裕雄,靳厚忠.中超联赛俱乐部持有人特征及动机判断——兼论职业
足球俱乐部治理结构的选择[J].体育科学,2016(9):90-97.

[69]王泽宇,王国锋,井润田.基于外派学者的文化智力、文化新颖性与跨文
化适应研究[J].管理学报,2013(3):384-389.

[70]魏江,杨洋.跨越身份的鸿沟:组织身份不对称与整合战略选择[J].管
理世界,2018(6):140-156+188.

[71]魏涛.中国企业海外并购动因分析及整合研究——基于无形资源的视

角[D].成都:西南财经大学,2012.

[72]吴松,李梅.我国上市公司跨国并购微观绩效的实证检验[J].武汉理工大学学报(信息与管理工程版),2010(2):329-332.

[73]吴先明,苏志文.将跨国并购作为技术追赶的杠杆:动态能力视角[J].管理世界,2014(4):146-164.

[74]吴先明,高厚宾,邵福泽.当后发企业接近技术创新的前沿:国际化的跳板作用[J].管理评论,2018(6):40-54.

[75]吴宗喜.中资企业并购海外足球俱乐部的风险与规避研究[J].经济研究导刊,2020(26):21-22.

[76]武磊.武磊周记(七)[EB/OL].(2019-07-03)[2023-08-07].https://mp.weixin.qq.com/s/2sxyYg4cPg_cu1 LD 8eNDtA.

[77]谢皓,向国庆.中国企业跨国并购浪潮兴起根源探究——基于"抄底效应"及"经济增长"的视角[J].经济问题探索,2014(4):111-116.

[78]谢洪明,张倩倩,邵乐乐,等.跨国并购的效应:研究述评及展望[J].外国经济与管理,2016(8):59-80+112.

[79]谢瑜.资源依赖视角下中国本土企业国际化路径及影响因素研究[D].成都:电子科技大学,2019.

[80]谢运.跨国并购的知识溢出效应分析[J].财经科学,2012(12):80-88.

[81]星辉互动娱乐股份有限公司董事会.星辉互动娱乐股份有限公司关于收购皇家西班牙人足球俱乐部股权并增资的公告[R/OL].(2015-11-03)[2017-08-07].http://www.szse.cn/disclosure/listed/bulletinDetail/index.html?3598e988-6653-4182-8dd4-7b1b166d2e24.

[82]邢小强,周平录,张竹,等.数字技术、BOP商业模式创新与包容性市场构建[J].管理世界,2019(12):116-136.

[83]徐明霞.中国企业的跨国并购战略、国内市场的多元化行为与并购绩效的关系研究[D].广州:华南理工大学,2014.

[84]徐鑫波,宋华.企业并购动因理论综述[J].现代商贸工业,2007(7):69-70.

[85]徐振东.跨国并购的风险及其控制的主要途径[J].中国工业经济,2000(5):16-19.

[86]薛求知.中国企业境外并购透视[J].上海国资,2004(5):35-38.

[87]薛云建,周开拓."蛇吞象"跨国并购后的整合战略分析[J].企业研究,2013(15):48-50.

[88]严燕.基于识别特征视角的组织认同研究——一个中国跨国企业实证研究[D].北京:北京交通大学,2016.

[89]杨善华,孙飞宇.作为意义探究的深度访谈[J].社会学研究,2005(5):53-68+244.

[90]杨铄,冷唐蓝,郑芳.职业足球联赛外援配额制度研究[J].体育科学,2016(12):18-29.

[91]杨铄.职业足球运动员出场年龄特征问题研究:国家队、联赛与U23政策[J].中国体育科技,2019(4):49-62.

[92]杨洋.来源国劣势、并购后整合与后发跨国公司能力追赶[D].杭州:浙江大学,2017.

[93]叶建木.跨国并购的理论与方法研究[D].武汉:武汉理工大学,2003.

[94]叶小芳,朱晓申.温州外籍教师文化适应状况及影响因素调查[J].温州大学学报(社会科学版),2013(5):90-95.

[95]尹中升.中国企业跨国并购技术进步效应研究[M].北京:经济管理出版社,2016.

[96]游茂林.中外职业足球俱乐部的组织结构设计比较[J].体育学刊,2012(1):69-73.

[97]余明权,柳磊.我国资本跨国并购海外足坛的动因、风险与规避[J].成都体育学院学报,2017(1):14-18.

[98]袁其刚,商辉,张伟.对外直接投资影响工资水平的机制探析[J].世界经济研究,2015(11):82-89+128-129.

[99]张兵.论高水平职业联赛对国家队的供应效益——基于第19届世界杯足球赛球员来源特征研究[J].沈阳体育学院学报,2011(5):91-95.

[100]张兵.治理现代化视阈下全面深化职业体育改革的逻辑遵守与实践侧重[J].天津体育学院学报,2020(3):282-287.

[101]张刚.英超联赛俱乐部财务综合分析研究[D].上海:上海体育学院,2017.

[102]张宏俊.西班牙"拉玛西亚"足球青训培养体系解析[J].浙江体育科学,2014(36):31-34+40.

[103]张静萍.外资并购与国有企业资本结构优化研究[D].昆明:昆明理工大学,2005.

[104]张乃平,万君康.企业跨国并购与核心竞争力构建[J].统计与决策,2005(15):142-143.

[105]张琴,James J Zhang.效益·风险·策略:中国资本域外并购足球俱乐部思考[J].体育与科学,2019(5):107-112.

[106]张秋生,王东.企业兼并与收购[M].北京:北方交通大学出版社,2001.

[107]郑玲玲,崔国文.中国资本海外足坛并购的环境,风险与对策[J].西安体育学院学报,2020(5):583-587.

[108]钟丽萍,金育强.中国企业投资海外足球俱乐部的特征、动因与启示[J].成都体育学院学报,2018(4):30-34+74.

[109]周剑锋.华能国际的并购动因、方式、财务绩效研究[D].厦门:厦门大学,2007.

[110]周艳辉,李军训.企业并购对财务协同效应影响的实证分析[J].北方经贸,2015(8):128-129.

[111]朱跃飞.我国职业男子足球运动员国际流动研究[D].新乡:河南师范大学,2014.

[112]飯田義明.Jクラブに所属するユース選手における進路決定プロセスに関する一考察[J].専修大学体育研究紀要,2012(36):17-28.

[113]高橋義雄,佐々木康.日本人スポーツ選手の海外移動とキャリア形成に関する一考察[J].生涯学習·キャリア教育研究,2012(8):71-78.

[114]高橋義雄.日本人Jリーグ選手の国際移籍の要因に関する研究[J].スポーツ産業学研究,2004(1):13-22.

[115]舟橋弘晃.日本のエリートスポーツシステムの成功要因:エリートアスリートのエリートスポーツ環境の評価による検討[D].東京都:早稲田大学大学院スポーツ科学研究科,2011.

[116]Agrawal J, Kamakura W A. The economic worth of celebrity endorsers: An event study analysis[J]. Journal of Marketing, 1995(3): 56-62.

[117]Barkema H G,Shenkar O,Vermeulen F,et al. Working abroad working with others : How firms learn to operate international joint ventures [J]. Academy of Management Journal,1997(2):426-442.

[118]Benkraiem R, Louhichi W, Marquès P. Market reaction to sporting results: The case of European listed football clubs[J]. Management Decision,2009(1) :100-109.

[119]Berning S C, Maderer D. Chinese investment in the European football industry [M] // Christiansen B, Koc G. Transcontinental strategies for industrial development and economic growth. Hershey: IGI Global,2017.

[120]Bertrand O, Betschinger M A. Performance of domestic and cross-border acquisitions: Empirical evidence from Russian acquirers[J]. Journal of Comparative Economics, 2012(3): 413-437.

[121]Bouchet A, Doellman T W, Troilo M, et al. The impact of international football matches on primary sponsors and shareholder wealth [J]. Journal of Sport Management,2015(2):200-210.

[122]Bradley M,Desai A,Kim E H. Synergistic gains from corporate acquisitions and their division between the stockholders of target and acquiring firms[J]. Journal of Financial Economics,1988(1):3-40.

[123]Brown G W, Hartzell J C. Market reaction to public information: The atypical case of the Boston Celtics[J]. Journal of Financial Economics, 2001(2-3):333-370.

[124]Brown S J, Warner J B. Using daily stock returns: The case of event studies[J]. Journal of Financial Economics,1985(1): 3-31.

[125]Chen C D, Chen C C. Assessing the effects of sports marketing on stock returns: Evidence from the Nippon Professional Baseball Series [J]. Journal of Sports Economics,2012(2): 169-197.

[126]Chen C J P, Srinidhi B, Su X. Effect of auditing: Evidence from variability of stock returns and trading volume[J]. China Journal of Accounting Research, 2014(4): 223-245.

[127]Chen Y, Dietl H M, Orlowski J, et al. The effect of investment into European football on the market value of Chinese corporations[J]. International Journal of Sport Finance, 2019(4):249-261.

[128]Clark J M, Cornwell T B, Pruitt S W. The impact of title event sponsorship announcements on shareholder wealth[J]. Marketing Letters, 2009(2): 169-182.

[129]Cook M,Jones A, Fallon G. The determinants of inward foreign direct investment into the English Premier League[R]. Brunel Business School Research Papers, 2015.

[130]Cornwell T B, Pruitt S W, Van Ness R. The value of winning in motorsports: Sponsorship-linked marketing[J]. Journal of Advertising Research, 2001(1): 17-31.

[131] Corhay A, Rad A T. International acquisitions and shareholder wealth evidence from the Netherlands[J]. International Review of Financial Analysis, 2000(2):163-174.

[132]Danylchuk K, Stegink J, Lebel K. Doping scandals in professional cycling: impact on primary team sponsor's stock return[J]. International Journal of Sports Marketing and Sponsorship, 2016(1):37-55.

[133]Draper P, Paudyal K. Information asymmetry and bidders' gains[J]. Journal of Business Finance & Accounting,2008(3-4):376-405.

[134]Eisdorfer A, Kohl E. Corporate sport sponsorship and stock returns: Evidence from the NFL[J]. Critical Finance Review, 2017 (1): 179-209.

[135]Farrell K A, Frame W S. The value of Olympic sponsorships: Who is capturing the gold? [J]. Journal of Market-Focused Management, 1997(2):171-182.

[136]Hakkinen L, Hilmola O P. Integration and synergies of operations in

horizontal M&A[J]. International Journal of Management and Enter-prise Development，2005(3-4)：288-305.

[137]Harris R S,Ravenscraft D. The role of acquisitions in foreign direct investment: Evidence from the U. S. stock market[J]. Journal of Fi-nance,1991(3):825-844.

[138]Haugen K K, Hervik A. Estimating the value of the Premier League or the worlds most profitable investment project[J]. Applied Eco-nomics Letters，2002(2)：117-120.

[139]Eckbo B E, Thorburn K S. Gains to bidder firms revisited: Domestic and foreign acquisitions in Canada[J]. Journal of Financial and Quanti-tative Analysis,2000(1):1-25.

[140]Hitt M A, Harrison J S, Ireland R D. Mergers and acquisitions: A guide to creating value for stakeholders [M]. New York: Oxford U-niversity Press,2001.

[141]Holtbrügge D, Kreppel H. Determinants of outward foreign direct in-vestment from BRIC countries: An explorative study[J]. Internation-al Journal of Emerging Markets，2012(1):4-30.

[142]Hood M. The Tiger Woods scandal: A cautionary tale for event stud-ies[J]. Managerial Finance, 2012(5):543-558.

[143]Howells K, Fletcher D. Adversarial growth in Olympic swimmers: Constructive reality or illusory self-deception? [J]. Journal of Sport and Exercise Psychology, 2016(2): 173-186.

[144]Jones A, Cook M. The spillover effect from FDI in the English Prem-ier League[J]. Soccer & Society, 2015(1):116-139.

[145]Johnston A. Has foreign investment and commercialisation of the Premier League led to a decline in England's international performance [D]. Cardiff: Cardiff Metropolitan University, 2014.

[146]Krivin D, Patton R, Rose E, et al. Determination of the appropriate event window length in individual stock event studies[EB/OL]. (2003-11-04)[2023-09-11]. https://www. nera. com/content/dam/

nera/publications/archive1/6394. pdf.

[147]Lally A, Smith M, Parry K D. Exploring migration experiences of foreign footballers to England through the use of autobiographies[J]. Soccer & Society, 2022(6): 529-544.

[148]Leeds E M, Leeds M A, Pistolet I. A stadium by any other name: The value of naming rights[J]. Journal of Sports Economics, 2007 (6):581-595.

[149]Leeds M A, Mirikitani J M, Tang D. Rational exuberance? An event analysis of the 2008 Olympics announcement[J]. International Journal of Sport Finance,2009(1):5-15.

[150]Luo Y D, Tung R L. International expansion of emerging market enterprises: A springboard perspective[J]. Journal of International Business Studies, 2007(4): 481-498.

[151]Madhok A ,Keyhani M . Acquisitions as entrepreneurship: Asymmetries, opportunities, and the internationalization of multinationals from emerging economies[J]. Global Strategy Journal, 2012 (1): 26-40.

[152]Magee J, Sugden J. "The World at their Feet" professional football and international labor migration[J]. Journal of Sport and Social Issues, 2002(4): 421-437.

[153]Maguire J, Stead D. Far pavilions? Cricket migrants, foreign sojourns and contested identities[J]. International Review for the Sociology of Sport, 1996(1):1-23.

[154]Maguire J. Global sport: Identities, societies, civilizations[M]. Cambridge: Polity Press, 1999.

[155]Mangold N R, Lippok K. The effect of cross-border mergers and acquisitions on shareholder wealth: Evidence from Germany[J]. Journal of International Business & Economics,2008(3):29-54.

[156]Markides C C, Ittner C D. Shareholder benefits from corporate international diversification:Evidence from U. S. international acquisitions

[J]. Journal of International Business Studies,1994(2):343-366.

[157]McWilliams A，Siegel D. Event studies in management research：Theoretical and empirical issues[J]. Academy of Management Journal，1997(3):626-657.

[158]Nauright J，Ramfjord J. Who owns England's game? American professional sporting influences and foreign ownership in the Premier League[J]. Soccer & Society，2010(4):428-441.

[159]Pummell B，Harwood C，Lavallee D. Jumping to the next level：A qualitative examination of within-career transition in adolescent event riders[J]. Psychology of Sport and Exercise，2008(4): 427-447.

[160]Reiser M，Breuer C，Wicker P. The sponsorship effect：Do sport sponsorship announcements impact the firm value of sponsoring firms? [J]. International Journal of Sport Finance， 2012 (3): 232-248.

[161]Rohde M，Breuer C. The financial impact of (foreign) private investors on team investments and profits in professional football：Empirical evidence from the Premier League[J]. Applied Economics & Finance，2016(2):243-255.

[162]Schweizer L. Organizational integration of acquired biotechnology companies into pharmaceutical companies：The need for a hybrid approach[J]. Academy of Management Journal,2005(6):1051-1074.

[163]Sparkes A C , Stewart C . Taking sporting autobiographies seriously as an analytical and pedagogical resource in sport，exercise and health [J]. Qualitative Research in Sport Exercise & Health， 2016 (2): 113-130.

[164]Sugihara K , Hirata T , Kubotani T. Study on the relationship between the performance of the national team and the national youth yeam on football in Asia[J]. Journal of Japan Society of Sports Industry，2014(2): 211-218.

[165]Tuch C，O'Sullivan N. The impact of acquisitions on firm perform-

ance: A review of the evidence[J]. International Journal of Management Reviews,2007(2): 141-170.

[166]Weedon G. "Glocal boys": Exploring experiences of acculturation amongst migrant youth footballers in Premier League academies[J]. International Review for the Sociology of Sport, 2012(2): 200-216.

附　录

访谈提纲 1　并购方企业高管

(一)并购历程的回顾

1.能回忆一下跨国并购决策的过程吗？从想法萌芽到达成并购协议花了多久？有没有进行详细的尽职调查？

2.您当初决定收购的最主要动机是什么？哪些因素进一步强化了您的决定？当初对并购后如何运营、如何获利的计划或思路是什么？

3.当初预判的最大风险是什么？能够承受的不盈利抑或是亏损的额度和时间长度是多少？

(二)并购后的进展

1.在并购协议正式签订以后,紧接着落地的是哪块工作内容？有碰到什么样的困难吗？是怎么解决的？

2.正式入主海外俱乐部后,企业在人力资源方面进行了哪些调整？目前有多少中方管理人员,分别在哪些岗位,主要负责哪些事务？

3.俱乐部的管理架构是什么？中国企业作为大股东是否拥有绝对话语权？

4.在整合过程中,被并购俱乐部的员工对中方持什么样的态度？为什么会出现正面/负面的情绪？企业是怎么解决的？

5.中西方之间的差异是跨国并购必然面对的问题,诸如法律政策、文化习惯、管理风格的差异,企业在管理过程中遇到了哪些问题？采取了哪些解决措施？

6.海外俱乐部与国内市场的联动有哪些表现形式？是否有专门的团队负责中国市场的开发？

7.在青训合作和教练员培养方面，企业如何发挥海外俱乐部的作用？

8.俱乐部在中国有多少球迷？为中国球迷提供哪些新产品和服务？

9.2016年底，四部门加强对外投资的管控，对您继续投资带来哪些影响？

（三）并购绩效的评价

1.您从哪几个指标出发来评价跨国并购的绩效？

2.海外足球俱乐部在企业的整体业务发展上扮演着什么样的角色？是否具有不可替代性？体现在什么方面？

3.在运营海外足球俱乐部过程中积累了哪些经验？对提升国内俱乐部的管理水平有哪些启示？

4.并购海外足球俱乐部如何反哺国内足球的发展？需要哪些其他利益相关者的共同努力？

（四）未来的工作计划

1.对于海外俱乐部的发展，企业的短期和长期规划是什么？

2.为了使企业做强做精，您认为企业自身最迫切需要解决的问题是什么？计划如何解决这些问题？

访谈提纲2　专家学者

1.您认为2015年以来中资收购海外足球俱乐部的动机是什么？

2.许多投资人都提到并购是迎合政府号召，是在政策红利的刺激下的举措，那么据您所知，现实中他们到底能获得哪些政策支持？

3.您觉得中国企业与俄罗斯、中东以及美国财团的跨国并购有什么区别？

4.跨国并购能否对中国的足球发展水平产生实质性的影响？短期内会带来哪些变化？长期来看又会引起哪些变化？

5.若对跨国并购的绩效进行评估，您觉得哪些评价指标是必须关注的？